国家教师资格考试指导教材

综合素质（幼儿园）
（第二版）

主　编◎傅建明
副主编◎王俏华　宋秋前
参　编◎林雪卿　贾勇星　杨　岭　虞　悦
　　　　汪　波　胡旭红　季旭锋　孙增荣
　　　　李小花　张琰慧　倪素娟　陈玮玮

北京大学出版社
PEKING UNIVERSITY PRESS

图书在版编目(CIP)数据

综合素质.幼儿园/傅建明主编.—2版.—北京：北京大学出版社，2022.1
国家教师资格考试指导教材
ISBN 978-7-301-32698-5

Ⅰ.①综… Ⅱ.①傅… Ⅲ.①教师素质－幼教人员－资格考试－教材 Ⅳ.①G451.6

中国版本图书馆CIP数据核字（2021）第226365号

书　　名	综合素质（幼儿园）（第二版）
	ZONGHE SUZHI（YOUERYUAN）（DI-ER BAN）
著作责任者	傅建明　主编
丛书策划	姚成龙
责任编辑	桂　春　胡　媚
标准书号	ISBN 978-7-301-32698-5
出版发行	北京大学出版社
地　　址	北京市海淀区成府路205号　100871
网　　址	http://www.pup.cn　新浪微博：@北京大学出版社
电子信箱	zyjy@pup.cn
电　　话	邮购部 010-62752015　发行部 010-62750672　编辑部 010-62704142
印刷者	北京溢漾印刷有限公司
经销者	新华书店
	787毫米×1092毫米　16开本　14.75印张　393千字
	2014年第1版
	2022年1月第2版　2022年1月第1次印刷
定　　价	45.00元

未经许可，不得以任何方式复制或抄袭本书之部分或全部内容。
版权所有，侵权必究
举报电话：010-62752024　电子信箱：fd@pup.pku.edu.cn
图书如有印装质量问题，请与出版部联系，电话：010-62756370

第二版前言

中小学和幼儿园教师资格考试（以下简称教师资格考试）是评价申请教师资格的人员是否具备从事教师职业所必需的教育教学基本素质和能力的考试。参加教师资格考试合格是教师职业准入的前提条件。申请幼儿园、小学、初级中学、普通高级中学、中等职业学校教师和中等职业学校实习指导教师资格的人员须分别参加相应类别的教师资格考试。教师资格考试实行全国统一考试。考试坚持育人导向、能力导向、实践导向和专业化导向，坚持科学、公平、安全、规范的原则。

教师资格考试包括笔试和面试两部分。

笔试主要考查：申请人从事教师职业所应具备的教育理念、职业道德、法律法规知识、科学文化素养、阅读理解、语言表达、逻辑推理和信息处理等基本能力；教育教学、学生指导和班级管理的基本知识；拟任教学科领域的基本知识，教学设计实施评价的知识和方法，运用所学知识分析和解决教育教学实际问题的能力。

幼儿园教师资格考试笔试科目为"综合素质""保教知识与能力"两科；小学教师资格考试笔试科目为"综合素质""教育教学知识与能力"两科；初级中学、普通高级中学教师和中等职业学校文化课教师资格考试笔试科目为"综合素质""教育知识与能力""学科知识与教学能力"三科；中等职业学校专业课教师和实习指导教师资格考试笔试科目为"综合素质""教育知识与能力""专业知识与教学能力"三科。

面试主要考查：申请教师资格人员应具备的新教师基本素养、职业发展潜质和教育教学（或保教）实践能力。

幼儿园教师资格考试面试采取结构化面试和展示相结合的方法，通过展示、回答问题、陈述等方式进行；小学和中学教师资格考试面试采取结构化面试和情景模拟相结合的方法，通过抽题备课、试讲、答辩等方式进行。

为了配合教师资格考试在全国推广后师范院校的课程设置和教学计划的调整，方便师范院校对报名参加教师资格考试的在校学生进行有效指导和系统培训，提高教师资格考试的通过率，方便考生系统复习，提高考试成绩，北京大学出版社组织全国数十所师范院校的教师及部分中小学、幼儿园一线教师联合编写了"国家教师资格考试指导教材"，并陆续出版。

这套教材出版后，受到了全国各地参加教师资格考试考生及辅导老师的广泛好评，并被二十多所师范院校指定为师范生的备考教材。这套教材也多次加印，成为一套享有良好声誉的教师资格考试辅导教材。

这次改版修订，在保持第一版教材优势的基础上，第二版教材突出了以下特色：

一、突出体系完整性

与第一版相比,第二版教材在编写时更加注意并把握教材的系统性、知识性、科学性的统一,并以现行考试大纲为编写依据,科学、系统、严谨地阐释大纲对各学段教师资格考试所要求的知识体系。教材总体结构、章节布局合理,内容详略得当,繁简适宜,概念、定义、名词等准确、规范,以帮助考生提高其自身教育理念、职业道德、科学文化素养以及相关教育教学能力。

二、突出教材的指导性

本系列教材的重要功能之一是指导考生有效而科学地掌握、运用教师资格考试所要求的教育知识与教学能力。在教材修订过程中,编者力图贯彻考试大纲对于知识、能力"了解、理解、熟练、掌握、运用"等各个层级的要求,在体例设置与内容表达上突出重点,提纲挈领,避免罗列与堆砌,并对核心考点进行提炼,科学地指导考生掌握各学段教育教学的基本素养、基本原理,以及学科专业领域的基本框架、基本知识。

三、突出能力拓展性

第二版教材更加注重对考生拓展性思维的启发与创造性能力的培养。新的考试标准、考试大纲对于教师实践素养与能力有较高要求,强调教师要具备"自主发展意识和自我教育的能力",拓展性思维与创造性能力是自主发展与自我教育的重要构成与体现,第二版教材据此在相关章节增加了能力拓展性的内容,并结合考试真题,重点进行讲解与强化。

四、突出备考实效性

本系列教材经过修订后,注重把握好素质培养与应试备考之间的平衡,在内容与形式上兼顾教材的考试指导属性,以利于考生理顺考试理念、要求,了解考试趋向、动态,熟悉考试内容、方法,掌握考试重点、难点,帮助考生深入学习、有效应考。

本系列教材在编写过程中得到了各参编院校和参编老师的大力支持,在此一并表示感谢。

本教材配有教学课件供教师使用,需要者请通过"教师资格考试培训群"(QQ群号:246685420)申请。

读者如想了解教师资格考试相关资讯、动态、政策解读,各地考试公告,备考指南等,可加入"教师资格考试交流群"(QQ群号:316689173);也可关注以下"未名创新大学堂"微信公众号。

目 录

- 第一章 职业理念 …………………………………………………………… (1)
  - 第一节 教育观 …………………………………………………………… (3)
  - 第二节 儿童观 …………………………………………………………… (16)
  - 第三节 教师观 …………………………………………………………… (25)
- 第二章 教育法律法规 ……………………………………………………… (45)
  - 第一节 我国教育法律法规的内容 ……………………………………… (46)
  - 第二节 教育规章与条约 ………………………………………………… (60)
  - 第三节 教师资格、权利与义务 ………………………………………… (76)
  - 第四节 幼儿权利及保护 ………………………………………………… (82)
- 第三章 教师职业道德规范 ………………………………………………… (96)
  - 第一节 教师职业道德 …………………………………………………… (97)
  - 第二节 教师职业行为 …………………………………………………… (107)
- 第四章 文化素养 …………………………………………………………… (125)
  - 第一节 文化常识 ………………………………………………………… (126)
  - 第二节 科技发展史知识 ………………………………………………… (135)
  - 第三节 科学常识 ………………………………………………………… (145)
  - 第四节 文学常识 ………………………………………………………… (152)
- 第五章 基本能力 …………………………………………………………… (172)
  - 第一节 阅读理解能力 …………………………………………………… (173)
  - 第二节 逻辑思维能力 …………………………………………………… (189)
  - 第三节 信息处理能力 …………………………………………………… (207)
  - 第四节 写作能力 ………………………………………………………… (215)

第一章 职业理念

考纲内容

1. 教育观
（1）理解国家实施素质教育的基本要求。
（2）掌握在幼儿教育中开展素质教育的途径和方法。
（3）理解幼儿教育作为人生发展的奠基教育的重要性及其特点，根据正确的教育价值观分析和评判教育现象。
2. 儿童观
（1）理解"人的全面发展"的思想。
（2）理解"育人为本"的含义，爱幼儿，尊重幼儿，相信每个幼儿都具有发展潜力，维护每个幼儿的人格和权利。
（3）运用"育人为本"的幼儿观，在保教实践中公正地对待每一个幼儿，不因性别、民族、地域、经济状况、家庭背景和身心缺陷等歧视幼儿。
（4）设计或选择丰富多样、适当的保教活动方式，因材施教，以促进幼儿的个性发展。
3. 教师观
（1）了解教师专业发展的要求。
（2）具备终身学习的意识。
（3）理解教师职业的责任与价值，具有从事教育工作的热情与决心。

考纲解读

理念是行为的先导，没有特定的职业理念就没有相应的职业行为。对教师而言，仅有先进的教育思想和教育理论是远远不够的，还需要特定的教育行为才能有效地开展保育教育工作，而连接"教育理论"与"教育行为"的中介就是"职业理念"。幼儿园教师的职业理念由教育观、儿童观和教师观三大部分构成，分别涉及对教育、儿童和教师的基本看法。未来教师要深刻把握教育观、儿童观和教师观，并在它们的指导下，积极尝试和开展保育教育改革。职业理念板块，不仅要求考生掌握教育观、儿童观和教师观的基本内涵，更重要的是要求考生能够运用相应的理念解释保育教育现实问题，关注保育教育改革的实践。因此，在学习过程中，考生既要充分理解教育观、儿童观和教师观的概念与要求，又要结合典型案例进行分析，同时能够根据教育观、儿童观和教师观的基本要求对幼儿园保育教育实践案例进行解读与评价。

引 子

花儿好看我摘了

小班正在进行"小花园"主题活动,"花儿好看我不摘"是其中的一个活动。在活动过程中,小朋友乔乔看到漂亮的花儿,便摘了一朵。对于这个行为,教师的回应有以下三种。

第一种:教师看乔乔已经将花摘了下来,便严肃地说:"花是不可以摘的,以后可不许再摘了。"同时,教师看到乔乔手里的花,顺手将花插在了一个女孩的头上。

第二种:教师看着乔乔手里的花,皱着眉头没好气地说:"花回不了家,要伤心了。"随后,教师将摘下来的花呈现在全班幼儿面前,并引导大家讨论:"花园里的花可以摘吗?花摘了会怎么样?"得到的答案是:"不可以摘花的。""花枯萎了。""以后我不和乔乔做好朋友了。"……乔乔坐立不安,接受着大家的指责和批评,并保证以后不摘花了。

第三种:教师温和地问乔乔:"你摘花做什么呀?""花好看,摘下来送给妈妈。"随后,教师召集全班孩子讨论:"花的家在哪里呀?我们把花摘了,花会怎么样啊?"孩子们你一言我一语:"花要哭了。""花宝宝会痛的。"乔乔似乎在同伴的七嘴八舌中明白了什么。这时教师话锋一转,问孩子们:"那这朵漂亮的小花怎么办呢?""送给妈妈。""送给奶奶。"教师继续问:"孩子们,平时谁照顾花园里的花呀?""门卫爷爷。""爷爷浇花很辛苦的。"这时,有个孩子说:"把花送给老爷爷吧!"教师问:"你们同意吗?""同意!"于是,一朵美丽的小花经由摘花孩子稚嫩的双手送到了门卫爷爷的手中,大家都笑了。回到活动室后,教师又问道:"我们想送花给妈妈,怎么办呢?""可以画一朵。""可以用漂亮的彩纸折一朵。"那天晚上,很多妈妈收到了孩子的礼物——一朵或几朵自制的美丽小花。①

无疑,以上三种回应情境都在不同程度上体现了"花儿好看我不摘"的主题目标。第一种情境中,教师只是严肃地告诉乔乔"花是不可以摘的",并顺手将花插在一个女孩的头上,显得很有亲和力,却缺乏相应的教育机智;第二种情境中,教师有控制倾向,她借助其他孩子的声音批评了乔乔的行为,可能使乔乔的心灵受到伤害;第三种情境中,教师能够先问清楚乔乔摘花缘由,再借其他孩子的话语说明问题,最后引导乔乔送花,善于捕捉教育契机,实现教育目的。

为什么不同的教师会有不同的处理方式呢?这与教师所持的职业理念有关,不同的职业理念会产生不同的教育行为。因为,职业理念是职业行为的先导,有怎样的职业理念就会有怎样的职业行为。那么,什么是职业理念?所谓职业理念是指由职业人员形成和共有的观念和价值体系,是一种职业意识形态。职业理念是为保护和加强职业地位而起作用的精神力量,是在其职业内部运行的职业道德规范。**教师职业理念是指在长期的教育教学活动中逐步形成的观念和价值体系,它指引教师的行为方向,规范教师的职业行为**。一般而言,教师职业理念由教育观、儿童观和教师观三大部分组成。

---

① 杨继芬,林慧珍,陆玮.从"花儿好看我摘了"看细微处的教育[J].幼儿教育,2012(z2):30—31.

第一节 教育观

谁对谁错？

我在一节安全课中设计了两个情节：一是两个小朋友互相碰撞、大喊大叫；二是两个小朋友友好地交流，显得很平静。我问小朋友喜欢哪个情节，全班的孩子都说第二种，都说要向后面的两个小朋友学习。

我很满意孩子们的回答，于是就给孩子们讲解如何保护好自己的嗓子，可忽然之间李佳琪说："老师我喜欢前一个。"我当时很诧异，但我并没有立即否定她的观点，而是请其他小朋友继续回答，想不到又有几名幼儿跟着改口。

面对此情景，我按捺不住气愤，就把那几位幼儿叫到跟前说："那你们几个在一起大声叫喊，试一下嗓子累不累。"

忽然又有小朋友说还是喜欢第二种，"那为什么刚才说第一种？"我继续问道，不知是谁轻轻地冒出一句："老师说过喜欢那种和别人说得不一样的小朋友。"

轻轻的一句话着实让我震惊，我无言以对。是呀，无论在哪种教学活动中，还是在启发幼儿思考时，我们老师都会有意加上一句："看谁说（想、画……）得和别人不一样。"事实上，我们并没有向幼儿解释所谓"不一样"的意义和标准，甚至我们自己对这句话的内涵和外延都缺乏必要的理解，何况是孩子们呢？

面对孩子们那"聪明反被聪明误"的沮丧表情，我只能自问：谁对谁错？更新思想、转变观念是现在提得最多的口号，这一事例表明我们并没有真正理解正确的教育观、儿童观，还仅仅停留在表面上。因此，我们还要不断地深入学习，在实践中不断地加深理解，以期真正转变观念。①

幼儿没错，老师也没有错！很多幼儿园老师都希望每个幼儿与众不同，具有创新的意识，这并没有错；幼儿为了"老师的喜欢"而做出与人"不一样"的回答，但并不知道怎样的"不一样"才是老师真正所希望的。产生这种结果的根本原因在于对教育观缺乏深入的理解，而只是"停留在表面上"。那么，什么是教育观？在幼儿园保教活动中如何具体落实教育观？

一、教育观的内涵与构成要素

（一）教育观的概念

教育观是指人们对教育本身以及教育与其他事物关系的看法和态度。具体地说就是人们对教育者、教育对象、教育内容、教育方法等教育要素及其属性和相互关系的认识，以及人们对教育与其他事物相互关系的看法，以及由此派生出的对教育的作用、功能、目的等各方面的看法。教育观中最本质、最核心的是教育目的观，即为谁培养人、培养什么人和如何培养人这三个问题。

（二）教育观的构成要素

教育由教育目的、教育者、受教育者、教育内容和教育方式等五个基本要素构成，人们对这五个基本教育要素的理解与看法就是教育观，所以，这五个要素也是教育观的基本构成要素。

---

① 幼儿园教育随笔[EB/OL].（2014-05-08）[2015-06-15]. http://www.qinzibuy.com/jiaoan/2014/jiaoan_9326.htm. 选入时有删改，题目为编者所加。

1. 教育目的观

教育目的观反映的是人们关于教育过程预期结果的价值取向,其核心内容是要把受教育者培养成什么样的人。教育目的观是对"为什么要进行教育"和"为了什么而进行教育"这两个问题的回答。前一个问题是追寻进行教育的理由,后一个问题是选择教育的标的物。教育目的观有个人和国家之分,实然和应然之分,正确和错误之分。

2. 教师观

从幼儿园层面来看,教育者一般是指教师,教师观就是对教育者的认识和理解。

3. 儿童观

儿童观就是教育者对儿童的认识和理解。儿童观的核心内容有二：一是儿童是怎样的人,二是儿童在教育过程中处于何种地位、起何种作用。它和教师观是相互依存、对立统一的。

4. 教育内容观

教育内容观,是人们对应该向儿童传授什么知识的看法和理解。选择什么样的课程作为教育的内容,主要受教育目的观和知识价值观两个因素的影响。

5. 教育方式观

教育方式观就是教师在保育教育实践过程中所持有或所体现出来的对完成保育教育活动方式的理解和运用。一个人持有什么样的教育方式观受制于他所处的教育文化环境。

(三) 我国现阶段教育观的基本精神

由于教育观是人们对教育的理解,理解者、理解角度及其境遇的不同,就会导致教育观的多种多样。不同的人、不同的国家对教育观有不同的理解。就我国现阶段而言,教育观的基本精神如下：

(1) 教育目的观。培养社会主义事业的建设者和接班人。

(2) 教师观。幼儿园教师是履行幼儿园保育教育工作职责的专业人员,是幼儿健康成长的启蒙者和引路人。

(3) 儿童观。坚持育人为本,促进幼儿身心健康成长,全面发展。

(4) 教育内容观。五大课程领域,保教结合。

(5) 教育方式观。重视环境和游戏对幼儿发展的独特作用,创设富有教育意义的环境氛围,将游戏作为幼儿的主要活动。重视丰富幼儿多方面的直接经验,将探索、交往等实践活动作为幼儿最重要的学习方式。

整体而言,我国现阶段的教育观主要包括全面发展教育和素质教育。

【历年真题】

【1-1】某幼儿园以识字和算术为基本活动,得到了家长的支持,该幼儿园的做法( )。

A. 不正确,幼儿园以游戏为基本活动　　B. 不正确,幼儿园以体育为基本活动

C. 正确,有助于培养幼儿阅读能力　　D. 正确,有助于办出幼儿园的特色

【参考答案】A。解析：幼儿园保育教育活动的基本组织形式是游戏。识字和算术属于小学的教育内容,幼儿园可以进行适度的识字和算术活动,但不能过度。尽管家长们希望幼儿园开展识字和算术活动,但这是违背幼儿园教育规律的,不能为了迎合家长而违背教育规律,那样会阻碍幼儿的健康成长。所以,正确选项是A。

教育观是指人们对教育本身以及教育与其他事物关系的看法和态度,在我国主要包括全面发展教育和素质教育两个方面。**考生在学习时,注意牢记我国教育观的主要内容与基本精神,并能将其运用于对现实问题的分析。**

二、全面发展教育

(一) 全面发展的内涵

马克思主义认为人的全面发展是指人的智力、体质得到充分的、自由的、和谐的发展,同时也包括道德、志趣意向等个性品质的发展。全面发展的内容具体包括:① 人的劳动能力的全面发展;② 人的才能的全面发展;③ 人自身的全面发展;④ 人的自由发展。核心是人的劳动能力的全面发展。

【历年真题】

【1-2】在马克思的全面发展学说中,"全面发展"的含义在本质上是指( )
  A. 体智德美和谐发展　　　　　　　B. 劳动能力的全面发展
  C. 既能从事体力劳动又能从事脑力劳动　　D. 人的才能与智慧的发展
【参考答案】B。解析:在马克思的全面发展学说中,"全面发展"是指人的劳动能力的充分的、自由的发展。体智德美是幼儿园全面发展教育的基本内容,人的才能和智慧的发展与既能从事体力劳动又能从事脑力劳动是全面发展教育的目标之一,但不是本质所在。所以,正确选项是B。

全面发展教育具有以下特征:① 全体性,每一个幼儿都得到一定程度的发展;② 全面性,使每个个体的各种潜能得到最大程度的发展;③ 主动性,全面发展不是外加的,而是自主和自由的;④ 和谐性,即体智德美各方面优化组合与平衡协调;⑤ 充分性,个体在社会给予的空间条件下,达到自身潜能的最大发展;⑥ 可持续性,个人的现实发展既可以得到充分的实现,又不会对其发展未来和潜能造成损害。

(二) 全面发展教育的内容

幼儿的全面发展教育是指以幼儿身心发展规律与发展可能为基础,促进幼儿在体智德美诸方面和谐发展的教育。具体包括下列内容。

幼儿体育,是指在幼儿园进行的,根据幼儿身体发育规律,运用科学的方法,以增强幼儿体质、保证健康的一系列教育活动。

幼儿智育,是指有目的、有计划地向幼儿传授初步的知识技能,发展幼儿的智力,增进幼儿对周围事物的求知兴趣,并养成良好学习习惯的教育活动。

幼儿德育,是指对幼儿实施的品德教育,具体包括社会性发展(爱的情感、社会行为规范、人际交往技能等)和个性发展(自信心、主动性、诚实、意志等)两个方面。

幼儿美育,是指根据幼儿身心发展特点,运用美的事物和各种审美活动来培养幼儿感受美、表现美的情趣和能力的教育活动。

幼儿各育之间既各有其相对独立性,又具有内在联系,它们共同构成幼儿的全面发展教育。

各育针对人的身心素质发展的某一方面,都有自己独特的任务、作用和特殊的教育方法、手段,不能相互取代。例如,体育的目标是促进幼儿身体的正常发育和机能协调发展,增强体质,培养良好的生活、卫生习惯和参加体育活动的兴趣。智育的目标是培养幼儿的学习兴趣和求知欲望,发展幼儿智力,培养正确运用多种感官和运用语言的基本技能,以及初步的动手能力。德育的目标是培养幼儿的"五爱"情感,形成良好的品德、行为和习惯。美育的目标是培养幼儿的美感,关注重点是欣赏能力、生活情趣、精神境界等,培养相应的表现能力,特别是想象力和创造力。教育实践中应坚持"各育并举",任何一育都不能偏废。

此外,各育之间又相互依存、相互渗透、相互促进,共同构成一个整体,每一育都是全面发展教育中必不可少的构成部分。例如,体育为各育实施提供身体条件;智育为各育目标的实现提供必要的科学知识基础和智力基础;德育为人的发展提供方向和动力,保证各育效果的性质;美育为各育的实施提供审美保证,是全面教育的升华。在思想上、在研究中可以把各育分离开来,但在实践中每一育都不可能相互孤立地产生作用,必须要树立整体观念,把各育作为整体的一部分来认识。只有综合设计保育教育活动,发挥教育的整体功能,才能真正提高保育教育的实效。

☆ 知识要点 ☆

全面发展指的是人的智力、体质得到充分的、自由的、和谐的发展,同时也包括道德、志趣意向等个性品质的发展。全面发展具体包括人的劳动能力、人的才能、人自身的全面发展和人的自由发展。全面发展教育是为了培养全面发展的人、实现全面发展的教育目的而实施的教育,具体包括体、智、德、美几个方面。**考生在学习时要特别注意对全面发展内涵的理解,注意幼儿的全面发展教育中各育的概念、特点与任务,同时厘清各育之间的关系。**

(三) 全面发展教育的途径

根据马克思的全面发展理论,实现全面发展的唯一途径是教育与生产劳动相结合(教劳结合)。在幼儿园教育中,实现全面发展教育的基本途径与方法有以下四个方面。

1. 教育活动

集中教育活动是幼儿园开展保教工作的主要手段,因而也必然是实现全面发展教育的主渠道。因为集中教育活动可以:

(1) 通过具有科学性、思想性的内容,使幼儿初步了解一些自然科学和社会科学的知识,使幼儿的认识、思想、情感不断变化,奠定辩证唯物主义世界观的基础。

(2) 通过教学方法发挥作用。例如,运用启发式教学法可以引起幼儿探索的兴趣,培养幼儿的动手能力。

(3) 各种活动的组织形式对于贯彻全面发展教育也有特定的意义。

2. 游戏活动

游戏是幼儿教育的基本组织形式,不管是课内还是课外都充满着各种游戏活动。在游戏过程中,幼儿不仅能加深对集中教育活动中的知识的理解,而且能够形成各种能力,如操作能力、组织能力、人际关系处理能力等,从而实现全面发展的教育目的。所以,组织游戏活动要尽量满足幼儿的兴趣,坚持自由参加的原则,不能包办代替,教师要重视幼儿的情感体验,充分发挥幼儿的积极性与创造性。

【历年真题】

【1-3】古人云:"知之者不如好知者,好知者不如乐知者。"这句话提示教师在教育过程中,应该重视( )。

A. 学生的人格养成　　　　　　　B. 学生的情感体验
C. 学生的习惯培养　　　　　　　D. 学生的知识储备

【参考答案】B。解析:"知之者不如好知者,好知者不如乐知者"的意思是"对于学习,了解怎么学习的人,不如喜爱学习的人;喜爱学习的人,又不如以学习为乐的人。"比喻学习知识或本领,知道它的人不如爱好它的人接受得快,爱好它的人不如以此为乐的人接受得快。所以,对幼儿园教师而言,如何提高幼儿的学习兴趣、充分发挥学习的主观能动性才是最为重要的。人格养成,更多的与德育有关,跟学习的关联不大;习惯培养,与学习虽然有关系,但与"喜爱学习""乐于学习"关联不大;知识储备,虽然也与学习有关,但构不成"乐学"的基础;情感体验,即体验到学习的乐趣,这才是让幼儿"乐学"的前提。所以,正确选项是B。

3．其他集体活动

除集中教育活动外,幼儿园有多种其他集体活动,如班集体活动、兴趣小组活动等,可以通过其特有的活动培养幼儿的集体主义观念,发展多方面的兴趣,养成遵守纪律、批评与自我批评的习惯,尊重舆论的态度,团结友爱、互助合作的精神和独立学习的能力。在幼儿集体活动时要充分发挥幼儿的自由思想,让幼儿用自己的语言,说自己想说的话,这样才能最大限度地实现全面发展的教育目的。

4．社会实践活动

幼儿园定期或不定期开展的社会实践活动,如参观科技馆、护绿小卫士、我是小小清洁工等,如果组织得当都有助于幼儿的全面发展。

上述四大途径既相对独立又需密切配合,这样才能共同实现全面发展教育的目标。

（四）实施全面发展教育的策略

实施全面发展教育是实现我国社会主义教育目的的必然要求,在教育实践中应特别注意以下几个方面。

1．正确处理各育关系,科学设计保教活动

强调各育并举,但这并不意味着平均用力,应根据各育的特点和幼儿的身心发展规律,进行科学设计、合理安排。例如,各育的内容选择、课时比例、保教方法和手段、效果评价方法和手段等都应充分考虑各育的特点和不同阶段幼儿发展的特点。各育相互依存、互为条件,但各育的实施需要不同的身心发展基础、不同的保育教育条件和方法,它们的效果也会以不同的方式体现。

2．正确认识全面发展和个性发展的关系,促进幼儿全面、和谐发展

全面发展与个性发展是一致的、统一的。全面发展是指每个人的全面发展,即"个性的全面发展"。个性是指每个人在全面发展过程中由于客观存在的各种差异而形成的各不相同的个性,是全面发展的自然结果,即"全面发展的个性"。马克思主义的全面发展有一个重要的维度是自由发展,是以个人合乎本性的自由发展为条件的。全面发展是对人的普遍、统一的基本要求,个性发展是教育的必然结果。保教实践中要在全面发展这一基本要求的基础上,根据每一位幼儿的特殊性因材施教,在充分发挥每个幼儿长处的同时实现幼儿的全面、和谐发展。

【历年真题】

【1-4】晓光很有舞蹈天赋,小小年纪已经参加过很多大型比赛,但他不愿参加幼儿园组织的科学活动。方老师劝说道:"老师很喜欢会跳舞的晓光,可是如果你在其他方面很能干的话,大家会更加喜欢你。"方老师的做法(　　)。

　　A. 不合理,不利于幼儿发展特长
　　B. 不合理,不尊重幼儿的兴趣爱好
　　C. 合理,教师应该关注幼儿的全面发展
　　D. 合理,幼儿必须在各个学习领域平均发展

【参考答案】 C。解析:此类题型,可以先考虑"合理"和"不合理",方老师的做法是鼓励性的,目的是促进晓光的全面发展,显然是合理的,所以 A 和 B 两项可以排除。D 选项"幼儿必须在各个学习领域平均发展",并不符合全面发展的内涵。促进幼儿的全面发展、健康成长是幼儿园教育的基本任务,教师当然应该关注幼儿的全面发展。所以,正确选项是 C。

3. 坚持育人为本,充分发挥幼儿潜能

　　教育是专门培养人的活动,实施全面发展教育必须坚持育人为本。只有这样才能实现人的全面发展的目标,办人民满意的教育。坚持育人为本就是要把教育的重点转向人本身,在教育过程中把人的全面发展放在中心地位,就是要顺应人的禀赋,以人的个性发展需要为本,最大限度地挖掘、发展人的潜能,完整而全面地关照人的发展。首先,育人为本就是要以幼儿的发展为本,要面向全体幼儿,尊重幼儿的差异和个性,促进幼儿全面、和谐发展;其次,育人为本就是要依靠教师,激发全体教师的责任心和积极性,发挥全体教师的智慧和才能。

4. 树立崇高理想,培养幼儿创新精神

　　实施全面发展教育首先要解决幼儿的学习方向、学习动力等问题,激发幼儿的学习欲望。其次,要重视培养幼儿的创新精神。创新精神包括创新意识、创新兴趣、创新胆量、创新决心,以及相关的思维活动,这是进行创新活动必须具备的一些心理特征。创新精神需要具有敏锐的观察力、准确的判断力、独立的思考和分析决策能力、高超的信息处理能力,以及进行发明创造和改革创新的意志、信心、勇气和智慧等。

5. 确定合理的培养目标,促进幼儿生动活泼、主动发展

　　教育目的是对人的理想设计,是教育努力的方向,它对教育实践发挥着价值引导作用,是对各级各类学校的统一要求。培养目标是教育目的的具体化,从幼儿园教育的实际出发,提出既与教育目的的指导方向一致,又符合幼儿教育实际需要的目标,将教育目的的指导性与培养目标的现实性统一起来,才能真正指导幼儿园的保育教育活动。培养目标的确立除了考虑落实教育目的之外,还应结合幼儿园教育的性质和任务,以及特定幼儿的身心特点及规律,确定合理的培养目标才能使教育目的真正落到实处。

☆**知识要点**☆

> 实现全面发展的基本途径是教劳结合,幼儿园可以通过教育活动、游戏活动、其他集体活动和社会实践活动等途径来实施。实施全面发展教育的具体要求如下:正确处理各育关系,科学设计保教活动;正确认识全面发展和个性发展的关系,促进幼儿全面、和谐发展;坚持育人为本,充分发挥幼儿潜能;树立崇高理想,培养幼儿创新精神;确定合理的培养目标,促进幼儿生动活泼、主动发展。考生在学习时一定要熟记五个基本要求,而且能够运用上述观点分析与评价教育现实问题。

三、素质教育

九成孩子上兴趣班

10月22日上午,在某市城东某幼儿园大班,当记者问有谁周末要上兴趣班时,孩子们的小手齐刷刷地举了起来。记者数了一下,30人的一个大班,仅有3个孩子没有举手。记者在随后的交流中了解到,孩子们少则上1个班,多则上3~4个班。一位叫钱乐的小朋友掰着手指告诉记者,自己周末两天要赶着上芭蕾舞、钢琴、绘画、英语4个辅导班,时间安排得满满当当。

记者采访了来接孙子放学的章奶奶。老人家说,孙子目前在上钢琴和外语两个兴趣班。在她看来,孩子学得还是太少了:"现在幼儿园里不教算术、认字了,但其他孩子都在学,有的孩子自己都能看懂小故事书了。"

家长李女士则表示,每次家庭聚会时,自己6岁的儿子和4岁的外甥就会成焦点。饭后,家人会让两个孩子表演节目,4岁的外甥不仅会背诗,还会唱英文歌曲。李女士的儿子比他大2岁,却只在幼儿园学会了唱儿歌和说绕口令。李女士说,几次下来后,她觉得要让儿子"多学点东西"。"这学期我给他报了英语、拼音、珠心算,一定不能让他比其他孩子差。"①

许多家长为了让自己的孩子"不输在起跑线上",不断地给孩子报这个班那个班,而且还美其名曰"提高孩子的素质"。家长的这种做法是否合适?是否合乎素质教育的理念?为了厘清这些问题,我们首先要清楚:究竟什么样的教育才算素质教育?我们应如何全面贯彻推行素质教育?如何研究探索出一条全方位的、高质量的素质教育之路?

(一)素质教育的内涵

素质与素质教育的概念研究,经历了从语义分析到价值论析的过程。初期多数论者从"素质"概念的阐述入手演绎出"素质教育"的概念,从而形成关于应然的素质教育的完整框架。也有论者从"回归"的角度论证教育的本质就是"素质教育"。更多论者则将素质教育理解为一种教育理想,一种教育价值观,其根本宗旨是提高国民素质。简而言之,素质教育是根据社会时代发展和人的发展需求,以全面提高幼儿的基本素质为目的,以充分发挥幼儿主体精神为引导,以不断开发幼儿潜能和个性为宗旨,以注重培养创新和实践能力为特征,重视适应未来社会和回归幼儿生活的教育。

尽管对素质教育的内涵描述各不相同,但学术界对素质教育提出了五个公认的本质特征:全体性、全面性、主体性、发展性和开放性。

(1)全体性,是指素质教育面向全体幼儿,让每一个幼儿都能在原有的基础上有所发展,在天赋允许的范围内充分地发展。在保育教育过程中要关注所有的幼儿,让每个幼儿都得到相应的教育资源与教育机会。

(2)全面性,是指素质教育开展的是体、智、德、美全面发展的教育。就学前教育阶段而言,全面教育既注重幼儿的"体"与"智",也注重幼儿的"德"与"美"。同时还注意幼儿的心理教育、情操陶冶和意志磨炼。唯有如此,才能更好适应社会、更好适应生活。

---

① 赵丹丹,程颖. 30人的幼儿班里 九成孩子上了兴趣班[EB/OL]. (2012-10-30)[2021-08-12]. http://news.sina.com.cn/o/2012-10-30/164525472544.shtml.

（3）主体性，是指素质教育要促进幼儿生动、活泼、主动的发展。主体性的发挥是实现创新的前提，只有弘扬主动精神、培养幼儿的主动精神、鼓励幼儿存疑和求疑，才能真正地发挥幼儿的主体性，进而实现幼儿生动活泼的发展。

（4）发展性，是指素质教育要着眼于幼儿的终身可持续发展。学前教育阶段是整个人生的奠基阶段，也是幼儿良好习惯的养成阶段，所以素质教育强调良好的生活习惯、学习习惯、交往习惯及参与社会活动的习惯，这样才能为幼儿的终身可持续发展奠定基础。

（5）开放性，是相对于封闭性而言的。在封闭性的教育场景中，接受教育的场所主要是课堂，知识与信息的来源主要是教师与课本。其教育空间是封闭的，信息来源渠道是单一的；而素质教育则是一个广泛的范畴，要求在教育思想、教育内容、教育过程、教育方法等方面的系统性、兼容性和全程性。因而，素质教育的开放性要求拓宽原有的保育教育空间，建立幼儿园教育、家庭教育和社会教育的网络；拓宽保育教育途径，做到活动课程与一日生活相结合，面向全体和因材施教相结合。

【历年真题】

【1-5】国家实施素质教育的根本宗旨是（　　）。
A. 提高个人素质　　　　　　B. 提高国民素质
C. 培养精英　　　　　　　　D. 培养有特长的人

【参考答案】B。解析：素质教育是以全面提高人的基本素质为根本目的，尊重人的主体性和主动精神，以面向全体幼儿，开发幼儿潜能和个性，促进幼儿全面发展为本质特征的教育。从本质上说，素质教育是提高劳动者素质、国民素质和民族素质的教育。A、C、D三个选项都过于片面。所以，正确选项是B。

（二）素质教育的实施要求

实施素质教育是一项系统工程，需要全社会重视和支持。作为一个历史性的课题，全面推进素质教育是全社会共同的责任。就幼儿园而言，可以从以下几方面入手。

1. 树立科学的素质教育理念与正确的办园目标

实施素质教育的关键是要有科学的素质教育理念，破除陈旧的学前教育思想，树立正确的教育观、儿童观、教师观。在幼儿保教活动过程中，全体学前教育工作者都要树立现代学前教育理念，把幼儿当"人"看，真正关心幼儿、尊重幼儿、认识幼儿、理解幼儿、呵护幼儿。尤其是在办园过程中，要面向全体幼儿，树立正确的办园目标和科学的培养目标，在提高全体幼儿素质的前提下，关注每一个幼儿个体的特质，针对幼儿的个体差异因材施教。

2. 全面提高幼儿园教师队伍的水平

幼儿园教师队伍的综合素养和整体水平，是幼儿园实施素质教育的关键，它将直接影响到学前教育的水平和质量。也就是说，幼儿素质教育的成败，相当程度上取决于园长和教师的综合素养和整体水平。提高幼儿园教师的综合素质，教师不仅要更新保育教育观念、提高知识水平，还要具有高度的事业心与责任感；不仅要有开拓意识和创造精神等优良品质，还要有高尚的思想道德、崇高的精神境界；不仅要有高度的敬业、爱岗精神，还要严于律己、以身作则、为人师表。

3. 在保教活动中全面落实素质教育

如果不将素质教育落实到保教活动之中，那么素质教育只是一个抽象的概念。幼儿素质教育可通过开展多种活动和游戏来进行：可以创设和谐的氛围和优美的教学环境，可以引导幼儿观察,可以与幼儿一起玩耍。同时在保教活动中注意多给幼儿提供动口、动手、动眼、动脑的机会。幼儿素质的提高,并不是一朝一夕之事,而是需要潜移默化、循循善诱、循序渐进的培养,教师要在日常生活中逐渐培养幼儿的素质。

4. 幼儿园、家庭和社区相互配合

在对幼儿进行素质教育的过程中,除了幼儿园教育工作者的努力以外,还需要家庭和社区的配合。只有将"家、园、区"三方面的力量整合起来,才能形成素质教育的合力,从而保证幼儿健康茁壮成长。

☆ 知识要点 ☆

素质教育是相对于应试教育而生成的一个概念,是一种教育理想,具有全体性、全面性、主体性、发展性、开放性五大特征。实施素质教育要求树立科学的素质教育理念与正确的办学目标,提高幼儿园教师队伍的水平,在保教活动中全面落实素质教育,幼儿园、家庭和社区相互配合。**考生在学习时应特别注意运用素质教育的观念分析幼儿园的具体保育教育场景。**

【历年真题】

【1-6】下列对素质教育的理解,存在片面性的是( )。
A. 促进学生专业发展　　　　　　B. 尊重学生个性发展
C. 教育面向全体学生　　　　　　D. 引导学生协调发展

【参考答案】A。解析:尊重学生个性发展、教育面向全体学生、引导学生协调发展都属于素质教育的要求,而促进学生专业发展并不属于素质教育的追求。所以,正确选项是A。

【1-7】某幼儿园在其教学计划中大量增加小学一年级的课程内容,该幼儿园的做法( )。
A. 正确,有利于幼儿园和小学的衔接
B. 错误,背离了幼儿教育的基本目标
C. 正确,有利于促进儿童认知发展水平
D. 错误,只能适量增加小学教育的内容

【参考答案】B。解析:题目中"大量增加小学一年级的课程内容"显然与幼儿园教育的宗旨相冲突,所以A和C两个选项可以排除。D选项"只能适量增加小学教育的内容",确实是现实中很多幼儿园的做法,但这违背了幼儿园教育的任务与目标,故D选项排除。所以,正确选项是B。

四、素质教育与全面发展教育

中华人民共和国成立以来,我国一直以马克思主义关于人的全面发展学说为指导,实施全面发展教育,并取得了不少的成就。素质教育提出后,关于素质教育与全面发展教育的关系问题,引起了学者的广泛关注,并引发了激烈的争论,他们提出了各自的观点。那么,关于素质教育与全面发展教育的关系,学术界有哪些观点?

关于素质教育与全面发展教育的关系主要有同一说、超越说、同异说、具体化说几种观点。

1. 同一说[①]

同一说认为素质教育与全面发展教育没有什么区别,两者指的是同一回事。同一说的基本立论如下:① 素质教育与全面发展教育的目标相同,都以促进人的全面发展为最终目的。② 素质教育与全面发展教育的内容相同,都以体智德美为基本内容。③ 素质教育与全面发展教育的方向相同,都追求人的劳动能力的提升。

2. 超越说[②]

超越说认为现代素质教育理论是在坚持马克思主义的人的全面发展学说的基础上,结合我国国情,进一步深化和发展马克思主义的全面发展学说,是对全面发展教育的超越。这种超越主要表现在如下几个方面:① 素质教育具有鲜明的时代性,强调马克思主义的"人的全面发展"在现阶段就是人的素质的全面发展,并从提高整个中华民族素质的高度认识基础教育的任务和意义。② 素质教育从人的身心发展的素质结构入手,为培养与提高幼儿的素质提供了内涵更加丰富和明确的教育内容和评价指标体系,更能体现全面、整体育人观的要求。

3. 同异说[③]

同异说从辩证的角度来看待素质教育与全面发展教育的关系,指出两者是不同的,但它们之间存在着我中有你、你中有我的辩证关系,认为素质教育等同于全面发展教育和超越了全面发展教育的观点都没有把握住素质教育的本质特征,也把全面发展教育理解得片面化了。

4. 具体化说[④]

具体化说认为素质教育乃是全面发展教育的具体化,是全面发展教育的落实。其具体观点如下:① 全面发展只有落实到人的素质上才能实现。② 全面发展只有通过素质教育才具有可操作性。③ 素质教育是全面发展教育的具体落实。

素质教育的提法与全面发展教育并不矛盾,从本质上说,二者是一致的。

(1) 全面发展教育思想是素质教育的理论依据。

素质教育以全面发展教育思想为指导,以历史上的和现阶段的"全面发展教育"为基础,没有这个"基础",素质教育就失去了历史继承性,它便无从提出,无从发展。因此,无论是从科学的视角还是从现实的视角来考察,素质教育都与全面发展教育保持了本质上的一致。从上面关于素质教育的几个基本特征的概括来看,它基本上没有超出全面发展教育的内涵,都强调教育要面向全体幼儿,促进幼儿全面发展、主动发展。

(2) 素质教育是全面发展教育的具体落实和深化。

素质教育是对应于应试教育而提出的一个概念,虽然学者们对于应试教育的提法本身还存有争议,但不可否认,我们国家在进行全面发展教育的过程中,确实出现了一些问题和

[①] "同一说"的观点请参阅:欧阳玉,谢再根.素质教育散论[J].教育研究,1997(2);周作云,蒋崇才.素质教育的实质就是全面发展教育——读《素质教育问题研究》想到的几个问题[J].江西教育科研,1997(4);康万栋.素质教育辩证法[J].中小学管理,1999(2);燕国材,刘振中.素质教育论[M].南京:江苏教育出版社,1997;李帅军.素质教育与全面发展教育——对当前关于素质教育问题讨论的思考[J].河南师范大学报(哲学版),1993(2)等文献和图书。

[②] "超越说"的观点请参阅:郑金洲.素质教育与全面发展教育、应试教育——十年理论研究综述[J].上饶师专学报,1999(4);刘国权.素质教育与人的全面发展[J].社会科学研究,1998(5)等文献。

[③] "同异说"的观点请参阅:张男星.素质教育与全面发展教育[J].教育理论与实践,1999(8);张正江.应试教育、素质教育、全面发展教育:教育发展三阶段[J].上海教育科研,2005(10)等文献。

[④] "具体化说"的观点请参阅:冯文全.素质教育三论——基于教育社会学的反思[J].教育科学研究,2010(6);李海生.素质教育理论研究综述[J].上海教育科研,1997(6);潘懋元.试论素质教育[J].教育评论,1997(5).燕国材,刘振中.素质教育论[M].江苏教育出版社,1997等文献和图书。

偏差,在实践中的确存在着一些片面追求升学率,过于注重幼儿的智育而忽视其他几个方面教育的情况。这些偏差和倾向要求我们的教育目的发挥它应有的定向、评价和调控功能。那么,怎样来纠正这种倾向呢?于是,有人提出了素质教育,提出要发展幼儿多方面的能力,而不能只注重智育。所以,素质教育的提出是为了纠正教育实践对于教育目的的背离,是全面发展的教育目的对教育活动进行调控的一个结果,当然也是教育目的的具体落实和深化。

【历年真题】

【1-8】材料:

班上的幼儿总记不住饭后漱口。一天早上,刘老师找了两个透明的塑料杯放在桌上,其中一个杯子里面装满了干净的水。早饭后刘老师让小朋友接水漱口,并让他们把漱口水吐在空杯子里,让全班小朋友过来观察。

孩子们议论纷纷:"这两杯水不一样,一个很干净,一个很脏。""那个杯子里面的水有东西了。"刘老师问:"这些脏东西原来藏在哪儿呀?"他们纷纷说:"藏在小朋友的嘴里""藏在舌头底下""粘在牙上的""藏在牙缝里的"。刘老师把装着漱口水的杯子放进盥洗室。

午睡后,孩子们去盥洗室解便洗手,佳佳捂着鼻子说:"房间里是什么味,真难闻。"这时,放杯子的地方围着几个小朋友,正在议论着。孩子们指着杯子问:"这是什么呀?真臭。"原来漱口水已经变臭了。这时刘老师走过来,看见孩子们一脸的惊讶,问道:"大家想一想,这些东西在嘴里会怎么样?"有的孩子说:"也会变得这样臭,生出许多细菌来。"还有的孩子说:"原来我们的牙齿就是这样被弄坏的!那吃完饭得把嘴漱干净。"有一位小朋友说:"我回家告诉爸爸妈妈,让他们吃完饭后也一定漱口。"自从那次观察活动后,孩子们漱口再也不用老师提醒了。

问题:
请从教育观的角度评析刘老师的教育行为。

【参考答案】

(1)素质教育,教育与生活相结合,体现了幼儿园教育的生活性。

刘老师运用生活中的水开展教育活动,让孩子们明白讲究卫生的重要性,使孩子们养成良好的生活习惯。

(2)以人为本,强调幼儿学习的感知体验性。

刘老师通过两杯水的比较,让孩子们亲身体验了漱口与健康的关系,加强了孩子们卫生习惯的养成。

(3)保教结合,寓教于保。

漱口问题是一个保育问题,刘老师通过让孩子们进行体验,感悟到讲卫生的重要性,使孩子们受到了良好习惯养成方面的教育。

(每个要点4分,共12分。展开说明2分。)

【1-9】材料:

托班幼儿园的幼儿吃饭时普遍存在以下情况:不肯张嘴或不肯咀嚼吞咽。为解决这个问题,张老师想了很多办法。一天中午吃饭时,张老师端了一碗饭菜,边示范边夸张地说:"我是大老虎,嘴巴张得大,牙齿咬得快,一会饭菜吃光光!"鼓励幼儿和老师一样做大老虎,在进餐巡视时,张老师一会儿对吃得快的宝宝说:"嗯,原来这里有一只大老虎,我喜欢你!"一会儿又走到另外一个宝宝身边说:"这只老虎吃得真香呀!"有时还在"大老虎"身上贴个贴纸……慢慢地,小朋友们爱吃饭了,也会吃饭了,把饭含在嘴里的现象明显减少了。

张老师还发现,每次吃饭璐璐习惯用手擦嘴巴,所以吃完饭后,她的衣袖总是沾有很多菜汁。一天吃鸡腿,张老师特意在璐璐的桌子上放了一条干净的小毛巾,让璐璐记得将沾满油的小手在毛巾上擦一擦,所以那天璐璐的衣袖很干净。从那以后,每到吃饭时张老师总会给璐璐准备一条毛巾,璐璐养成了随时用毛巾擦拭嘴和手的习惯,衣袖总是干干净净的。

问题:
请结合材料,从教育观的角度分析张老师的教育行为。

【参考答案】
(1)体现幼儿教育的生活性和细致性,寓教育于一日生活中。
材料中张老师通过强化幼儿正确吃饭的行为,使幼儿主动、愉快地吃饭,培养幼儿良好的行为习惯。
(2)关注幼儿年龄特点,把握幼儿学习的直观形象性和游戏性。
张老师不仅关注全体幼儿,而且还关注不同幼儿的个体差异,从儿童的个性特点出发,对其进行教育。材料中的璐璐吃饭容易弄脏小手,张老师有针对性地给璐璐毛巾擦手,体现了针对不同幼儿采取不同方式进行良好习惯的培养。
(3)热爱幼儿,注重幼儿良好习惯的养成。
材料中,张老师为了让幼儿养成好好吃饭的习惯,通过老师示范,幼儿模仿,并辅助动物角色扮演的方式,增加幼儿自己动手吃饭的机会,鼓励幼儿克服困难,培养幼儿良好品质,激发幼儿的主动性与积极性。

(每个要点4分,共12分。展开说明2分。)

【1-10】材料:
东东有一双系鞋带的鞋子,他非常喜欢,但是他自己不会系鞋带。午睡起床时,他怎么也系不好鞋带,又着急又难过。华老师安慰她:"别着急,老师教你,你一定能学会的。"华老师边讲解边示范,教了几遍,但是东东还是没学会。华老师知道这是因为东东性子急,观察不仔细。为了让东东掌握好系鞋带的步骤,华老师自编儿歌,将系鞋带的动作进行分解。第一步,把鞋带的两个头拉得一样齐,边念儿歌边做动作:"两个线儿一样长,两个线头儿交个叉,后面线头儿往下钻。"第二步,打活结时按照:"一个圈,两个圈,换一换,钻一钻,一只蝴蝶飞起来。"这种具体形象的方法,让东东很快地学会了系鞋带。怕东东忘记,华老师还将这些步骤用图画出来。

问题:
请从教育观的角度,评价华老师的教育行为。

【参考答案】
(1)把握幼儿学习的直观形象性,对幼儿进行指导。
材料中,华老师把握了幼儿年龄的特点和学习规律,在此基础上对幼儿进行有效的指导。
(2)善于发现幼儿生活中的问题,进行个别化教育。
在教育教学中,善于观察、发现幼儿遇到的实际问题,进行个别指导,提升幼儿生活与学习的能力。
(3)善于总结生活经验,不断创新保育教育方法。
华老师善于举一反三,针对幼儿的实际问题给予帮助的同时,创新保育教育方法,促进更多的幼儿取得进步。

(每个要点4分,共12分。展开说明2分。)

【1-11】材料：

分组活动时，姜老师正在辅导一部分小朋友跳绳。瑜瑜跑过来说："姜老师，元元他们往滑梯上吐唾沫，不让我们滑。"姜老师抬起头来，果然看见几个男孩围着滑梯议论着什么，姜老师急忙走了过去，刚要开口，忽然听到元元嚷道："快看，唾沫往下滑了。"姜老师把要说的话咽了下去，站到这群孩子背后。"真的在滑，就是太慢了。"恺恺头也不抬地说。迪迪问："唾沫为什么会滑下去呢？""这个问题提得好，谁知道为什么呀？"姜老师插话。听见姜老师说话，几个男孩转过头，懵懂地看着姜老师。姜老师笑了笑说："想一想……"见姜老师没批评他们，孩子们活跃起来。迪迪说："我知道，因为滑梯是斜的，很光滑，唾沫像水一样，所以就滑下来了。"姜老师摸了摸迪迪的头说："迪迪说的对。但是，你们往滑梯上吐唾沫，对不对呢？""不对""随地吐痰不对，往滑梯上吐也不对。""不讲卫生。"小朋友们抢着回答。那几个男孩说："我们以后不随便吐了，咱们把滑梯擦干净吧。"恺恺从口袋里拿出纸将滑梯上的唾沫擦干净，滑梯前又排起了队。

问题：

请结合材料，从教育观角度，评析姜老师的教育行为。

【参考答案】

这位教师的做法是正确的，符合以幼儿为本的教育理念。

（1）尊重幼儿，保护幼儿的自尊心。

材料中，姜老师得知元元等小朋友往滑梯上吐唾沫，不让其他小朋友玩滑梯。这是应该批评的，但她发现小朋友在讨论"唾沫为什么往下滑"的问题时，则引导孩子们讨论。这表现了姜老师以幼儿为本的教育理念。

（2）因势利导，引发幼儿深入思考，促进儿童主动发展。

迪迪问："唾沫为什么会滑下去呢？"姜老师顺势引导："这个问题提得好，谁知道为什么呀？"结果孩子们发现了唾沫往下滑的原因。

（3）教育机智，善于利用现实生活引导幼儿思考。

小孩子往滑梯上吐唾沫，这是一个偶发事件，姜老师不仅化解了这个问题，而且引导幼儿进行观察与思考，探讨其中的奥秘。

（4）把握时机，对幼儿进行品德教育。

当小朋友们弄清唾沫为什么往下流后，姜老师抓住时机对幼儿开展品德教育，让孩子们明白往滑梯上吐唾沫是一种错误的行为。最后，恺恺从口袋里拿出纸将滑梯上的唾沫擦干净，滑梯前又排起了队。

（每个要点3分，共12分。展开说明共2分。）

【1-12】材料：

白老师班上的小楷是农民工的孩子，小楷担心自己说话有口音，不愿意开口说话，性格非常腼腆。白老师给予小楷耐心细致的关怀，夸赞他说话的声音好听，逐步引导小楷说话。慢慢地，小楷愿意多说话了。白老师还找到小楷的家长，建议家长多鼓励小楷说话，让小楷多和同龄人玩耍。小楷越来越愿意和他人交流，性格开朗多了。

问题：

从教育观的角度，评价白老师的行为。

【参考答案】

这位老师的做法是正确的，符合现代幼儿教育观。

（1）关爱幼儿，关注每一位幼儿的成长。

材料中，白老师没有因为小楷腼腆不爱说话就忽视对他的培养，而是积极关注小楷的成长，并夸赞小楷说话的声音很好听，关注班级内每一位学生的成长。

（2）一视同仁，根据幼儿特点进行教育。

材料中，白老师并没有因为小楷是农民工的子女就歧视他，而是耐心细致地关心他、鼓励他，并通过表扬的方式引导他多说话，使小楷的性格开朗多了。

（3）家园合作，促进幼儿发展。

白老师还找到小楷的家长，建议家长多鼓励小楷说话，让小楷多和同龄人玩耍。小楷越来越愿意和他人交流，性格开朗多了。

（4）发现问题，结合优点有针对性地教育。

白老师发现小楷不爱说话的问题后，充分利用小楷说话声音好听的优点，有针对性地进行教育。

（每个要点3分，共12分。展开说明占2分。）

☆ 知识要点 ☆

素质教育与全面发展教育的关系主要有同一说、超越说、同异说、具体化说四种基本观点，但比较公认的有两点：一是全面发展教育思想是素质教育的理论依据；二是素质教育是全面发展教育的具体落实和深化。**考生在学习时要注意全面发展教育与素质教育的区别与联系，能够根据特定的材料进行判断。**

☆ 备考点睛 ☆

教育观包括教育目的观、教师观、儿童观、教育内容观和教育方式观五个要素，考生在学习时要根据这五个要素展开，并据此梳理具体的答题要点。一般而言，答题要点如下：教育目的观——全面发展、素质教育、习惯养成等；教师观——关爱幼儿、尊重幼儿、了解幼儿、研究幼儿、引导（指导）幼儿、尊重幼儿、保护幼儿、育人为本等；儿童观——直观形象性、感知体验性、游戏性、年龄特征等；教育内容观——生活性、体验性、细致性、趣味性、活动性、形象性等；教育方式观——保教结合、寓教于乐、教育与生活结合、个别教育、创新保教方式、因势利导、教育机智、把握时机（随机应变）、家园结合等。例如，以"用教育观分析××教师的行为"为题，单个要点可以直接作为答题要点，但有时需要组合。如儿童观与教育方式观组合：善于发现幼儿生活中的问题，进行个别化教育；儿童观与教师观组合：把握幼儿学习的直观形象性，对幼儿进行指导；教育内容观与教育方式观的组合：善于总结生活经验，不断了创新教育方式方法。**特别提醒：答题时要从"教师如何做"这个角度选择答题要点。**

第二节 儿 童 观

当菜汤洒了后

今天像往前一样，我开始给孩子们倒菜汤。文文站起来端菜汤时不小心把碗里的菜汤洒在了小捷的衣服上，菜汤还流在地板上。小捷一边骂一边告诉我："老师，文文把菜汤洒在我衣服上了，好脏呢。"只见文文手忙脚乱地拿餐巾纸帮他擦衣服上的菜汤，还一边说："我不是故意的。"很多小朋友围过来看热闹，教室里噪声四起。这时只有小伟和枝枝两位小朋友默默地用拖把拖着地板上的菜汤。

我想这正是教育幼儿助人为乐的好机会。于是,利用教学活动前的一段时间组织幼儿讨论刚才发生的事。首先,引导幼儿讨论:你认为不小心把菜汤倒翻这件事可以不可以原谅?结果,大部分幼儿觉得可以原谅。接着,引导幼儿讨论:菜汤倒翻后,应该怎么办呢?如果你的菜汤被人撞翻后,你会怎么办?大家觉得小伟和枝枝的行为值得学习吗?引导幼儿正确地评价,学会从他人的角度看问题。在评价的过程中,幼儿感知到了帮助别人是一件大家都喜欢的事情,是值得学习的事情。

在实际工作中,教师必须时时关注幼儿,善于捕捉幼儿身边的事情,利用一切典型的事例及时对幼儿进行正确引导,让幼儿学会从他人的角度思考问题,学会在友好的氛围中解决问题,慢慢地从"自我为中心"过渡到"为他人着想"。①

面对菜汤洒了这个偶发事件,这位老师不仅妥善地处理了问题,而且善于抓住时机对幼儿进行了一场关于助人为乐的讨论,进而帮助幼儿学会从他人角度思考问题,形成为他人着想的观念。这与这位老师所持的儿童观直接相关。那么,幼儿园教师应该具有怎样的儿童观,又如何做到育人为本?儿童具有哪些基本权利?本章将对这些问题进行探讨。

一、育人为本的概念

(一) 育人为本的哲学含义

育人为本的科学内涵需要从两个方面来把握。

首先,关于"人"的概念。"人"在哲学上,常常与神或物相对而言。所以,育人为本,要么相对于以神为本,要么相对于以物为本。一般而论,西方早期的人本思想,主要是相对于神本思想,主张用人性反对神性,用人权反对神权,强调把人的价值放到首位。中国历史上的人本思想,主要是强调人贵于物,"天地万物,唯人为贵"。在现代社会,无论是国外还是国内,作为一种发展观,人本思想都主要是相对于物本思想而提出来的。

其次,关于"本"的概念。"本"一是指世界的"本原",二是指事物的"根本"。育人为本的"本",不是"本原"的"本",是"根本"的"本",它与"末"相对。育人为本,不是要回答"什么是世界的本原""人、神、物之间,谁产生谁""谁是第一性,谁是第二性"的问题,而是要回答在我们生活的这个世界上,什么最重要、什么最根本、什么最值得我们关注。育人为本,就是说,与神、与物相比,人更重要、更根本。"百年大计,教育为本;教育大计,教师为本"等,就是从"根本"这个意义上理解和使用"本"这个概念的。

由此可见,育人为本大致有三层意思:一是以人的发展为本,而不是以物或经济发展为本;二是追求绝大多数人的发展,而不是少数人的发展;三是强调每个具有平等权利的个体人的发展。具体而言,育人为本就是要重视人的需要、鼓励个体主动发展、组织与设计要以人为中心。

(二) 育人为本的教育含义

在教育领域,"育人为本"有时又被称作"以生为本",也就是说,在幼儿教育领域,"人"指的是受教育的对象——幼儿。那么,幼儿是什么?幼儿具有哪些本质属性?

---

① 吴妙倩.菜汤倒掉了[EB/OL].(2014-03-16)[2021-08-12].https://www.taodocs.com/p-374133132.html。收录时略有改动,标题为作者所加。

1. 幼儿的本质属性

(1) 幼儿是处于发展中的人。

幼儿是具有发展潜力的人,具有不断向上发展的内驱力。所以,幼儿园教育要树立发展的幼儿观,以发展的眼光对待幼儿,强调积极、正向的生命意涵,促进幼儿健康、持续和富有个性的发展。幼儿的发展有三大特征:一是幼儿的发展是多方面、尽可能充分的发展;二是幼儿的发展是富有个性的发展;三是幼儿的发展是持续的、终身的发展。人的身心发展具有五大规律:① 顺序性。如头尾律、中心四周律等。② 阶段性。人的一生大致可以分为婴儿期、儿童期、少年期、青年期、中年期、老年期。③ 不均衡性。如人的身体发育是不均衡的,智力发展存在关键期。④ 个别差异性。不同的人在同一方面的发展速度和水平不同,即使同一个人在不同方面的发展水平和方向也是不同的。⑤ 稳定性和可变性。人的身心发展有一定的稳定性,但随着社会条件和教育条件的改变,同一年龄阶段的人,其发展水平又有差异。

【历年真题】

【1-13】 人们常说"聪明早慧""大器晚成",这表明人的身心发展具有(　　)。
A. 阶段性　　　B. 互补性　　　C. 顺序性　　　D. 差异性

【参考答案】D。解析:正常人的发展要经历一些共同的基本阶段,但个别差异仍然非常明显,有些人会早一些,有些人则会晚一些。"聪明早慧""大器晚成"两个成语,前者是指有些人在很早的时候就获得了良好的发展,表现出特定的智慧,而后者是指人到了很大年纪时才获得成功。这说明人与人之间的发展速度与水平是不相同的,即人的身心发展具有差异性。所以,正确选项是D。

(2) 幼儿既是受教育的对象,又是学习的主体。

幼儿是受教育的对象,这是由教育的使命和在教育过程中教师与幼儿的关系决定的。幼儿园教育是有计划、有目的、有组织地培养人的社会活动,由教育者按照一定的教育目的、具体的教育对象和特定的教育场景来选择教育内容,组织教学活动,并采取一定的教育方法来对幼儿施加影响。与环境对个体自发的、零碎的、偶然的影响相比,幼儿园教育对幼儿的成长起着主导作用。但幼儿在教育过程中并不是对教师完全盲从,而是具有在教育活动中的主观能动性和自我教育的可能性,所以幼儿又是学习的主体。

(3) 幼儿是独特的生命个体。

任何一个幼儿都是一个独立的存在,是一个具有个性的生命体。哈佛大学心理学教授霍华德·加德纳,被誉为"多元智能理论"之父。他认为人类具有言语语言智力、音乐节奏智力、逻辑数理智力、视觉空间智力、身体动觉智力、自知自省智力、交往交流智力和自然观察智力八大类智能,而且每一个体的智能各具特点。个体智能的发展方向和程度受环境和教育的影响和制约。智能强调的是个体解决实际问题的能力及创造出社会需要的有效产品的能力。所以,每个幼儿都是这个世界的唯一,他们不是"完美的天使"而是"独特的精灵"。教育者面对这些"精灵",应尊重他们的独特性,挖掘他们的潜能,不能用统一的标准衡量他们,做到全面发展与个性成长的统一。

【历年真题】

【1-14】 "多一把衡量的尺子,就会多出一批好学生"的理论依据是(　　)。
A. 人类智能具有多元性　　　　B. 人类发展具有共同性
C. 个体需求具有层次性　　　　D. 气质类型具有多样性

【参考答案】A。解析:"多一把衡量的尺子,就会多出一批好学生"的意思是说如果从不同的角度去评价,有些学生是属于优秀的。本题理论依据是霍华德·加德纳的"多元智能理论",该理论提出人类的智能是多元的,每个人身上的优势智能也是不一样的。所以,正确选项是 A。

(4) 幼儿是一个完整的人。

幼儿是一个完整的人,幼儿不是单纯的抽象的学习者,而是有着丰富个性的完整的人。在保教活动中,作为完整的人而存在的幼儿,不仅具备全部的智慧和人格力量,而且体验着全部的教育生活。要把幼儿作为完整的人来对待,就必须反对那种割裂人的完整性的做法,还幼儿完整的生活世界,丰富幼儿的精神生活,给予幼儿全面发展个性力量的时间与空间。

(5) 幼儿是具有社会意义的人。

人的本质属性是社会性,幼儿也是具有社会意义的人。首先,幼儿作为生命的存在和发展离不开一定的社会系统,幼儿是社会系统不可分割的一分子。幼儿的成长过程是一个社会化的过程。幼儿个体通过与社会的交互,逐渐成熟、不断适应,最终成长为社会的成员。幼儿在个体社会化的过程中,掌握能立足于社会的知识、能力和社会经验,并能在人生过程中,不断地作用于社会,促进和推动社会的进步和发展。幼儿不仅属于幼儿园,更属于社会。

2. 育人为本的内涵

育人为本就是以人为根本。育人为本的教育包含以下四个基本含义。

(1) 在教育世界里,教师和幼儿虽各自担任着不同的角色,履行着不同的职责,但二者都是教育的主体,双方都应坚持育人为本,并在相互理解的基础上确立双方共存共生的思维模式。

(2) 育人为本的教育应该全面考虑人的自然性、社会性和精神性的需求,并努力在三者之间寻求一种动态的平衡状态,促进人的全面发展。

(3) 育人为本的教育重视人的主体地位的凸显和主体性的发挥,尊重幼儿的选择和自由,培养幼儿的独立性和创造性,充分发展个体的潜能。

【历年真题】

【1-15】课堂上杨老师对某个问题的解释有误,某位小朋友指出后,杨老师不但没有批评,反而表扬这位小朋友善于思考,具有质疑精神。下列说法不恰当的是( )。
  A. 杨老师注重培养幼儿独立思考能力
  B. 杨老师注重培养幼儿自我评价能力
  C. 杨老师注重培养幼儿创新求异能力
  D. 杨老师注重培养幼儿批判思维能力

【参考答案】B。解析:某位小朋友在课堂上指出杨老师对某个问题的解释有误,说明这位小朋友具有独立思考能力;这位小朋友不迷信教师的权威,说明他有批判思维能力;这位小朋友能在课堂上当面质疑教师的说法,说明他具有创新求异能力。杨老师不但不批评这位小朋友,而且还表扬他,说明杨老师注重培养幼儿这三方面的能力。自我评价是自己对自己各方面的评价,本题题干没有涉及。所以,正确选项是 B。

(4) 育人为本的教育在丰富和表现人的发展过程中,不断创造出新的文化和新的自我。

简言之,育人为本的幼儿观就是以幼儿的发展为核心,承认幼儿是学习的主体,每个幼儿都有潜力。幼儿是完整的个体,充分尊重、关心、理解每个幼儿,根据幼儿的不同特点,教育和引导幼儿学习、生活,帮助他们健康成才,从而为他们一生的发展奠定坚实的基础。

> ☆ 知识要点 ☆
>
> 幼儿的本质属性有五个方面:幼儿是处于发展中的人,幼儿既是教育对象又是学习的主体,幼儿是独特的生命个体,幼儿是一个完整的人,幼儿是具有社会意义的人。**育人为本就是要从幼儿的本质属性出发,尊重理解幼儿,承认差异,使每个幼儿都能得到应有的发展。这是儿童观的基本内容,考生在分析材料时可以从上述几点出发,结合材料的内容进行具体分析,并结合下文的内容提出相应的对策。**

二、育人为本的实现策略

育人为本的教育以实现人的全面发展为目标,那么在幼儿教育现实中如何才能实现呢?

(一)以促进幼儿发展为目的,不以追求分数为目标

教育的对象是幼儿,幼儿充分、全面的发展是育人为本幼儿观的最终目的。因此,无论是保育教育内容的确定、教学活动的安排、幼儿评价的开展都要以幼儿身心健康发展为本,而不能以物为本,特别是不能以分数作为教育的追求。

【历年真题】

【1-16】图中某幼儿园的做法,下列说法正确的是( )。
A. 属于幼儿园的卫生保健常规工作
B. 体现了幼儿园对幼儿健康的关心
C. 教师应承担喂药事件的全部责任
D. 随意喂药损害了幼儿的身心健康

【参考答案】D。解析:幼儿园教育要以育人为本,保证幼儿健康快乐地成长。该幼儿园随意地给全体幼儿喂"病毒灵",不属于幼儿园的常规卫生保健工作,而且会影响幼儿的身心健康。所以,正确选项是D。

【1-17】幼儿园中一班的男孩们如厕时常常有意将小便洒在便池外,甚至是其他小朋友身上。据此,王老师在便池里合适的位置上画了几朵花,要求幼儿小便时比比谁能瞄准花朵,给花浇水,此后男孩小便再也不乱洒了。王老师的教育方法体现的幼儿教育特点是( )。

A. 游戏性　　B. 生活性　　C. 整体性　　D. 浅显性

【参考答案】C。解析:幼儿园教育的整体性是指幼儿园中的所有保育、教育活动,如儿童的生活活动、劳动活动、教学活动、自由游戏、区角自由活动等要发挥一致的、连贯的、整体的教育功能。幼儿小便属于生活活动,要求男孩们将小便洒在便池内,则属于教育活动。王老师在便池里合适的位置上画了几朵花,要求幼儿小便时比比谁能瞄准花朵,给花浇水,自然地将教育活动与生活活动相结合,取得了良好的效果。所以,正确选项是C。

（二）全面看待幼儿，确立幼儿的主体地位

用全面的眼光看待幼儿的发展，就不能孤立地、片面地只强调某方面的发展，忽视幼儿的整体和谐发展，要善于发现每个幼儿的特点，重视对调皮、有缺陷幼儿的关怀。在保教实践中要杜绝只重智育而忽视幼儿体育、德育的片面做法。充分尊重幼儿的主体地位，要求保育教育活动的组织，要尊重幼儿的感受，调动幼儿学习的积极性和能动性，鼓励幼儿的创造性。

【历年真题】

【1-18】 某教师组织集体游戏时，发现嘉嘉独自一人专注地看着落在地上的小水珠。该教师走过去对嘉嘉说："还是先跟大家一起玩吧，游戏后再观察，然后把看到的告诉老师和小朋友，好吗？"该教师的做法（　　）。

A. 保护了幼儿自主探索的兴趣　　B. 保护了幼儿自主游戏的活动目标
C. 忽视了幼儿仔细观察的需求　　D. 培养了幼儿的动手能力

【参考答案】 A。解析：幼儿是学习的主体，在保育教育活动中要充分尊重幼儿的主体地位，尊重幼儿的感受，调动幼儿的学习积极性和主观能动性。该教师发现嘉嘉不参加集体游戏，而是独自一人专注地看着落在地上的小水珠。她没有批评和指责，而是跟他商量："还是先跟大家一起玩吧，游戏后再观察，然后把看到的告诉老师和小朋友，好吗？"这样既表达了对嘉嘉的尊重，也保护了嘉嘉的自主探索的兴趣。所以，正确选项是 A。

（三）实事求是，公平公正地对待幼儿

每个幼儿都是一个独特的生命体，因而各具特点，所以教育者不能因性别、民族、地域、经济状况、家庭背景和身心缺陷等把幼儿分成三六九等，而应公平公正地对待每一位幼儿。为此，教师要自觉学习，提高修养；平等地对待幼儿，一视同仁；实事求是，赏罚分明；面向全体，点面结合。

【历年真题】

【1-19】 某幼儿园分班布置画展。张老师精心挑选部分"好的幼儿作品"展出，李老师则将每个孩子的作品展出。两位老师的做法中（　　）。

A. 张老师对，应支持优秀儿童的绘画表现
B. 李老师对，应支持每个儿童的绘画表现
C. 张老师对，班级画展需要体现最高水平
D. 李老师对，班级画展需要平衡家长关系

【参考答案】 B。解析：育人为本理念的落实要求教师做到公平公正地对待幼儿，每个幼儿的作品都是幼儿心声的表达，都有被展示的权利。张老师挑选部分作品参展，有失公平；李老师将所有作品参展，表达了对每一个幼儿劳动成果的尊重。所以，李老师的做法是对的。但题目中并没有涉及家长。所以，正确选项是 B。

（四）尊重热爱幼儿

师爱又称为教育爱，作为一种教育手段，在教育过程中具有明显的教育性。教师对幼儿的爱能够激起幼儿对教师的亲近之情，幼儿愿意向教师敞开心扉，推心置腹地交流。通过这种心理体验过程，幼儿会自觉接受教师的教育；教师在教育过程中以师爱为媒介，使幼儿受到潜移默化的影响，从而取得良好的教育效果。但教师对幼儿的爱是为了幼儿的健康发展，并不是对幼儿的溺爱，教师对幼儿的爱始终与严格要求相结合，做到"爱中有严，严中有爱，爱而不宠，严而有格，慈严相济"。师爱的具体表现如下。

1. 师爱始于对幼儿的了解

每一个幼儿都有一个丰富的内心世界,教师应当深入到幼儿的生活世界,了解幼儿的精神状况及其喜怒哀乐。教师要善于在学习和生活中发现幼儿的优点和可爱之处,并给予鼓励,让幼儿体会到师爱的温暖,使他们在肯定性评价中幸福成长。

2. 师爱表现为尊重幼儿

教师必须把幼儿看作是值得尊重的人。每一个幼儿都具有特点、志向、智慧,每一个幼儿都具有巨大的发展潜力。教师尊重幼儿应该对幼儿多一点激励和宽容,少一点批评和苛求,应该根据幼儿的独特个性和身心发展规律肯定幼儿的闪光点,发掘幼儿的潜力,使幼儿健康快乐地发展。

【历年真题】

【1-20】常言道:数子十过,莫如奖子一长。启示我们,教育应坚持(　　)。
A. 以实践锻炼为主　　　　　　B. 以情感体验为主
C. 以说服教育为主　　　　　　D. 以表扬激励为主

【参考答案】D。解析:"数子十过,莫如奖子一长"的意思是,对于孩子,与其指责孩子的过失十次,不如奖励孩子的特长一次。说明表扬与奖励比指责对孩子的成长更为有效。所以,正确选项是D。

3. 师爱表现为信任并寄希望于幼儿

教师在施教和对幼儿进行管理的过程中,要充分信任幼儿,相信每个幼儿都有巨大的发展潜力和自主意识,相信每个幼儿都有一个光辉灿烂的明天,相信每个幼儿都能健康、和谐地发展,相信每个幼儿都有独特的个性与丰富的精神生活。在教育过程中,教师所要做的就是给幼儿自由,给幼儿选择的权利并给予热情的关注。

(五)因材施教,促进幼儿的个性发展

育人为本的幼儿观要求教师要从幼儿的实际情况、个别差异出发,有的放矢地进行有差别的保育和教育,使每个幼儿都能扬长避短,获得最佳的发展。具体要做到:① 深入了解幼儿的个性特点和内心世界;② 根据幼儿个人特点和年龄特征有的放矢地进行教育;③ 寓"育人为本"于丰富多彩的活动中。

(六)树立为幼儿服务的意识

育人为本的幼儿观强调教育以服务幼儿为前提,为每个人的全面发展服务,为发掘每个人的潜能和创造力服务,因此,教育者应该根据幼儿心理变化和认知特点,为幼儿的终身成长提供最好的、最优质的条件。其主要体现在以下四个方面。① 服务于幼儿的身心,提高他们的身心素质。② 服务于幼儿的学习,提高他们的知识水平,使其掌握一定的技能。③ 服务于幼儿的生活,创设优良的学习环境。④ 服务于幼儿的终身发展,使教育成为促进幼儿可持续发展的手段,增强幼儿面向未来的适应能力。

☆ 知识要点 ☆

育人为本的幼儿观要求:以促进幼儿发展为目的,不以追求分数为目标;全面看待幼儿,确立幼儿的主体地位;实事求是,公平公正地对待每个幼儿;尊重热爱幼儿;因材施教,促进幼儿的个性发展;树立为幼儿服务的意识。**考生要牢记这六点,并能够根据这六个基本观点对材料进行分析。此外,考生还要充分理解"师爱"的内涵与具体表现。**

　　回答"用儿童观分析××教师的教育行为"这类题目,首先,要牢记两个方面的知识:一是儿童的本质属性,包括幼儿是处于发展中的人;幼儿既是教育的对象,又是学习的主体;幼儿是独特的具有个性差异的人、完整的人和具有社会意义的人。二是育人为本的实现策略,包括关爱幼儿、理解幼儿、尊重幼儿、研究幼儿、公平公正地对待幼儿、一分为二地看待幼儿、因材施教、促进幼儿全面发展、促进幼儿个性发展。其次,将上面两类知识点进行组合,梳理出答题要点。如尊重幼儿个体差异,因材施教;理解幼儿,开发幼儿的潜能与探索意识;关爱幼儿,一分为二地对待幼儿;尊重幼儿,公平公正地对待幼儿;善于发现幼儿的闪光点,促进幼儿个性发展;开展丰富的教育活动,促进幼儿全面发展;研究幼儿,激发幼儿主动学习;育人为本,促进幼儿健康快乐地成长;等等。**特别提醒:考生在具体答题时,要根据材料组织答题要点。**

【历年真题】

【1-21】 为体现"幼儿为本"的教育理念,教师不正确的做法是( )。
A. 尊重幼儿人格　　　　　　　　B. 为幼儿提供适合的教育
C. 调动幼儿的主动性　　　　　　D. 让幼儿主动选择课程
【参考答案】 D。解析:做否定类选择题,要注意题目是要求选择否定的答案,所以看选项时要逆向思考。"幼儿为本"的理念中没有要求"让幼儿主动选择课程"。所以,正确选项是D。

【1-22】 材料:
　　一周长假结束后,楠楠一进教室,就马上走到自然角去探望小金鱼和蝌蚪。
　　"小金鱼没有了!"楠楠大叫起来。
　　邓老师很吃惊地走过去看,以前游来游去的小金鱼不见了,只剩下两个小鱼头躺在缸底的水草下,几只蝌蚪竟然正在啃鱼头。
　　蝌蚪吃金鱼的事立刻引起了孩子们的注意。早餐结束后,邓老师决定利用这次机会,组织孩子们讨论小金鱼的死因。孩子们分小组进行了热烈讨论。他们列出了几种可能的原因:
　　(1) 天气闷热致死。因为放假期间,天气一直有些闷热。
　　(2) 水污染致死。因为涵涵曾经将肥皂泡吹到鱼缸里,大家觉得水污染可能会导致金鱼死亡。
　　(3) 金鱼吃得太饱,胀死了。因为小杰家的金鱼就是这样死的。
　　(4) 金鱼是饿死的。因为放假期间没人给金鱼喂食,它们就饿死了。
　　邓老师继续组织幼儿讨论怎样的喂养方式是正确的。大家纷纷发表意见。
　　随后,邓老师指导孩子们把金鱼的尸体从鱼缸里捞出来。有的孩子还提出要把金鱼埋葬到草丛里,邓老师答应了,他给孩子们借来铲子,孩子们很认真地把他们心爱的金鱼埋好。

问题:
请从儿童观的角度,评析邓老师的保育行为。

【参考答案】
邓老师的做法符合育人为本的儿童观,这种保育行为值得我们学习。
(1)随机应变,开发幼儿的发展潜能。
幼儿是处于发展中的人,具有各种发展的可能。材料中金鱼意外死亡,邓老师利用这一事件组织讨论,孩子们各抒己见,促进了幼儿潜能的发展。
(2)组织讨论,培养幼儿的探究意识。
邓老师没有直接告诉大家金鱼意外死亡的原因,而是组织讨论,激发了幼儿的学习热情和探究意识。
(3)因势利导,让幼儿成为学习的主体。
讨论过程中,孩子们分析了导致金鱼死亡的各种可能,体现了学习的主动性。当有幼儿提出要把金鱼埋葬到草丛里,邓老师答应了。邓老师的行为体现了让幼儿成为学习的主体的理念。
(4)活动体验,对幼儿进行道德教育,促进幼儿全面发展。
邓老师不仅就金鱼之死引发大家在知识方面的讨论,还为金鱼举办了葬礼,让幼儿体会到了生命的宝贵,陶冶了幼儿的情操,丰富了幼儿对大自然的情感。
(每个要点3分,共12分。展开说明2分。)

【1-23】材料:
于老师决定在班上组织一次全员参与的特长展示活动。小朋友们陆续在报名表上写上自己的"拿手好戏":手工、弹琴、跳舞……于老师发现,除了小伟,其他小朋友都报了项目。

小伟平时比较内向,也不怎么跟其他小朋友玩。于老师把小伟找来,鼓励他报名参加活动,小伟却自卑地说自己没有什么特长。于老师启发他说:"不管是什么,只要是拿得手的,就可以展示出来!"小伟想了很久,急得快哭了,怯怯地问:"老师,我削梨又快又好,皮不会断开,请问削梨算是特长吗?"于老师当即拍板:"行!就这个了。"

展示活动当天,于老师郑重地请小伟表演削梨。在大家好奇的目光中,小伟拿出了一只黄澄澄的大鸭梨和一把小刀,两手飞快地转动,不一会儿就把梨削好了,削好的梨子圆滑晶莹,细长的果皮垂下来足有两米长。小朋友们都情不自禁地鼓起掌来。

从那以后,小伟开朗多了。于老师还注意发挥他肯吃苦、爱劳动的优点,推荐他当了小队长,他的表达能力、组织能力得到了锻炼。

问题:
请从儿童观的角度,评价于老师的教育行为。

【参考答案】
(1)开展丰富的教育活动,促进幼儿全面发展。
素质教育倡导幼儿的体智德美全面发展,教师要创设多种多样的活动,让幼儿能够在各类活动中提升各方面的能力。
(2)尊重幼儿个体差异,因材施教。
每个幼儿因成长环境的不同,构成了不同的个体,教师在对待幼儿的时候要量体裁衣,不能对他们"一刀切",要根据每个幼儿的特点不同对待。
(3)善于发现幼儿的闪光点,促进幼儿个性发展。
每个幼儿都有自己的优势,教师要善于发掘他们的优点,开发他们的潜能,让每个幼儿都能够结合自己的优势充分发展。
(每个要点4分,共12分。展开说明2分。)

第三节 教师观

☙ "完美"老师？ ❧

某幼儿园小A2班的班主任刘老师给家长的印象堪称完美,她清楚地知道每个孩子的优点和缺点;孩子稍微出现一点问题,她都会及时与家长沟通。但是,4月25日,家长马先生在给孩子穿裤子时,听到孩子喊疼,他发现孩子的膝盖和小腿有淤青。在马先生的追问下,他4岁的儿子吞吞吐吐地告诉他,这些伤是刘老师踢的。

"其他家长赶紧追问自己的孩子,孩子们的反应基本一致:忐忑、避讳。家长用好吃的、好玩的逐渐引导,孩子们才说出真相,这个班的孩子大都被老师踢打过。"另外一名幼儿家长张先生说:"实际上从半年前甚至更长时间,不少小A2班的家长就发现孩子腿上有不明原因的伤痕,我们一直认为是孩子调皮自己磕碰的。"

在家长的要求下,幼儿园提供了小A2班的监控录像。一段录像显示:刘老师在短短几分钟里对几个孩子推搡、脚踢;另一段录像中,孩子们被赶进卫生间的监控死角后,卫生间传出刘老师声嘶力竭的呵斥。

一些家长发现,小A2班的孩子们已经出现了行为异常。"最突出的变化是,孩子脾气非常暴躁,特别是男生,喜欢动手动脚、来硬的。"家长张先生说,他4岁的儿子曾多次对家人声嘶力竭地大喊:"我都说多少遍了,你没听见吗!"

"孩子跟其他伙伴打闹时揍人的动作,跟监控录像中刘老师踢他们的动作一模一样。"有家长这样转述儿子描述被刘老师踢打时的语言,"我有武功,我不疼,但是我害怕"。[①]

为什么在家长心目中堪称"完美"的刘老师会有这种行为呢？这恐怕与她所持的教师观有关。如果她认为教师要关爱幼儿、尊重幼儿,那么断然不会发生这种情况。她的这种行为不仅有损幼儿教师智慧温柔的形象,更严重的是伤害了幼儿的身心健康。

那么,何谓教师观？教师观即教师的教育观念,是教师对职业的特点、责任、教师的角色以及科学履行职责所必备的基本素质等方面的认识。那么,幼儿教师应该具有怎样的教师观？

一、教师的角色定位

教师的劳动具有复杂性、创造性、示范性、协作性和长期性等特点。由于教师劳动特点的多样性,所以教师扮演的角色也具有多样性。根据《中华人民共和国教师法》《中华人民共和国教育法》等相关法律和《幼儿园教育指导纲要(试行)》的精神,幼儿园教师的角色主要有以下几种。

【历年真题】

【1-24】第斯多惠曾说:"教师本人是学校最重要的师表,是最直观的、最有教益的模范,是学生最活生生的榜样。"这说明教师劳动具有(　　)。

A. 创造性　　　B. 示范性　　　C. 长期性　　　D. 复杂性

【参考答案】 B。解析:教师的劳动具有复杂性、创造性、示范性、协作性、长期性等特点。题目中的"师表""模范""榜样"明确指出老师的劳动具有"示范性"。所以,正确选项是B。

[①] 卢国强.北京幼儿园教师施暴追踪:幼儿园成"虐儿园"[EB/OL].(2014-05-04)[2021-08-12]. http://www.njdaily.cn/2014/0504/826949.shtml.

（一）教师是促进幼儿发展的引导者

幼儿在幼儿园里不仅要学习知识，还要学会做人、学会做事、学会过幸福的生活。因此，教师应在充分尊重幼儿的意愿和现有的发展水平的基础上，创设良好的、能够激发他们兴趣的环境，采取适当的保教方法，充分调动其主动性和积极性。教师作为引导者，在幼儿遇到障碍和不解时，引导他们找到最佳的解决办法；指导他们养成良好的生活习惯和卫生习惯；创设丰富的活动环境，激发幼儿的动机和兴趣，充分调动其积极性；教导他们养成高尚的道德、完善的人格和健康的心理。同时，教师要时刻注意自己的言行，以自己的模范表率作用来影响和感染幼儿，促进幼儿的发展。

（二）教师是塑造幼儿心灵的工程师

教师是塑造幼儿心灵的工程师，首先，体现在教师提高幼儿的道德认识上。道德认识是对善恶、好坏、是非的行为准则及其意义的认识，教师通过各种方式，传授给幼儿道德知识。其次，体现在教师陶冶幼儿的道德情感上。教师通过创设良好的环境，对幼儿进行感染和熏陶，使幼儿的道德认识在行为实践的基础上逐渐形成和发展。再次，体现在教师锻炼幼儿的道德意志上。教师通过建立合理、必要的日常规范，来培养幼儿的自控能力。最后，体现在教师训练幼儿的道德行为上。教师通过为幼儿树立榜样来训练其正确的行为，帮助其养成良好的道德行为习惯。

（三）教师是幼儿学习的支持者和合作者

教师作为幼儿学习的支持者和合作者，首先，表现在教师对学习环境的创设和保教活动的设计方面。教师通过创设良好的室内外活动环境、良好的班级文化环境和课堂气氛，激发幼儿的想象力、创造力和求知欲，使他们在团结友爱、互帮互助的氛围下学习。同时，教师根据幼儿的智力发展特点和本班的实际情况，制订和执行适宜的教学目标和计划，以帮助幼儿丰富和扩展经验。其次，表现在教师指导幼儿掌握科学的学习方法，促使幼儿学会思考、学会求知、学会探索、学会创新等。最后，表现在教师共同参与到幼儿的活动中，成为他们活动的参与者和伙伴。

（四）教师是幼儿的养护者

幼儿是发展中的个体，身心发展水平不高，且在情感上有较强的依赖性，这就要求教师满足幼儿发展的各种需要，发挥养护者的作用。首先，教师的养护作用表现在促进幼儿健康成长，负责他们的安全。教师通过创设一个安全、健康、丰富的环境，保障幼儿在幼儿园期间的安全，并帮助他们养成良好的饮食起居习惯，增强他们的自我保护能力和生活自理能力。其次，教师的养护作用表现在关注与呵护幼儿的心理。教师通过对幼儿情绪情感状态、健康人格、个性品质等方面给予关心和呵护，使他们能安心、愉快地在幼儿园学习和生活。最后，教师的养护作用表现在维护幼儿的各项权利。教师在激发幼儿内在潜力的同时，根据幼儿自身成长规律不断促进其自然、自主地发展，从而保障幼儿权利的实施。

【历年真题】

【1-25】某教师在组织规则游戏时，发现有孩子开小差。该教师应采取的措施是（　　）。

A. 点名批评，制止这种行为　　　　B. 继续游戏，完全视而不见

C. 大发雷霆，把幼儿赶出活动室　　D. 轻拍幼儿，提醒幼儿集中精力

【参考答案】D。解析：教师是幼儿的养护者，要求其关注与呵护幼儿的心理，使他安心、愉快地在幼儿园学习和生活。点名批评，可能会伤害幼儿的自尊心；完全视而不见，有违教师教书育人的职责；把幼儿赶出活动室，剥夺了幼儿学习的权利。只有提醒幼儿集中精力是相对合适的。所以，正确选项是D。

【1-26】平时嗓门很大的小强,在回答张老师提问时声音却很低,张老师批评说:"声音这么小,难道你是蚊子吗?"话音刚落,全班哄堂大笑,张老师的做法(　　)。
　　A. 合理,有助于促进幼儿自主学习　　B. 合理,有助于激发幼儿主动反思
　　C. 不合理,没有体现对幼儿的尊重　　D. 不合理,歧视幼儿的生理缺陷
【参考答案】C。解析:首先可以确定这种行为是不合理的,A和B选项可以排除。D选项"歧视幼儿的生理缺陷",题目中并没有提到生理缺陷的内容,而张老师批评说:"声音这么小,难道你是蚊子吗?"显然是对幼儿的不尊重。所以,正确选项是C。

(五) 教师是沟通幼儿与社会的中介者

幼儿对社会的认识和了解,对社会规范、要求的掌握及社会性行为和品质的形成与发展,都离不开教师的引导。一方面,教师通过与幼儿建立平等和谐的关系,走入他们的内心,在与幼儿的交往过程中帮助幼儿完成对社会的认知、对行为规范的掌握及态度与情感的体验。另一方面,教师通过组织与社会生活相联系的保育教育活动,带领幼儿认识社会,体验社会生活,培养良好的情绪情感及社会交往态度与能力。

(六) 教师是幼儿教育的研究者

教师工作在幼儿园保教第一线,通过观察幼儿的学习和发展情况,回顾保教活动的实施情况,从而在保教实践中不断地反思,并把经验上升到理论,使理论和实践相互促进,保持自己工作的活力和生机。首先,教师的研究者角色能够促进教师自身职业能力的发展,更好地把握自身角色职责,激发工作热情和自觉意识,产生内在的驱动力。其次,教师能够通过反思,掌握保教规律,提高科学育人的自觉性,从而提高教师保教实践水平。再次,教师能够积极主动地参与、投入到丰富的幼儿保教实践研究之中,有助于实现幼儿教育改革,推进素质教育。最后,教师通过获得鲜活的、丰富的第一手资料,为教育理论研究提供所需材料,丰富、充实教育学的内容,从而逐步使幼儿教育成为既科学又生动的一门学科。

【历年真题】

【1-27】常老师经常利用周末向农民请教农业知识,看科普书籍,并把这些内容融入教学中,还印成小册子分发给同事。这说明常老师具有(　　)。
　　A. 课程研发的意识　　B. 园本教研的意识
　　C. 课程评价的意识　　D. 园本培训的意识
【参考答案】A。解析:教师是幼儿教育的研究者,常老师"利用周末向农民请教农业知识,看科普书籍,并把这些内容融入教学中,还印成小册子分发给同事"显然是在进行教育科学研究。所以,正确选项是A。

☆ 知识要点 ☆

现代教师观认为教师是促进幼儿发展的引导者、塑造幼儿心灵的工程师、幼儿学习的支持者和合作者、幼儿的养护者、沟通幼儿与社会的中介者、幼儿教育的研究者。**考生在学习时要注意从教师劳动特点出发,理解教师的职业身份与作用。**

二、教师的专业理念

教师职业的特点与教师的职业角色,要求教师在职业生涯中具有下列专业理念。

(一) 职业维度

1. 敬业爱业,遵纪守法

教师要有崇高的职业理想,忠诚与热爱教育事业,乐于从教,坚定为教育事业奉献自己的信念。教师应认真贯彻党和国家教育方针政策,熟悉相关的教育法律法规并严格遵守,不说有损于教师职业的话,不做损害教师职业的事,维护教师职业的尊严与荣誉。

2. 修身厚德,为人师表

教师职业具有示范性,而幼儿又具有向师性,因而教师的言行举止、穿着打扮、信念观点、教养风度等会直接影响幼儿。因此,教师要严格要求自己,提高自身修养,注意自己的一言一行,给幼儿做出表率,引领幼儿全面发展。

3. 团队合作,反思交流

教师职业具有个体性,教育教学活动一般都是个体性的活动,但教师劳动又具有协作性,需要教师之间、教师与家长之间、教师与幼儿之间、幼儿园与社会团体之间团结合作。因此,教师个体要不断反思自己,发现自身的长处与弱点,并通过交流与合作分享失败的教训与成功的经验,这样才能使教师职业处于良性的发展之中。

4. 终身学习,自主发展

教师劳动是一个长期的、复杂的过程,教育效果具有长效性,而且随着社会的发展会不断地产生一些新问题、新思维、新观念,所以教师需要终身学习,不断地吸取新的理论,总结保育教育实践经验。学习的过程大多是个体行为,因此,需要教师具有自主发展的意识和能力,这样才能更好地履行教师职责。

【历年真题】

【1-28】 李老师认真学习《幼儿园教师专业标准(试行)》,并制定了自己的专业发展规划。李老师的做法体现了( )。

A. 终身学习的理念 B. 先进的管理策略
C. 良好的沟通能力 D. 高超的教育技能

【参考答案】 A。解析:教师的专业发展及育人为本的理念都要求教师要终身学习。题目中李老师根据专业标准制定自己的专业发展规划,正是体现了终身学习的理念。所以,正确选项是A。

(二) 幼儿维度

1. 关爱幼儿,维护幼儿

师爱是教师从事教育职业的前提,只有对幼儿充满爱心,保育教育工作才有一个良好的基础。因此,教师要具有爱心、恒心、耐心、细心、责任心,用充满爱的心态面对幼儿,在保育教育活动中要根据幼儿的身心发展规律合理安排保育教育内容、选择教学方法和评价方法、维护幼儿的自尊心和合法权益。

【历年真题】

【1-29】绘画时,飞飞在纸上画了个黑色的太阳。对此,李老师恰当的做法是( )。
A. 批评飞飞的画不合理　　　　　　　　B. 耐心地询问飞飞的想法
C. 替飞飞把太阳涂成红色　　　　　　　D. 要求飞飞重新画红太阳
【参考答案】B。解析:幼儿园教师要有爱心、恒心、耐心、细心、责任心,要根据幼儿的实际情况安排保育教育内容、选择教学方法和评价方法,维护幼儿的自尊心和合法权利。"A. 批评飞飞的画不合理"可能会伤害幼儿的自尊心;"C. 替飞飞把太阳涂成红色"剥夺了幼儿学习的权利;"D. 要求飞飞重新画红太阳",缺乏对幼儿的尊重,没有做到以生为本;"B. 耐心地询问飞飞的想法"了解情况后再做引导,相比其他选项更为合理。所以,正确选项是 B。

2. 尊重幼儿,信任幼儿

幼儿是一个独立的生命体,有自己的独立人格、需要和追求。尊重幼儿就是尊重幼儿的人格和感情,要求教师有民主作风,允许幼儿独立思考,允许他们提出不同意见,切不可讽刺、挖苦、变相体罚幼儿。尊重是信任的基础,信任是尊重的表现。不管是品行端正、习惯良好的幼儿,还是错误不断、表现欠佳的幼儿,教师都应给予公平地对待。这样才能使师生关系处于良好的状态。

【历年真题】

【1-30】班上有一个幼儿经常打瞌睡,对此,教师最不恰当的处理方式是( )。
A. 让他旁边的小朋友叫醒他
B. 让他坐在靠近教师的地方
C. 让他回答问题使他保持活跃状态
D. 大声训斥他,使他清醒
【参考答案】D。解析:A、B、C 三个选项在幼儿园保育教育活动中经常发生,尽管未尽恰当,但也属于正常范围。但大声训斥幼儿使他清醒,这可能会伤害幼儿的身心健康,相对而言是最不恰当的处理方式。所以,正确选项为 D。

【1-31】每次在与幼儿交流过程中,吴老师都会全神贯注地看着幼儿,有时候她也点头、微笑、询问和鼓励。这反映了吴老师与幼儿相处所遵循的原则是( )。
A. 个体性原则　　B. 适时性原则　　C. 公平原则　　D. 尊重原则
【参考答案】D。解析:个体性原则一般用于一对一的情境,适时性原则是指要抓住教育时机(包括适当的时间、适当的心理状态)对幼儿进行教育,公平原则是平等公正地对待每一个幼儿,尊重原则要求尊重所有的人和他的自主决定。吴老师每次在与幼儿交流的过程中,会全神贯注地看着幼儿,有时候她也点头、微笑、询问和鼓励,说明她对幼儿及幼儿的话语表现出足够的尊重。所以,正确选项是 D。

【1-32】王老师在教室里贴了一个"坏孩子"榜,那些爱讲话、爱打闹的小朋友都榜上有名。汪老师的做法( )。
A. 合理,有助于维护教师权威　　　　　B. 合理,体现了对幼儿的严格要求
C. 不合理,没有认真备课上课　　　　　D. 不合理,没有尊重幼儿人格
【参考答案】D。解析:在教室里贴一个"坏孩子"榜,这种做法显然是错误的,所以本题的正确选项只能在 C 选项和 D 选项中。没有认真备课,上课可能会导致教学质量的下降,但题目中没有涉及。"那些爱讲话、爱打闹的小朋友都榜上有名"说明与成绩或教学质量没有关系,而是与道德品质有关系。所以,正确选项是 D。

3．研究幼儿，了解幼儿

了解幼儿是保育教育工作的前提，而研究幼儿又是了解幼儿的基本方法。因此，教师要有研究幼儿的意识，可以通过档案材料、观察、访谈、问卷、组织活动等方法研究幼儿和了解幼儿，做到对幼儿了如指掌，这样才能有效地完成保育教育工作。

4．承认差异，引导幼儿

"十个手指各有所长"，幼儿也一样，每个幼儿都有强项和弱项，一个年龄段的幼儿有许多共同之处，但也个性纷呈。在保教活动中，教师要承认这种差异，并主动了解这种差异，同时要满足不同幼儿的不同需要，给予他们不同的引导，做到个别教育、因材施教，使每个幼儿的强项得以发挥，弱项得以弥补。

【历年真题】

【1-33】"人心不同，各如其面"这句话提示教师在教育活动中，应该关注（　　）。
A．学生的主体性　　　　　　　　B．学生的独特性
C．学生的自主性　　　　　　　　D．学生的发展性

【参考答案】B。解析："人心不同，各如其面"，意思是人的内心世界各不相同，就好像他们的面貌各不相同一样。说明每个人都是这个世界的唯一，都有着自己的特点，教师应该根据学生的不同特点开展教育活动。所以，正确选项是B。

【1-34】每次李老师提问，小虎总爱抢着回答，但基本上都答错，对此李老师应当（　　）。
A．批评小虎不认真思考　　　　　B．引导小虎认真思考
C．当堂批评小虎　　　　　　　　D．对小虎置之不理

【参考答案】B。解析：幼儿园的教育目标是促进幼儿体智德美全面发展，健康成长。小虎抢着回答问题是值得肯定的，但他的回答基本上都答错，那么最佳的方式是引导他认真思考后再举手。当堂批评或置之不理都可能伤害小虎。批评小虎不认真思考的同时能指导小虎思考问题的方法，那么就是可行的。相比而言，引导小虎认真思考是最合适的答案。所以，正确选项是B。

（三）保育教育维度

1．育人为本，德育为先

幼儿园是培育人才的地方，育人是幼儿园的基本职责，因此在保教活动中首先要确立育人为本的理念，将幼儿的知识学习、能力发展与品德养成相结合，促进幼儿全面发展。但教育首先是教人先做人，所以应坚持德育为先的教育理念，使幼儿学会做人，做一个中国人，做一个现代的中国人。

2．依循规律，尊重差异

不同阶段的幼儿具有不同的生理和心理发展规律，而同一阶段的幼儿既有共性又具有个别差异性。所以教师在保教活动中既要考虑到幼儿的共性，又要考虑到幼儿的个别差异性，为每一个幼儿提供适宜的教育。

3．激发兴趣，鼓励创新

兴趣是最好的老师，没有兴趣，学习就没有动力。因此，在保教活动中，教师首先要唤起幼儿对学习的兴趣，激发幼儿的好奇心和求知欲，使幼儿积极地参与到保教活动中来。在此基础上，教师再引导幼儿主动探索，发现新知，进而达到创造发明的境界。

4. 自主探索，适应社会

"教是为了不教"，所以教师在保教活动中要培养幼儿自主探索的意识，引导幼儿自主学习、自强自立，并让幼儿在自主探索的过程中形成良好的思维习惯。同时，教师要引导幼儿通过自主探索了解社会、形成适应社会、改造社会的意识与能力。

5. 基于个体，平行教育

教师职业具有个体劳动的性质，但仅靠教师的个人努力是远远达不到教育效果的。幼儿的发展是幼儿园、家庭、社会共同努力的结果。因此，教师应该协调这三种力量使之形成合力，保证幼儿向着预设的方向前行。在幼儿园教育中，教师应充分发挥班级同伴、班集体等的教育作用，通过集体去教育个人，同时通过教育个人去影响整个集体。

☆ 知识要点 ☆

教师的专业理念由职业维度、幼儿维度、保育教育维度构成。 职业维度要求教师敬业爱业，遵纪守法；修身厚德，为人师表；团队合作，反思交流；终身学习，自主发展。幼儿维度要求教师关爱幼儿，维护幼儿；尊重幼儿，信任幼儿；研究幼儿，了解幼儿；承认差异，引导幼儿。保育教育维度要求教师育人为本，德育为先；依循规律，尊重差异；激发兴趣，鼓励创新；自主探索，适应社会；基于个体，平行教育。**考生学习时要特别注意牢记职业维度和保育教育维度的几个要点，同时可以结合教师职业道德的要求进行理解与运用。**

【历年真题】

【1-35】材料：

一天，赵老师给小朋友们上科学课，主题是"寻找有生命的物体"。赵老师安排小朋友去寻找有生命的物体，并做记录。走出课堂的孩子们显得很兴奋。不久一位孩子跑过来说："老师，我捉到一只蚂蚱。"其他小朋友也围过来看，突然，一个小朋友说："这是只公的。"围观的小朋友们哄堂大笑。赵老师问道："你怎么知道的？""我观察的，公蚂蚱有劲，跳得高。"他自信地说。这是孩子最直接的推理，确实难能可贵！赵老师及时表扬道："你真是一位小生物学家，科学就是提出问题、研究问题、解决问题，希望你能认真研究一番。"孩子认真地点点头。就在这时，一位小朋友跑过来告状："一个同学把蚂蚱踩死了。"赵老师很快意识到这是一个绝好的教育机会。他走过去，大家正在气呼呼地责备那个踩死蚂蚱的小朋友。赵老师说："蚂蚱也是有生命的物体。我们应该爱护每一个有生命的物体。我相信，这位同学一定是无意踩死的。这样吧，老师提一个建议，不如挖一个坑，把它安葬了吧！"于是，在草地上，大家举行了一场特殊的"葬礼"。可以说在这潜移默化的言行中，增加了孩子们对生命的理解，这比多少遍说教都来得有效！

问题：

试从教师职业理念的角度，评析赵老师的教育行为。

【参考答案】

赵老师的做法是恰当的，值得学习的，践行了素质教育的理念。

(1) 表达了教师对幼儿的尊重和赞赏，保护了幼儿的自尊心和积极性。

材料中赵老师在一个幼儿发现蚂蚱并通过自己的观察判断是公蚂蚱的时候，没有像其他幼儿一样一笑置之，而是表示了对该幼儿的赞赏，践行了尊重和赞赏幼儿的理念。

(2)因势利导,发挥教师在保育教育中的主导作用,促进幼儿的全面发展。

材料中,赵老师在科学课中引导幼儿学习科学知识的同时,也积极关注幼儿品德的培养。在一个幼儿踩死蚂蚱大家都在声讨他的时候,赵老师没有批评该幼儿,而是引导大家一起安葬蚂蚱,通过实际行为来教育幼儿要尊重生命。

(3)引导幼儿观察与思考,调动幼儿的学习主动性。

材料中,赵老师通过实践的形式给幼儿上科学课,让幼儿在实践活动中获得直接经验,充分调动了幼儿的积极性,践行了以幼儿为主的理念。

(每个要点4分,共12分。展开说明共2分。)

【1-36】材料:

亮亮喜欢打人,经常有小朋友找王老师告状。今天,小朋友们坐在餐厅等待吃饭时,明明经过亮亮身边,顺手戳了亮亮一下,亮亮还手打了明明一下。这时,王老师经过,看见亮亮打人,一把抓住他,用手狠狠地戳他的头,推得他直摇晃,并生气地说:"看你还打人!"见到此情景,小朋友纷纷数落亮亮曾经打了自己,王老师听后更生气了,她用力拍打亮亮的肩膀,同时生气地大声吼道:"你真是讨人嫌!长得人不像人!"

问题:

请从教师职业观的角度,评价王老师的教育行为。

【参考答案】

王老师的教育行为是不恰当的。

(1)首先,王老师没有用发展的眼光看待亮亮的行为,只要看到亮亮动手打人就用亮亮之前的行为来解释,而不会考虑这次可能事出有因。

(2)其次,王老师没有尊重幼儿的独立性,没有把亮亮看成具有独立人格的人和权利的主体。王老师"用手狠狠地戳他的头",大声说亮亮"讨人嫌""长得人不像人"等都侵犯了亮亮的权利和尊严。王老师打亮亮这种体罚方式,不仅成为幼儿教育的不良示范,也违反了相关法律法规。

(3)最后,王老师应该考虑到幼儿的独特性,意识到亮亮经常有"打人"行为的背后一定有特殊的原因,王老师应该因材施教,找出亮亮"打人"行为的原因,帮助亮亮取得进步。

三、教师专业发展的含义与特征

(一) 教师专业发展的含义

从国内外现有的研究来看,研究者对教师专业发展的理解多种多样,归纳起来,大致有两种基本理解:一是指教师的专业成长过程,二是指促进教师专业成长的过程(即教师教育)。

霍伊尔(Hoyle. E.)认为"教师专业发展是指在教学职业生涯的每一阶段,教师掌握良好专业实践所必备的知识与技能的过程"。富兰和哈格里夫斯(Fullan M. & Hargreaves A.)指出,他们在使用"教师专业发展"这一词汇时,既指通过在职教师教育或教师培训获得特定方面的发展,也指教师在目标意识、教学技能和与同事合作能力等方面的全面进步。利特尔(Little J. W.)明确指出,对教师专业发展的研究有两种截然不同的路径。其一是教师掌握教学复杂性的过程,这些研究主要关注特定的教学法或课程革新的实施,同时也探究教师是如何学会教学的,是如何获得知识和走向专业成熟的,以及如何长期保持对工作的投入等;其二是侧重研究影响教师动机和学习机会的组织和职业条件。我国台湾学者罗清水认为,教师专业发展乃是教师为提升专业水准与专业表现而经自我抉择所进行的各项活动与学习的历程,以期促进专业成长,改进教学效果,提高学习效能。我国学者叶澜把教师专业发展理解为教师的专业成长或教师内在专业结构不断更新、演进和丰富的过程。

因此,教师专业发展是指教师不断接受新知识,增长专业能力,从而使其专业结构不断更新、演进和丰富的过程。从专业结构看,教师专业发展有理念、知识、能力、态度和动机等不同侧面;从专业结构发展水平看,教师专业发展有不同等级、不同阶段。

（二）教师专业发展的特征

1. 教师专业发展是一个有意识的过程

真正的专业发展是一个为目的和规划目标的清晰愿景所指引的审慎过程,是为了带来积极变化和进步的下意识的努力。通过明确目标,采取必要措施以确保专业发展目标的价值,并选用适当的标准对目标进行评估,从而确保专业发展是有意识的。在此过程中,教师对专业的认识不断深化,包括对专业自我、专业角色的认识,对教育、幼儿园的理解,以及对保教工作、幼儿成长与发展的认识等。

2. 教师专业发展是一个持续的过程

教育是一个动态的专业领域,其知识基础和实践方式不断扩展。为了与这些新知识、新技能保持同步,教师在整个职业生涯中都必须成为终身学习者,不断分析保育教育实践的有效性,积极探索新的选择和方式,并时常进行实践反思。教师应当把自身的专业发展看作是一个融入工作的持续过程,利用和把握好每一个学习的机会。

3. 教师专业发展是一个系统的过程

教师专业发展不仅要考虑其过程的持续性和长期性,还要考虑组织的各个层次。因此,真正的专业发展是一个明确而又系统的过程,既要考虑个体发展,又要顾及组织发展。系统地看,专业发展不仅仅是个体方面的完善,而且还是组织解决问题和自我更新能力方面的完善。如果个体成长和组织变化不能同时得到解决和相互支持的话,那么教师自身的专业成长和幼儿园的发展均可能受到影响。

【历年真题】

【1-37】（　　）是教师个体专业不断发展的历程,是教师通过努力从专业理想到专业知识、专业能力、专业心理品质等方面,由不成熟到比较成熟的发展过程,即由一个专业新手发展成为专家型教师或学者型教师的过程。

A. 人的全面发展　　　　　　　　B. 教师专业发展
C. 教师职业道德的发展　　　　　D. 以人为本

【参考答案】B。解析:教师专业发展是教师不断接受新知识,增长专业能力,从而使其专业结构不断更新、演进和丰富的过程。题目中的意思与此相近。所以,正确选项是B。

【1-38】幼儿园拟派工作多年、任劳任怨的胡老师去外地参加理论研修班,胡老师对园长说:"年轻教师喜欢玩,让她们去吧。而且照顾小孩子,都是些穿衣吃饭的琐事,耐心点就行,不需要太多的理论。"这表明胡老师（　　）。

A. 关心年轻老师专业成长,甘为人梯　　B. 不服从园里的安排
C. 忽视自身的专业发展,盲目奉献　　　D. 积极参加园内管理,给出合理建议

【参考答案】C。解析:教师专业发展是一个有意识的、持续的、系统的过程,要关注教师有自主发展的愿望。另外,专业发展不仅包括专业理念、专业知识和专业能力,还包括专业自我、专业态度等。题目中的"胡老师"不仅不愿意参加培训,而且认为幼儿园工作"都是些穿衣吃饭的琐事,耐心点就行,不需要太多的理论",说明她非常缺乏幼儿园教育的专业理论,忽视自身的专业发展。所以,正确选项是C。

☆ 知识要点 ☆

教师专业发展是教师不断接受新知识,增长专业能力,从而使其专业结构不断更新、演进和丰富的过程。从其特征来看,教师专业发展是一个有意识的、持续的、系统的过程。**考生在学习时要注意理解教师专业发展的本质特征,并能根据特定的情境进行分析。**

四、教师专业发展的阶段

教师职业作为一种专业,其专业发展是一个多阶段的连续过程。自20世纪60年代起,国内外学者对此做了大量研究,从不同的研究角度对教师专业发展做了描述和分析,由此产生了多种教师发展阶段论(见表1-1)。

表1-1　国内外教师发展阶段研究的主要观点

	研究者	阶段划分
国外	费斯勒	职前、入职、形成能力、热心和成长、职业受挫、稳定和停止、职业泄劲、退出
	休伯曼	入职期、稳定期、实验和歧变期、重新估价期、平静和关系疏远期、保守和抱怨期、退休期
	伯顿	存活期、调整期、成熟期
	斯菲德	预备生涯、专家生涯、退缩生涯、更新生涯、退出生涯
	莱西	蜜月、寻找教学资料和教学方法、危机、设法应付过去或失败
	富勒和布朗	关注生存、关注情境、关注幼儿
	伯林纳	新手、高级新手、胜任、熟练、专家
国内	叶澜 等	非关注、虚拟关注、生存关注、任务关注、自我更新关注
	邵宝祥 等	适应、成长、称职、成熟
	傅道春	积累期、成熟期、创造期
	陈琴等	准备、求生、巩固、更新、成熟
	王铁军	入职适应期、成熟胜任期、高原平台期、成功创造期、退职回归期

（一）伯林纳的教师成长五阶段论

根据伯林纳(D. C. Berliner)的观点,教师的专业发展大致可以分为新手、高级新手、胜任、熟练和专家五个阶段。

1. 新手阶段

实习教师和刚从学校毕业的新教师属于这个阶段。"新手"们对幼儿园教育工作的看法比较理想化,处理问题时依赖特定的原则和规范,缺乏灵活性,往往存在理论与实践脱节的情况。

2. 高级新手阶段

工作一两年的教师属于这个阶段。此时,教师们能够把过去所学的理论知识与现实中遇到的实际问题联系起来,使现在的教学超越过去的教学。他们能够有意识地分析自己的得失,在成功或失败中获取经验。但他们还不能很好地区分教学情境中的重要信息和无关信息,不能有效地处理课堂中的突发情况,不知该如何树立自己的威信。他们工作很认真,但保教效果并不好,缺乏处理问题的灵活性,缺乏一定的责任感。

3. 胜任阶段

大约经过三至四年,教师逐渐能够胜任各类保教工作。他们能应对幼儿的各种反应,开始形成自己的教学风格。他们的教学行为有明确的目的性,能够区分出教学情境中的重要信息,能有效地完成保教任务。同时,他们对自己的行为结果表现出更强的责任心,对于成功和失败有着强烈的情绪情感反应,但处于胜任阶段的教师的教学行为还未能达到快速、流畅和灵活的程度。

4. 熟练阶段

大约进入第五年,有一定数量的教师便进入了熟练阶段。这时候,他们具备了较强的直觉判断能力,能够对保教情境做出准确的判断和有效的处理;同时,能够对自己的保教行为进行反思,并尝试一些新的教学内容和教学手段。他们会主动把握各种机会,积极与同事、同行进行交流,从而不断充实、提升自己,努力成为专家型教师。

5. 专家阶段

成为专家型教师,需要长期的教学经验的积累。进入专家阶段的教师拥有娴熟的教学技能、显著的教学效果,对问题的解决能够做到快速、流畅和灵活,属于完全自动化的水平。同时,他们见多识广,能够较好地鼓励、指导别人,并不断进行批判反思和探索创新,从而实现自我超越。有研究表明,教师至少要积累10年的教学经验,至少讲授10 000个小时的课,在此之前至少听过15 000个小时的课之后,才有可能成为专家型教师。可以说,专家型教师是时间和经验的产物。

(二) 富勒和布朗的教师成长阶段论

富勒和布朗(Fuller & Brown)根据教师的需要和不同时期所关注的焦点问题,把教师的成长划分为关注生存、关注情境和关注幼儿三个阶段。

1. 关注生存阶段

处于这一阶段的一般是新教师,他们非常关注自己的生存适应性,最担心的问题是"幼儿喜欢我吗?""同事们如何看我?""领导是否觉得我干得不错?"等。由于这种生存忧虑,有些新教师可能会把大量的时间都花在如何与幼儿搞好个人关系上,而不是如何教导他们。有些新教师则可能想方设法控制幼儿,而不是关注幼儿成长。这种情况有可能是由于教师过分看重园方或同事的认可造成的。在幼儿园里,人们总是希望教师把幼儿管教得老实听话,因此,教师都想成为一个良好的课堂管理者。

2. 关注情境阶段

当教师感到自己完全能够生存(站稳了脚跟)时,便把关注的焦点投向了如何通过改善保育教育环境,提高幼儿的学习效果,即进入了关注情境阶段。在此阶段,教师关心的是如何教好每一堂课的内容,一般总是关心诸如班级的大小、时间的压力和备课材料是否充分等与教学情境有关的问题。传统教学评价也集中关注这一阶段,一般来说,老教师比新教师更关注此阶段。

3. 关注幼儿阶段

当教师顺利地适应了前两个阶段后,成长的下一个目标便是关注幼儿。在这一阶段,教师将考虑幼儿的个别差异,认识到不同发展水平的幼儿有不同的需要,某些教学材料和方式不一定适合所有幼儿,因此教师应因材施教。在教学实践中不难发现,不但新教师容易忽视幼儿的个体需要,一些有经验的教师也很少自觉关注幼儿的差异。因此,能否自觉关注幼儿是衡量一个教师是否成长成熟的重要标志之一。

> ☆ 知识要点 ☆
>
> 对教师专业成长阶段的研究和划分,学术界有各种不同的观点。伯林纳把教师的成长分为五个阶段:新手阶段,高级新手阶段,胜任阶段,熟练阶段,专家阶段。富勒和布朗认为教师成长经历三个阶段:关注生存阶段,关注情境阶段,关注幼儿阶段。**考生在学习时要熟记这两种基本观点,而且顺序不能颠倒。另外,考生还要注意各阶段的特征,并能根据这些特征判断教师专业发展所处的阶段。**

五、教师专业发展的内容

根据《幼儿园教师专业标准(试行)》,教师专业发展主要包含专业理念与师德、专业知识与专业能力三个维度。

(一) 专业理念与师德

专业理念与师德维度包括职业理解与认识、对幼儿的态度与行为、幼儿保育和教育的态度与行为和个人修养与行为四个领域。

1. 职业理解与认识

职业理解与认识具体包括:① 贯彻党和国家教育方针政策,遵守教育法律法规;② 理解幼儿保教工作的意义,热爱学前教育事业,具有职业理想和敬业精神;③ 认同幼儿园教师的专业性和独特性,注重自身专业发展;④ 具有良好职业道德修养,为人师表;⑤ 具有团队合作精神,积极开展协作与交流。

2. 对幼儿的态度与行为

对幼儿的态度与行为具体包括:① 关爱幼儿,重视幼儿身心健康,将保护幼儿生命安全放在首位;② 尊重幼儿人格,维护幼儿合法权益,平等对待每一位幼儿。不讽刺、挖苦、歧视幼儿,不体罚或变相体罚幼儿;③ 信任幼儿,尊重个体差异,主动了解和满足有益于幼儿身心发展的不同需求;④ 重视生活对幼儿健康成长的重要价值,积极创造条件,让幼儿拥有快乐的幼儿园生活。

3. 幼儿保育和教育的态度与行为

幼儿保育和教育的态度与行为具体包括:① 注重保教结合,培育幼儿良好的意志品质,帮助幼儿形成良好的行为习惯;② 注重保护幼儿的好奇心,培养幼儿的想象力,发掘幼儿的兴趣爱好;③ 重视环境和游戏对幼儿发展的独特作用,创设富有教育意义的环境氛围,将游戏作为幼儿的主要活动;④ 重视丰富幼儿多方面的直接经验,将探索、交往等实践活动作为幼儿最重要的学习方式;⑤ 重视自身日常态度言行对幼儿发展的重要影响与作用;⑥ 重视幼儿园、家庭和社区的合作,综合利用各种资源。

4. 个人修养与行为

个人修养与行为具体包括:① 富有爱心、责任心、耐心和细心;② 乐观向上、热情开朗、有亲和力;③ 善于自我调节情绪,保持平和心态;④ 勤于学习,不断进取;⑤ 衣着整洁得体,语言规范健康,举止文明礼貌。

【历年真题】

【1-39】张老师在幼儿园对小朋友态度亲和、耐心细致,她的工作获得了领导和家长的一致好评,小朋友也喜欢她。可是一回到家里,张老师就只想安静休息,不让家人开电视,稍不如意就会和家人吵架,常常弄得心力交瘁。下列说法正确的是( )。

A. 张老师缺乏心理调适能力　　　　B. 张老师的家人缺乏体谅之心
C. 张老师的情绪反应很正常　　　　D. 张老师善于转移负面情绪

【参考答案】 A。解析:教师的个人修养与行为的内容包括"善于自我调节情绪,保持平和心态"。张老师因幼儿园工作太累,回家后"不让家人开电视,稍不如意就会和家人吵架",说明她不善于转移负面情绪,缺乏心理调适能力。所以,正确选项是 A。

（二）专业知识

专业知识维度包括幼儿发展知识、幼儿保育和教育知识及通识性知识三个领域。

1. 幼儿发展知识

幼儿发展知识具体包括:① 了解关于幼儿生存、发展和保护的有关法律法规及政策规定;② 掌握不同年龄幼儿身心发展特点、规律和促进幼儿全面发展的策略与方法;③ 了解幼儿在发展水平、速度与优势领域等方面的个体差异,掌握对应的策略与方法;④ 了解幼儿发展中容易出现的问题与适宜的对策;⑤ 了解有特殊需要的幼儿的身心发展特点及教育策略与方法。

2. 幼儿保育和教育知识

幼儿保育和教育知识具体包括:① 熟悉幼儿园教育的目标、任务、内容、要求和基本原则;② 掌握幼儿园各领域教育的学科特点与基本知识;③ 掌握幼儿园环境创设、一日生活安排、游戏与教育活动、保育和班级管理的知识与方法;④ 熟知幼儿园的安全应急预案,掌握意外事故和危险情况下幼儿安全防护与救助的基本方法;⑤ 掌握观察、谈话、记录等了解幼儿的基本方法和教育心理学的基本原理和方法;⑥ 了解 0～3 岁婴幼儿保教和幼小衔接的有关知识与基本方法。

3. 通识性知识

通识性知识具体包括:① 具有一定的自然科学和人文社会科学知识;② 了解中国教育基本情况;③ 具有相应的艺术欣赏与表现知识;④ 具有一定的现代信息技术知识。

（三）专业能力

专业能力具体包括环境的创设与利用、一日生活的组织与保育、游戏活动的支持与引导、教育活动的计划与实施、激励与评价、沟通与合作、反思与发展七个领域。

1. 环境的创设与利用

环境的创设与利用具体包括:① 建立良好的师幼关系,帮助幼儿建立良好的同伴关系,让幼儿感到温暖和愉悦;② 建立班级秩序与规则,营造良好的班级氛围,让幼儿感受到安全、舒适;③ 创设有助于促进幼儿成长、学习、游戏的教育环境;④ 合理利用资源,为幼儿提供和制作适合的玩教具和学习材料,引发和支持幼儿的主动活动。

2. 一日生活的组织与保育

一日生活的组织与保育具体包括:① 合理安排和组织一日生活的各个环节,将教育灵活地渗透到一日生活中;② 科学照料幼儿日常生活,指导和协助保育员做好班级常规保育和卫生工作;③ 充分利用各种教育契机,对幼儿进行随机教育;④ 有效保护幼儿,及时处理幼儿的常见事故,危险情况优先救护幼儿。

3. 游戏活动的支持与指导

游戏活动的支持与指导具体包括:① 提供符合幼儿兴趣需要、年龄特点和发展目标的游戏条件;② 充分利用与合理设计游戏活动空间,提供丰富、适宜的游戏材料,支持、引发和促进幼儿游戏;③ 鼓励幼儿自主选择游戏内容、伙伴和材料,支持幼儿主动地、创造性地开展游戏,充分体验游戏的快乐和满足;④ 引导幼儿在游戏活动中获得身体、认知、语言和社会性等多方面的发展。

4. 教育活动的计划与实施

教育活动的计划与实施具体包括:① 制订阶段性的教育活动计划和具体活动方案;② 在教育活动中观察幼儿,根据幼儿的表现和需要,调整活动,给予适宜的指导;③ 在教育活动的设计和实施中体现趣味性、综合性和生活化,灵活运用各种组织形式和适宜的教育方式;④ 提供更多操作探索、交流合作、表达表现的机会,支持和促进幼儿主动学习。

5. 激励与评价

激励与评价具体包括:① 关注幼儿日常表现,及时发现和赞赏每个幼儿的点滴进步,注重激发和保护幼儿的积极性、自信心;② 有效运用观察、谈话、家园联系、作品分析等多种方法,客观地、全面地了解和评价幼儿;③ 有效运用评价结果,指导下一步教育活动的开展。

6. 沟通与合作

沟通与合作具体包括:① 使用符合幼儿年龄特点的语言进行保教工作;② 善于倾听,和蔼可亲,与幼儿进行有效沟通;③ 与同事合作交流,分享经验和资源,共同发展;④ 与家长进行有效沟通合作,共同促进幼儿发展;⑤ 协助幼儿园与社区建立合作互助的良好关系。

【历年真题】

【1-40】许多老师发现,不少孩子在家过了一个双休日之后再回到幼儿园,一些良好的行为习惯就退步了,比如,不认真吃饭,乱扔东西,活动时喜欢说话。对此,老师正确的做法是( )。

A. 召开家长会,点名要求做得不好的家长向做得好的家长学习

B. 密切联系家长,并要求家长完全按照老师的要求去做

C. 发挥自己学有专攻的优势,为家长提供指导

D. 不过于干涉家庭教育,做好园内教育工作

【参考答案】C。解析:与家长进行有效的沟通合作,共同促进幼儿发展,这是幼儿园教师的基本能力要求。因为家长并非专业的教育人员,所以幼儿园教师有责任引导家长进行家园合作,共同促进幼儿成长。开家长会是一种沟通方式,但不能强制要求家长按老师说的做;教师虽然不能干涉家庭教育,但可以给家庭教育提供一些指导。A、B、D 选项都不正确。所以,正确选项是 C。

7. 反思与发展

反思与发展具体包括:① 主动收集分析相关信息,不断进行反思,改进保教工作;② 针对保教工作中的现实需要与问题,进行探索和研究;③ 制订专业发展规划,积极参加专业培训,不断提高自身专业素质。

☆知识要点☆

根据《幼儿园教师专业标准(试行)》,教师专业发展主要包含专业理念与师德、专业知识、专业能力三个维度。专业理念与师德包括职业理解与认识、对幼儿的态度与行为、幼儿保育和教育的态度与行为和个人修养与行为四个领域。专业知识包括幼儿发展知识、幼儿保育和教育知识与通识性知识三个领域。专业能力具体包括环境的创设与利用、一日生活的组织与保育、游戏活动的支持与引导、教育活动的计划与实施、激励与评价、沟通与合作、反思与发展七个领域。**考生在学习时要熟记各个维度的内容,而且能够根据相关材料判断这些信息属于哪个维度与领域,同时还要能够判断是否违背了上述具体要求。**

六、教师专业发展的途径

教师专业发展是一个终身的连续不断的过程,促进教师专业发展的途径多种多样,下面介绍一些基本的途径。

(一) 培养与培训

1. 职前培养

自20世纪初,我国正式确立制度化的师范教育至今,师范教育体系的层次逐渐丰富,呈现科学化、开放化和多样化的局面。1999年,中共中央、国务院在《关于深化教育改革全面推进素质教育的决定》中提到,要"调整师范学校的层次和布局,鼓励综合性高等学校和非师范类高等学校参与培养、培训中小学教师的工作,探索在有条件的综合性高等学校中试办师范学院"。这一规定打破了师范院校教师培养一统天下的局面,确立了我国教师教育体系的开放性。同时,许多学校由中专升格为大专、大专升格为本科,招收的学生从初中为起点向高中转移。通过3~5年的高等师范学校的专门训练,未来的幼儿教师能够树立正确的教育观、儿童观和教师观,了解和认识教师行为规范,学习从事幼儿教育工作所必需的理论和知识,初步掌握保教技能,为将来担任教师做好准备。

2. 在职进修

随着时代发展和科技进步,新的教育理论和方法不断涌现。教师必须树立终身学习的观念,不断追求新知,掌握新的保育教育知识和技能,做到与时俱进。教师在职进修的方式主要有学历和非学历两类。在职学历教育是指通过函授、自考、成人教育或远程教育等形式获得本科、研究生学历。在职非学历教育的形式较为丰富,包括专题培训班、助教进修班、研究生课程班等。教师的在职进修对于自身专业发展意义重大,教师个体形成自我发展意识的同时,还需要幼儿园、教育行政部门和社会机构共同创造条件,为教师提供合适、有效的方式进行继续教育,促进幼教队伍整体水平的提高。

(二) 观摩与评估

观摩优秀教师的保育教育活动,是培养新教师、促进教师专业发展的重要途径之一。通过观摩现场教学、教学记录或观看教学录像,观课教师可以了解优秀的活动设计和教材研究案例,学习有效的教学手段和班级管理办法,熟悉教学记录的格式和记述的方法,收集可供自己参考的实践案例,并进行整理和尝试,从而促进自身保教水平的提高。同样,授课教师可在准备观摩课程的过程中,对自己的整个教学过程精雕细琢,反复推敲,以获得最佳的教学效果,这不仅有利于提升自己的教学能力,逐步确立反思意识、发展意识,而且将不断地获得自身能力和经验的提升。在观摩结束之后,观课教师和授课教师可就具体问题进行深入分析和讨论,对观摩课进行整体评估,从而有效地促进教学经验、教学技巧的交流与学习。

(三) 合作互助

教师要寻求同事间的合作与互动,时常从他人那里获取有价值的信息来提升自己的专业内涵,这是新时期教师专业发展的重要理念和途径。教师之间可采用对话的形式,进行信息交换、经验分享、深度会谈和专题研讨,相互丰富彼此的思想,不断提高对问题的认识,不断更新和扩展知识。教师之间也可以采用协作的形式,大家共同承担责任、完成任务,发挥每个教师的兴趣爱好和个性特长,彼此在互补、互动、合作中成长。同时,教学经验丰富、成绩突出的优秀教师要在合作互助中发挥积极作用,要帮助和指导新任教师,使其尽快适应角色和环境的要求,避免教师各自为战和孤立无助的现象,从而促进教师队伍的整体发展。

【历年真题】

【1-41】焦老师积极参与各种教师培训活动,返园后主动与同事们交流学习的心得体会,并将其运用于保教实践中。关于焦老师的做法,下列说法不正确的是(   )。

A. 体现了终身学习的自觉性　　　　B. 有利于幼师的共同发展
C. 推动了幼儿园的园本教研　　　　D. 有利于增进家园合作

【参考答案】D。解析:在职培训、合作互助都属于提高教师专业水平的基本路径。焦老师积极参与培训后,主动与同事们交流学习的心得体会,并将其运用于保教实践中。这既体现了她终身学习的自觉性,也有利于幼师的共同发展,并能推动了幼儿园的园本教研。所以,A、B、C 三个选项都是正确说法。题目中没有涉及家庭教育的问题,所以 D 选项说法错误。

【1-42】某幼儿园经常组织教师们相互观摩保教活动,针对活动过程展开研讨,提出完善活动的建议,这种做法体现的教师专业发展途径是(   )。

A. 进修培训　　　B. 同伴互助　　　C. 师徒结对　　　D. 自我研修

【参考答案】B。解析:教师之间相互合作与互助,从他人那里获得有价值的信息和经验,进而提升自己的专业水平,这种教师专业成长方式被称为同伴互助。题目中,"某幼儿园经常组织教师们相互观摩保教活动,针对活动过程展开研讨,提出完善活动的建议",很显然与同伴互助的概念相符合。所以,正确选项是 B。

(四) 反思和研究

反思和研究是通向"解放"、实现教师专业自主发展的有效途径。教师对自己的保教工作进行实践反思,是促进自身专业发展的有效方法。教育实践反思是教师在完成日常教学任务之后,对教学工作各环节和实践过程中获得的认识和经验进行回顾、分析和总结,积极应对教育实践中的问题,提出自己的解决设想,并通过保教实践加以检验、调整。教师可以通过撰写反思日记帮助自己进行教育实践反思。反思日记可以是自己的教育经历、对教育现象的所见所闻、对教育问题的所思所想,也可以是自己在保教过程中遇到的实际问题、运用的解决方案及实施效果等。

教师处于保教工作第一线,拥有最佳的研究位置和最丰富的研究计划,有机会长期在各种学习环境和社会场所观察幼儿,这无疑为教师的教学研究提供了良好的条件。他们通过主动参与和全身心体验,对保教活动的意义、价值、运作方式等不断解读、探究和创造,从而丰富自身的实践知识,增长实践智慧,培养主动探究和反思的态度,提升自我更新能力和可持续发展能力。

(五) 自我促进

教师这一职业具有高自律性的特点,教师应基于个体主动意识和能力而自觉地提高自己,完善自己,达到作为教师的人生意义与价值的自我超越。因此,教师应根据实际情况制订自我专业发展的目标和规划,为自己的专业发展设计蓝图,为引导、监督和反思自身专业发展提供参考框架。同时,教师应具备明确的专业自我意识,包括对自己过去的专业发展过程的意识,对现在专业发展状态和水平的意识以及对未来规划的意识,也包括在专业理念、专业知识、专业能力等方面的意识。教师还应树立终身学习观念,努力提高自学能力,学会学习,保持开放的心态,积极、主动地追求专业发展,不断更新自己的教育信念和专业知识与技能,促进自我发展。

(六) 终身学习

21世纪教育委员会在向联合国教科文组织提交的报告《教育:财富蕴藏其中》中指出:"终身学习将是迎接21世纪挑战的钥匙之一。"终身学习是指社会每个成员为适应社会发展和实现个体发展的需要,贯穿于人一生的、持续的学习过程。终身学习有时候特指"学会求知,学会做事,学会共处,学会做人"。这是21世纪教育的四大支柱,也是每个人一生成长的支柱。

终身教育的宗旨就是通过不断的教育,从而使人的价值观念、科技知识和工作生活能力等方面都能适应社会的变化与发展,并始终保持与时俱进的创新活力。因此,人从出生到死亡的整个过程中都应进行持续的教育,其教育目的和形式根据个人发展不同阶段的需要而确定,从而使教育成为人们生活中不可缺少的一部分。

20世纪60年代中期以来,在联合国教科文组织及其他有关国际机构的大力提倡、推广和普及下,1994年"首届世界终身学习会议"在罗马隆重举行,终身学习在世界范围内达成共识。终身学习已经作为一个极其重要的教育概念在全世界广泛传播。教师只有确立终身学习的观念,具备终身学习的能力,才能使自己的专业不断得到发展。

☆ 知识要点 ☆

教师专业发展的途径主要有:① 培养与培训,包括职前培养与在职进修;② 观摩与评估;③ 合作互助;④ 反思和研究;⑤ 自我促进;⑥ 终身学习。**考生在学习时要注意理解不同途径的不同功能,并能根据相关材料进行判断。**

☆ 备考点睛 ☆

回答"用教师观(职业理念)分析××教师的教育行为"这类题目,可以从三个层面作答。**一是观念层面**:育人为本(幼儿为本)、关爱幼儿、尊重和赞赏幼儿、了解和研究幼儿、引导帮助幼儿、用发展的眼光看待幼儿、公平公正、一视同仁等;**二是策略层面**:教师主导、幼儿主体、因势利导、因材施教、鼓励激发、生活教育等;**三是自身层面**:自我反思、终身学习、创新保育教育方法、专业成长等。**然后考生根据材料的内容组织相应的知识点梳理答题要点**。例如,了解和研究幼儿,从日常生活中发现幼儿存在的问题;用发展的眼光看待幼儿,发现幼儿的闪光点;尊重和赞赏幼儿,保护幼儿的自尊心和积极性;承认幼儿的独特性,因材施教;因势利导,发挥教师的主导作用,促进幼儿全面发展;自我反思,终身学习,促进自己的专业发展,等等。

本章知识结构

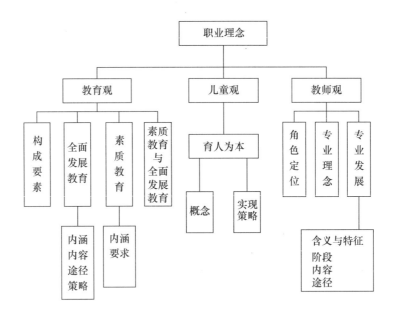

本章备考小结

(一) 本章主要内容

1. 教育观

(1) 全面发展教育,素质教育,全面发展教育与素质教育的关系;

(2) 全面发展教育的具体内容与实现途径与策略。

2. 儿童观

(1) 育人为本的概念,幼儿的本质属性;

(2) 育人为本的实现策略。

3. 教师观

(1) 教师的角色、教师专业发展的含义与特征;

(2) 教师专业发展阶段、内容与途径。

(二) 本章的重点、难点

本章的重点是对教育观、儿童观、教师观的理解,特别是全面发展观、素质教育观、育人为本和终身学习;难点是将观点运用于对现实材料的分析与评价中。

(三) 学习时要注意的问题

(1) 熟记一些关键概念,如全面发展教育、素质教育、育人为本、专业发展、自主发展、终身学习等。

(2) 熟记并理解全面发展教育与素质教育的实施要求与方法,教师专业发展的要求与途径。

(3) 运用全面发展教育、素质教育、育人为本的理念分析教育案例。

(4) 学习时一定要注意识记基本概念,通过案例加深对相应原理的理解,同时能够运用相关原理对保育教育材料进行分析。

第一章 职业理念

备考指南

职业理念一章由教育观、儿童观和教师观三部分内容构成,考试题型为选择题与材料分析题。考生在学习时首先要理解并熟记教育观、儿童观和教师观的基本内涵,并能够根据相关的理念分析具体的保育教育行为。考生需特别注意全面发展教育、素质教育的基本要求和具体方法;注意育人为本的儿童观,以及如何在幼儿园的保育教育活动中具体落实;注意教师专业发展的意义,终身学习的内涵和教师专业发展途径与策略。考生在学习时可以根据"概念—要求—策略"的逻辑思路进行,即首先明确每个概念的具体内涵与外延,然后厘清相关的要求,最后明确具体的操作策略;注意结合保育教育案例理解相关原理,重点放在运用相关原理解释与分析保育教育事实上,特别注意"三观"对教师的具体要求。

考前自测训练

一、单项选择题

1. 我国全面发展教育的组成部分是(　　)。
   A. 高等教育、中等教育、初等教育、学前教育
   B. 正规教育、业余教育
   C. 德育、智育、体育、美育和劳动技术教育
   D. 普通教育、职业教育

2. 下列选项中不属于素质教育任务的是(　　)。
   A. 增强幼儿身体素质　　　　　　B. 增强幼儿心理素质
   C. 促进幼儿道德品德发展　　　　D. 促进幼儿能力的平均发展

3. "十个手指各有长短"说明了幼儿发展过程中存在(　　)。
   A. 顺序性　　　B. 阶段性　　　C. 互补性　　　D. 差异性

4. 终身教育概念的提出者是(　　)。
   A. 赫尔巴特　　B. 杜威　　　　C. 布鲁纳　　　D. 保罗·朗格朗

5. 每当幼儿请教课堂上没有听懂的问题时,王老师总是批评幼儿没有用心听,而李老师则会耐心地给幼儿解答。王老师与李老师的不同做法反映了(　　)。
   A. 职业知识的差异　　　　　　B. 职业理念的差异
   C. 职业能力的差异　　　　　　D. 职业认同的差异

6. 幼儿教育的性质是(　　)。
   A. 应试教育　　B. 基础教育　　C. 启蒙教育　　D. 升学教育

7. 美育即(　　)。
   A. 艺术教育　　B. 音乐教育　　C. 美术教育　　D. 审美教育

8. 依据育人为本的理念,教师的下列做法中,不正确的是(　　)。
   A. 培养幼儿特长　　　　　　　B. 发展幼儿潜能
   C. 尊重幼儿个性　　　　　　　D. 私拆幼儿信件

9. 董老师上课时,小明总爱举手,但是答题经常出错,小强不爱举手,但是点名提问时却总能答对。教师的下列做法中,最合适的是(　　)。
   A. 表扬小明爱举手,批评小强不发言　　B. 批评小明总出错,批评小强不发言
   C. 启发小明多思考,鼓励小强多举手　　D. 批评小明总出错,表扬小强爱思考

10. 下面对素质教育的理解,存在片面性的是( )。
 A. 尊重幼儿个性发展　　　　B. 教育面向全体幼儿
 C. 促进幼儿专业发展　　　　D. 引导幼儿协调发展

二、材料分析题

1. 仔细阅读材料,根据要求回答问题。

材料:

在幼儿园里,有个简单的模仿游戏很受孩子们的欢迎,那就是教师说:"请你跟我这样做……"幼儿说:"我就跟你这样做……"可有一天,我正带着孩子们在玩这个游戏,琳琳突然站起来说:"老师,我不想跟你那样做!"我一听愣住了,马上停下来问她为什么?她摇摇头说:"就是不想!我想做和老师不一样的动作。"听完后,我想,如果强行拒绝琳琳,她一定不想继续玩下去了。于是,我说:"那好,琳琳就做和老师不一样的动作吧。"游戏又开始了,琳琳做的每一个动作都和我不一样,我拍手,她就做舞姿动作;我做小山羊,她就学花猫……慢慢地好多小朋友低声说着:"老师,我也不想跟你做一样的。"看到孩子们对游戏规则变化比较感兴趣,我说:"好,我们把儿歌改成,请你跟我这样做,我不跟你这样做。每个小朋友的动作都要跟老师的不一样。"游戏重新开始,孩子们特别认真,他们创编了许多平时没有的动作。我看到了这样的变化比单纯的模仿更吸引孩子的注意力,带动每一个孩子都参与游戏,而且使孩子的反应能力、想象力和创造力都得到了发展。游戏结束后,孩子们仍然十分兴奋,都说:"老师,这样真好玩!"

问题: 试从教师职业理念的角度,评析该老师的教育行为。

2. 仔细阅读材料,根据要求回答问题。

材料:

幼儿园教师杨洋在谈教育感受时,有些无奈地说:"刚走上教育岗位时,我坚信'没有爱,就没有教育'。因此,在保教活动中我一直对幼儿充满着爱心,希望用自己的爱来感化幼儿,带好班级,促使他们成长。但很快发现,在管理班级时一定要严格要求,有时用简单命令的方式反而更加奏效,这使我对原来的教育信念产生了困惑……"

问题:

(1) 请结合材料谈谈你对"没有爱,就没有教育"的理解。

(2) 在幼儿教育中,教师应该如何处理"爱"与"严格管理"之间的关系?

第二章 教育法律法规

考纲内容

1. 教育法律法规
(1) 了解《中华人民共和国教育法》《中华人民共和国义务教育法》《中华人民共和国教师法》《中华人民共和国未成年人保护法》《幼儿园工作规程》等。
(2) 了解《国家中长期教育改革和发展规划纲要(2010—2020年)》的相关内容。
(3) 了解联合国《儿童权利公约》的相关内容。
2. 教师权利和义务
(1) 熟悉教师的权利和义务,熟悉教育法律法规所规范的教师教育行为,依法从教。
(2) 依据国家教育法律法规,分析评价幼儿教学实践中的实际问题。
3. 幼儿权利保护
(1) 熟悉幼儿权利保护的相关教育法规,保护幼儿的合法权利。
(2) 依据国家教育法律法规,分析评价幼儿教育工作中幼儿权利保护等实际问题。

考纲解读

依法执教是教师的基本权利,也是教师的基本义务。为了能够依法执教,幼儿园教师首先要了解我国现行的教育法律法规,明确我国对保育教育、教师和儿童权利与义务的基本规定,然后才能根据相关法律开展保育教育工作。因此,教育法律法规模块要求未来的教师了解《中华人民共和国教育法》《中华人民共和国义务教育法》《中华人民共和国教师法》《中华人民共和国未成年人保护法》等重要法律的相关内容,同时要求了解《国家中长期教育改革和发展规划纲要(2010—2020年)》《幼儿园工作规程》和《儿童权利公约》的基本内容,以便更好地开展保育教育工作。

考纲中突出了教师的权利与义务、幼儿权利与保护两部分内容,所以考生在学习时要重点注意这两部分内容,并能根据相关的法律法规条文对现有的保育教育现象进行分析;考生特别要注意对教师行为的分析与幼儿权利保护方面的分析。

引 子

5岁孩子有著作权吗？

5岁的辉辉就读于A幼儿园，A幼儿园将该园幼儿绘画作品结集出版并公开发售，其中选取了辉辉的6幅作品。辉辉妈妈看到后，认为幼儿园应该支付稿酬。可是幼儿园园长解释说："你儿子才5岁，不享有著作权。况且你儿子的作品是在我园教师的辅导下完成的，著作权应归幼儿园。"①

上述案例中幼儿园的做法是否违法？《中华人民共和国著作权法》规定："著作权属于作者""创作作品的公民是作者"。著作权的取得是依据作者创作作品的事实而发生的，虽然辉辉才5岁，不具备完全行为能力，但是他同样享有著作权。另外，辉辉的作品虽然是在幼儿园教师的辅导下完成的，但幼儿园不能据此就将辉辉的著作权视为己有，因为幼儿园教师对辉辉的辅导是在履行幼儿园对辉辉的教育义务。当然如果教师参与了作品的创作，则可依据《中华人民共和国著作权法》第十四条"两人以上合作创作的作品，著作权由合作作者共同享有"的规定，教师作为合作作者享有著作权。据此，可以判定该幼儿园侵害了辉辉的著作权。所以，幼儿园教师必须了解我国的法律法规，特别是关于教育的法律法规，这样才可以依法执教。那么，我国有哪些教育法律法规？这些法律法规对幼儿园、教师、幼儿等的权利与义务做了哪些规定？

第一节　我国教育法律法规的内容

教育法律法规，简称教育法规，通常由国家制定或认可，并以国家强制力保证实施的有关教育活动的行为规范的总称。它是国家管理教育的依据，学校依法办学的基础，也是教师依法从教、幼儿依法保护自己权益的基本准则。我国现行的教育法律法规一般包括教育法律、教育法规、教育规章等，它们隶属不同层次，通过不同的方式加以表达。下文择要介绍我国一些主要的教育法律法规的基本内容。

一、《中华人民共和国教育法》

《中华人民共和国教育法》(以下简称《教育法》)于1995年3月18日由第八届全国人民代表大会第三次会议通过，2009年8月27日由第十一届全国人民代表大会常务委员会第十次会议第一次修正，2015年12月27日由第十二届全国人民代表大会常务委员会第十八次会议第二次修正，2021年4月29日由第十三届全国人民代表大会常务委员会第二十八次会议第三次修正，2021年4月30日起施行。《教育法》包括总则、教育基本制度、学校及其他教育机构、教师和其他教育工作者、受教育者、教育与社会、教育投入与条件保障、教育对外交流与合作、法律责任、附则，对有关教育问题做了全面规定。

（一）教育性质和教育方针

1. 教育性质

《教育法》规定：国家坚持中国共产党的领导，坚持以马克思列宁主义、毛泽东思想、邓小平理论、"三个代表"重要思想、科学发展观、习近平新时代中国特色社会主义思想为指导，

---

① 武祥海.幼儿园侵害幼儿合法权益案例三则[J].早期教育，2007(1)：42.

遵循宪法确定的基本原则,发展社会主义的教育事业。

2. 教育方针

《教育法》第五条规定:教育必须为社会主义现代化建设服务、为人民服务,必须与生产劳动和社会实践相结合,培养德智体美劳全面发展的社会主义建设者和接班人。

(二) 教育活动原则

《教育法》规定了教育活动的基本原则。

(1) 坚持立德树人。对受教育者加强社会主义核心价值观教育,增强受教育者的社会责任感、创新精神和实践能力。国家在受教育者中进行爱国主义、集体主义、中国特色社会主义的教育,进行理想、道德、纪律、法治、国防和民族团结的教育。

(2) 继承优秀文化成果。教育应当继承和弘扬中华优秀传统文化、革命文化、社会主义先进文化,吸收人类文明发展的一切优秀成果。

(3) 教育的公共性(或公益性)。教育活动必须符合国家和社会公共利益。

【历年真题】

【2-1】"教育活动必须符合国家和社会公共利益",这句话体现的原则是(　　)。
A. 国家性原则　　B. 公共性原则　　C. 方向性原则　　D. 强制性原则
【参考答案】B。解析:《教育法》第一章第八条规定:教育活动必须符合国家和社会公共利益。国家和社会的公共利益,从本质上说是全体人民的利益。在我国开展的教育活动,必须符合中华人民共和国的国家利益和全体人民的利益。教育是公共事业,自然要体现公共性。所以,正确选项是B。

(4) 教育与宗教相分离。任何组织和个人不得利用宗教进行妨碍国家教育制度的活动。

(5) 公民受教育机会平等。公民不分民族、种族、性别、职业、财产状况、宗教信仰等,依法享有平等的受教育机会。

(6) 帮助、扶持特殊地区和人群教育。国家根据各少数民族的特点和需要,帮助各少数民族地区发展教育事业。国家扶持边远贫困地区发展教育事业。国家扶持和发展残疾人教育事业。

(7) 完善现代国民教育体系,国家采取措施促进教育公平,推动教育均衡发展,促进教育质量提高。

(8) 运用国家通用语言文字进行教育教学。民族自治地方以少数民族学生为主的学校及其他教育机构,从实际出发,使用国家通用语言文字和本民族或者当地民族通用的语言文字实施双语教育。

(9) 奖励突出贡献。国家对发展教育事业做出突出贡献的组织和个人,给予奖励。

(三) 教育管理体制

原则:分级管理、分工负责。

范围与权限:

(1) 中等及中等以下教育在国务院领导下,由地方人民政府管理;高等教育由国务院和省、自治区、直辖市人民政府管理。

(2) 国务院教育行政部门主管全国教育工作,统筹规划、协调管理全国的教育事业。

(3) 县级以上地方各级人民政府教育行政部门主管本行政区域内的教育工作。

(4) 县级以上各级人民政府其他有关部门在各自的职责范围内,负责有关的教育工作。

(四) 教育基本制度

（1）学校教育制度。国家实行学前教育、初等教育、中等教育、高等教育的学校教育制度。

（2）义务教育制度。国家实行九年制义务教育制度。各级人民政府采取各种措施保障适龄儿童、少年就学。适龄儿童、少年的父母或者其他监护人以及有关社会组织和个人有义务保证义务教育的落实。

（3）职业教育制度和继续教育制度。发展并保障公民接受职业学校教育或者各种形式的职业培训；鼓励发展多种形式的继续教育，推动全民终身学习。

（4）国家教育考试制度。国家教育考试由国务院教育行政部门确定种类，并由国家批准的实施教育考试的机构承办。

（5）学业证书制度和学位制度。依据国家的相关规定颁发学历证书和学位证书。

（6）教育督导与评估制度。国家对学校或其他教育机构的督导与评估。

【历年真题】

【2-2】下列选项中，不属于《中华人民共和国教育法》规定的我国教育基本制度是（　　）。
A. 教育考试制度　　　　　　　　B. 教育督导制度
C. 教师培训制度　　　　　　　　D. 学业证书制度
【参考答案】C。解析：《教育法》规定的我国教育基本制度有：学校教育制度、义务教育制度、职业教育制度和继续教育制度、国家教育考试制度、学业证书制度和学位制度、教育督导与评估制度等，没有涉及教师培训制度。所以，正确选项是C。

(五) 学校及其他教育机构的设立（举办）原则、条件、程序和权利、义务

（1）学校及其他教育机构的设立（举办）原则。国家鼓励企业事业组织、社会团体、其他社会组织及公民个人依法举办学校及其他教育机构。任何组织和个人不得以营利为目的举办学校及其他教育机构。

（2）学校及其他教育机构的设立（举办）条件。① 有组织机构和章程；② 有合格的教师；③ 有符合规定标准的教学场所及设施、设备等；④ 有必备的办学资金和稳定的经费来源。

【历年真题】

【2-3】依据《中华人民共和国教育法》的相关规定，某地拟建一所新学校，下列不属于该校设立的必备条件是（　　）。
A. 有组织机构和章程　　　　　　B. 有充足的生源
C. 有合格的教师　　　　　　　　D. 有稳定的经费来源
【参考答案】B。《教育法》规定学校的设立条件有：有组织机构和章程，有合格的教师，有符合规定标准的教学场所及设施、设备，有必备的办学资金和稳定的经费来源。这其中并没有涉及"有充足的生源"。所以，正确选项是B。

（3）学校及其他教育机构的设立（举办）程序。学校及其他教育机构的设立、变更和终止，应当按照国家有关规定办理审核、批准、注册或者备案手续。

(4) 学校及其他教育机构的权利、义务。学校及其他教育机构行使下列权利：① 按照章程自主管理；② 组织实施教育教学活动；③ 招收学生或者其他受教育者；④ 对受教育者进行学籍管理，实施奖励或者处分；⑤ 对受教育者颁发相应的学业证书；⑥ 聘任教师及其他职工，实施奖励或者处分；⑦ 管理、使用本单位的设施和经费；⑧ 拒绝任何组织和个人对教育教学活动的非法干涉；⑨ 法律、法规规定的其他权利。国家保护学校及其他教育机构的合法权益不受侵犯。

学校及其他教育机构应当履行下列义务：① 遵守法律、法规；② 贯彻国家的教育方针，执行国家教育教学标准，保证教育教学质量；③ 维护受教育者、教师及其他职工的合法权益；④ 以适当方式为受教育者及其监护人了解受教育者的学业成绩及其他有关情况提供便利；⑤ 遵照国家有关规定收取费用并公开收费项目；⑥ 依法接受监督。

(5) 学校管理体制、担任校长的条件和学校法人地位。

① 学校管理体制。学校及其他教育机构应当按照国家有关规定，通过以教师为主体的教职工代表大会等组织形式，保障教职工参与民主管理和监督。

② 担任校长的条件。校长或者主要行政负责人必须由具有中华人民共和国国籍、在中国境内定居，并具备国家规定任职条件的公民担任，其任免按照国家有关规定办理。学校的教学及其他行政管理，由校长负责。

③ 学校法人地位。学校及其他教育机构在民事活动中依法享有民事权利，承担民事责任。学校及其他教育机构中的国有资产属于国家所有。学校及其他教育机构兴办的校办产业独立承担民事责任。

【历年真题】

【2-4】孙某和张某共同举办了一家具有法人资格的幼儿园，由张某担任园长，该幼儿园的法人代表是（ ）。

A. 张某　　　　B. 孙某　　　　C. 孙某和张某　　　　D. 教职工大会

【参考答案】A。法定代表人是指依法代表法人行使民事权利，履行民事义务的主要负责人（如工厂的厂长、公司的董事长等）。孙某和张某共同举办了一家具有法人资格的幼儿园，他俩都是法人，但法人代表是园长，即张某。所以，正确选项是 A。

【2-5】因经营管理不善，某学校兴办的校办产业负债 20 多万元，根据《中华人民共和国教育法》，对于这一债务，应当承担偿还责任的是（ ）。

A. 政府　　　　B. 学校　　　　C. 校长　　　　D. 校办产业

【参考答案】D。解析：《教育法》第三章第三十二条规定：学校及其他教育机构兴办的校办产业独立承担民事责任。所以，这一债务应该由校办产业负责。所以，正确选项是 D。

（六）教师和其他教育工作者的规定

(1) 对教师的规定。教师享有法律规定的权利，履行法律规定的义务，忠诚于人民的教育事业。国家保护教师的合法权益，改善教师的工作条件和生活条件，提高教师的社会地位。教师的工资报酬、福利待遇，依照法律、法规的规定办理。国家实行教师资格、职务、聘任制度，通过考核、奖励、培养和培训，提高教师素质，加强教师队伍建设。

(2) 对其他教育工作者的规定。学校及其他教育机构中的管理人员，实行教育职员制度。学校及其他教育机构中的教学辅助人员和其他专业技术人员，实行专业技术职务聘任制度。

（七）受教育者的权利与义务

《教育法》规定："受教育者在入学、升学、就业等方面依法享有平等权利。"

受教育者享有下列权利：① 参加教育教学计划安排的各种活动，使用教育教学设施、设备、图书资料；② 按照国家有关规定获得奖学金、贷学金、助学金；③ 在学业成绩和品行上获得公正评价，完成规定的学业后获得相应的学业证书、学位证书；④ 对学校给予的处分不服向有关部门提出申诉，对学校、教师侵犯其人身权、财产权等合法权益，提出申诉或者依法提起诉讼；⑤ 法律、法规规定的其他权利。

受教育者应当履行下列义务：① 遵守法律、法规；② 遵守学生行为规范，尊敬师长，养成良好的思想品德和行为习惯；③ 努力学习，完成规定的学习任务；④ 遵守所在学校或者其他教育机构的管理制度。

（八）对社会组织及个人的规定

对社会组织及个人，《教育法》作了如下规定：

（1）国家机关、军队、企业事业组织、社会团体及其他社会组织和个人，应当依法为儿童、少年、青年学生的身心健康成长创造良好的社会环境。企业事业组织、社会团体及其他社会组织和个人，可以通过适当形式，支持学校的建设，参与学校管理。

（2）未成年人的父母或者其他监护人应当为其未成年子女或者其他被监护人受教育提供必要条件，并配合学校及其他教育机构，对其未成年子女或者其他被监护人进行教育。

（3）社会公共文化体育设施、历史文化古迹和革命纪念馆（地）等，应当对教师、学生实行优待，为受教育者接受教育提供便利；广播、电视台（站）应开设教育节目。

（九）教育投入与条件保障

《教育法》对教育经费投入与条件保障作了如下规定：

（1）教育投入体制：国家财政拨款为主，其他多种渠道筹措教育经费为辅；企业事业组织、社会团体及其他社会组织和个人依法举办的学校及其他教育机构，办学经费由举办者负责筹措，各级人民政府可以给予适当支持。

（2）教育经费预算：各级人民政府的教育经费支出在财政预算中单独列项，并随着经济的发展逐步增长。

（3）教育经费来源与支出：国务院及县级以上地方各级人民政府应设立教育专项资金，重点扶持边远贫困地区、少数民族地区实施义务教育；税务机关依法足额征收教育费附加，由教育行政部门统筹管理，主要用于实施义务教育；各级人民政府征收的用于教育的地方附加费，专款专用；国家鼓励和扶持学校在不影响正常教育教学的前提下开展勤工俭学和社会服务，兴办校办产业；鼓励境内、境外社会组织和个人捐资助学。

（4）各级人民政府及其教育行政部门应当加强对学校及其他教育机构教育经费的监督管理，提高教育投资效益。

（十）对外交流与合作

《教育法》规定："国家鼓励开展教育对外交流与合作""教育对外交流与合作坚持独立自主、平等互利、相互尊重的原则，不得违反中国法律，不得损害国家主权、安全和社会公共利益。""中国境内公民出国留学、研究、进行学术交流或者任教，依照国家有关规定办理。""中国境外个人符合国家规定的条件并办理有关手续后，可以进入中国境内学校及其他教育机构学习、研究、进行学术交流或者任教，其合法权益受国家保护。""中国对境外教育机构颁发的学位证书、学历证书及其他学业证书的承认，依照中华人民共和国缔结或者加入的国际条约办理，或者按照国家有关规定办理。"

（十一）法律责任

《教育法》针对教育实践中经常发生的、普遍存在的、直接影响《教育法》实施的问题，作了若干法律责任规定。具体可以分为以下五类：

(1) 关于学校经费与财产。

违反国家有关规定，不按照预算核拨教育经费的，由同级人民政府限期核拨；情节严重的，对直接负责的主管人员和其他直接责任人，依法给予处分。违反国家财政制度、财务制度，挪用、克扣教育经费的，由上级机关责令限期归还被挪用、克扣经费，并对直接负责的主管人员和其他直接责任人，依法给予处分；构成犯罪的，依法追究刑事责任。明知校舍或者教育教学设施有危险，而不采取措施，造成人员伤亡或者重大财产损失的，对直接负责的主管人员和其他直接责任人员，依法追究刑事责任。违反国家有关规定，向学校或者其他教育机构收取费用的，由政府责令退还所收费用；对直接负责的主管人员和其他直接责任人员，依法给予处分。学校及其他教育机构违反国家有关规定向受教育者收取费用的，由教育行政部门或者其他有关行政部门责令退还所收费用；对直接负责的主管人员和其他直接责任人员，依法给予处分。

(2) 关于招生。

学校或者其他教育机构违反国家有关规定招收学生的，由教育行政部门或者其他有关行政部门责令退回招收的学生，退还所收费用；对学校、其他教育机构给予警告，可以处违法所得五倍以下罚款；情节严重的，责令停止相关招生资格一年以上三年以下，直至撤销招生资格、吊销办学许可证；对直接负责的主管人员和其他直接责任人员，依法给予处分；构成犯罪的，依法追究刑事责任。

在招收学生工作中滥用职权、玩忽职守、徇私舞弊的，由教育行政部门或者其他有关行政部门责令退回招收的不符合入学条件的人员；对直接负责的主管人员和其他直接责任人员，依法给予处分；构成犯罪的，依法追究刑事责任。

(3) 关于考试。

考生在国家教育考试中有以下行为之一的，由组织考试的教育机构工作人员在考试现场采取必要措施予以制止并终止其继续参加考试；组织考试的教育机构可以取消其相关考试资格或者考试成绩；情节严重的，由教育行政部门责令停止参加相关国家教育考试一年以上三年以下；构成违反治安管理行为的，由公安机关依法给予治安管理处罚；构成犯罪的，依法追究刑事责任：① 非法获取考试试题或者答案；② 携带或者使用考试作弊器材、资料；③ 抄袭他人答案；④ 让他人代替自己参加考试；⑤ 其他以不正当手段获得考试成绩的作弊行为。

任何组织或者个人在国家教育考试中有以下行为之一的，有违法所得的由公安机关没收违法所得，并处违法所得一倍以上五倍以下罚款；情节严重的，处五日以上十五日以下拘留；构成犯罪的，依法追究刑事责任；属于国家机关工作人员的，还应当依法给予处分：① 组织作弊；② 通过提供考试作弊器材等方式为作弊提供帮助或者便利；③ 代替他人参加考试；④ 在考试结束前泄露、传播考试试题或者答案；⑤ 其他扰乱考试秩序的行为。

举办国家教育考试，教育行政部门、教育考试机构疏于管理，造成考场秩序混乱、作弊情况严重的，对直接负责的主管人员和其他直接责任人员，依法给予处分；构成犯罪的，依法追究刑事责任。

(4) 关于学位。

学校或者其他教育机构违法颁发学位证书、学历证书或者其他学业证书的，由教育行政部门或者其他有关行政部门宣布证书无效，责令收回或者予以没收；有违法所得的，没收违法所得;情节严重的,责令停止相关招生资格一年以上三年以下,直至撤销招生资格、颁发证书资格;对直接负责的主管人员和其他直接责任人员,依法给予处分。

任何组织或者个人制造、销售、颁发假冒学位证书、学历证书或者其他学业证书,构成违反治安管理行为的,由公安机关依法给予治安管理处罚;构成犯罪的,依法追究刑事责任。

以不正当手段获得学位证书、学历证书或者其他学业证书的,由颁发机构撤销相关证书。购买、使用假冒学位证书、学历证书或者其他学业证书,构成违反治安管理行为的,由公安机关依法给予治安管理处罚。

(5) 关于教师及学校保护。

结伙斗殴、寻衅滋事,扰乱学校及其他教育机构教育教学秩序或者破坏校舍、场地及其他财产的,由公安机关给予治安管理处罚;构成犯罪的,依法追究刑事责任。侵占学校及其他教育机构的校舍、场地及其他财产的,依法承担民事责任。侵犯教师、受教育者、学校或者其他教育机构的合法权益,造成损失、损害的,应当依法承担民事责任。

【历年真题】

【2-6】《中华人民共和国教育法》规定,明知校舍或者教育教学设施有危险,而不采取措施,造成人员伤亡或者重大财产损失的,对直接负责的主管人员和其他直接责任人员,依法追究(   )。

A. 民事责任   B. 刑事责任   C. 一般责任   D. 行政责任

【参考答案】 B。解析:《教育法》第七十三条规定:明知校舍或者教育教学设施有危险,而不采取措施,造成人员伤亡或者重大财产损失的,对直接负责的主管人员和其他直接责任人员,依法追究刑事责任。所以,正确选项是B。

【2-7】 幼儿阳阳在自由活动时偷偷溜出幼儿园,在人行道上被电动车撞伤。对阳阳受到的伤害,应承担赔偿责任的是(   )。

A. 幼儿园   B. 车主
C. 阳阳的监护人   D. 幼儿园和车主

【参考答案】 D。解析:对阳阳被撞负主要责任的应该是电动车车主,由于阳阳是在幼儿园活动期间溜出去的,幼儿园也要承担管理不当的责任。因此,承担赔偿责任的是幼儿园和车主。所以,正确选项是D。

☆ **知识要点** ☆

《教育法》的内容包括我国的教育性质和教育方针,教育活动原则,教育管理体制,教育基本制度,学校及其他教育机构的设立(举办)原则、条件、程序和权利、义务,教师和其他教育工作者的规定,受教育者的权利与义务,对社会组织及个人的规定,教育投入与条件保障,对外交流与合作,法律责任,等等。**考生在学习时要注意细节的准确记忆。**

二、《中华人民共和国义务教育法》

《中华人民共和国义务教育法》(以下简称《义务教育法》)于1986年4月12日由第六届全国人民代表大会第四次会议通过。其当前版本为2018年12月29日第十三届全国人民代表大会常务委员会第七次会议修正并通过。其基本内容如下。

1. 义务教育年限与性质
国家实行九年义务教育制度。义务教育是公益性事业,不收学费、杂费,国家必须予以保障。

【历年真题】

【2-8】(　　)是国家统一实施的所有适龄儿童、少年必须接受的教育,是国家必须予以保障的公益性事业。
A. 义务教育　　　B. 基础教育　　　C. 应试教育　　　D. 课程教育
【参考答案】A。解析:《义务教育法》第一章第二条规定:义务教育是国家统一实施的所有适龄儿童、少年必须接受的教育,是国家必须予以保障的公益性事业。实施义务教育,不收学费、杂费。所以,正确选项是A。

2. 义务教育的方针
义务教育必须贯彻国家的教育方针,实施素质教育,提高教育质量,使适龄儿童、少年在品德、智力、体质等方面全面发展,为培养有理想、有道德、有文化、有纪律的社会主义建设者和接班人奠定基础。

3. 义务教育的对象
凡具有中华人民共和国国籍的适龄儿童、少年,不分性别、民族、种族、家庭财产状况、宗教信仰等,依法享有平等接受义务教育的权利,并履行接受义务教育的义务。

4. 各级政府、社会组织和个人的责任
各级人民政府及其有关部门应当履行《义务教育法》规定的各项职责,保障适龄儿童、少年接受义务教育的权利。适龄儿童、少年的父母或者其他法定监护人应当依法保证其按时入学接受并完成义务教育。依法实施义务教育的学校应当按照规定标准完成教育教学任务,保证教育教学质量。社会组织和个人应当为适龄儿童、少年接受义务教育创造良好的环境。

国务院和县级以上地方人民政府应当合理配置教育资源,促进义务教育均衡发展,改善薄弱学校的办学条件,并采取措施,保障农村地区、民族地区实施义务教育,保障家庭经济困难的和残疾的适龄儿童、少年接受义务教育。国家组织和鼓励经济发达地区支援经济欠发达地区实施义务教育。

5. 义务教育的管理
义务教育实行国务院领导,省、自治区、直辖市人民政府统筹规划实施,县级人民政府为主管理的体制。县级以上人民政府教育行政部门具体负责义务教育实施工作;县级以上人民政府其他有关部门在各自的职责范围内负责义务教育实施工作。

6. 入学年龄与原则
凡年满6周岁的儿童,其父母或者其他法定监护人应当送其入学接受并完成义务教育;条件不具备的地区的儿童,可以推迟到7周岁。因故不能入学的,其父母或者其他法定监护人应当提出申请,由当地乡镇人民政府或县级人民政府批准。适龄儿童、少年免试入学。地方各级人民政府应当保障适龄儿童、少年在户籍所在地学校就近入学。当地人民政府应为父母或其他法定监护人在非户籍所在地工作或居住的适龄儿童、少年提供平等接受义务教育的条件。

【历年真题】

【2-9】在外地打工的陈某向工作所在地教育行政部门提出申请,请求审批他年满七周岁的儿子晓宝在工作地附近的公立小学就读。对于这一申请,当地教育行政部门应当(　　)。
A. 拒绝,晓宝只能在户籍所在地学校就读

B. 批准,但要求陈某缴纳额外的学费和杂费

C. 拒绝,晓宝只能选择在当地民办学校就读

D. 批准,并为其提供平等接受义务教育的条件

【参考答案】D。解析:《义务教育法》第二章第十二条规定:父母或者其他法定监护人在非户籍所在地工作或者居住的适龄儿童、少年,在其父母或者其他法定监护人工作或者居住地接受义务教育的,当地人民政府应当为其提供平等接受义务教育的条件。所以,当地教育行政部门应该批准,并为其提供平等接受义务教育的机会。所以,正确选项是 D。

【2-10】凡年满(　　)周岁的儿童,其父母或者其他法定监护人应当送其入学接受并完成义务教育;条件不具备的地区的儿童,可以推迟到(　　)周岁。

A. 5;6　　　　　B. 6;7　　　　　C. 7;8　　　　　D. 4;6

【参考答案】B。解析:《义务教育法》第二章第十一条规定:凡年满六周岁的儿童,其父母或者其他法定监护人应当送其入学接受并完成义务教育;条件不具备的地区的儿童,可以推迟到七周岁。所以,正确选项是 B。

7. 学校建设的标准

学校建设,应当符合国家规定的办学标准,适应教育教学需要;应当符合国家规定的选址要求和建设标准,确保学生和教职工安全。

县级人民政府根据需要设置寄宿制学校、特殊教育的学校(班),县级以上人民政府及其教育行政部门应当促进学校均衡发展,缩小学校之间办学条件的差距,不得将学校分为重点学校和非重点学校。学校不得分设重点班和非重点班。县级以上人民政府及其教育行政部门不得以任何名义改变或者变相改变公办学校的性质。各级人民政府及其有关部门依法维护学校周边秩序,保护学生、教师、学校的合法权益,为学校提供安全保障。学校应当建立、健全安全制度和应急机制,对学生进行安全教育,加强管理,及时消除隐患,预防发生事故。县级以上地方人民政府定期对学校校舍安全进行检查;对需要维修、改造的,及时予以维修、改造。学校不得聘用曾经因故意犯罪被依法剥夺政治权利或者其他不适合从事义务教育工作的人担任工作人员。学校不得违反国家规定收取费用,不得以向学生推销或者变相推销商品、服务等方式谋取利益。

8. 学校行政

学校实行校长负责制。校长应当符合国家规定的任职条件。校长由县级人民政府教育行政部门依法聘任。对违反学校管理制度的学生,学校应当予以批评教育,不得开除。

9. 教师资格、权利与义务

教师应当取得国家规定的教师资格。教师享有法律规定的权利,履行法律规定的义务。教师在教育教学中应当平等对待学生,关注学生的个体差异,因材施教,促进学生的充分发展。教师应当尊重学生的人格,不得歧视学生,不得对学生实施体罚、变相体罚或者其他侮辱人格尊严的行为,不得侵犯学生合法权益。各级人民政府保障教师工资福利和社会保险待遇,改善教师工作和生活条件;完善农村教师工资经费保障机制。教师的平均工资水平应当不低于当地公务员的平均工资水平。特殊教育教师享有特殊岗位补助津贴。在民族地区和边远贫困地区工作的教师享有艰苦贫困地区补助津贴。

10. 经费

义务教育经费由国务院和地方各级人民政府依照《义务教育法》规定予以保障。国务院和地方各级人民政府将义务教育经费纳入财政预算,按照教职工编制标准、工资标准和学校

建设标准、学生人均公用经费标准等,及时足额拨付义务教育经费。用于实施义务教育财政拨款的增长比例应当高于财政经常性收入的增长比例,保证按照在校学生人数平均的义务教育费用逐步增长,保证教职工工资和学生人均公用经费逐步增长。特殊教育学校(班)学生人均公用经费标准应当高于普通学校学生人均公用经费标准。义务教育经费投入实行国务院和地方各级人民政府根据职责共同负担,省、自治区、直辖市人民政府负责统筹落实的体制。农村义务教育所需经费,由各级人民政府根据国务院的规定分项目、按比例分担。各级人民政府对家庭经济困难的适龄儿童、少年免费提供教科书并补助寄宿生生活费。

11. 违规处理

《义务教育法》中对若干违反法律规定的责任问题做出规定。如:

(1) 县级以上人民政府或者其教育行政部门将学校分为重点学校和非重点学校的,改变或者变相改变公办学校性质的,由上级人民政府或者其教育行政部门责令限期改正、通报批评;情节严重的,对直接负责的主管人员和其他直接责任人员依法给予行政处分。

(2) 侵占和挪用义务教育经费的、向学校非法收取或者摊派费用的,由上级人民政府或者上级人民政府教育行政部门、财政部门、价格行政部门和审计机关根据职责分工责令限期改正;情节严重的,对直接负责的主管人员和其他直接责任人员依法给予处分。

(3) 学校或者教师在义务教育工作中违反教育法、教师法规定的,依照教育法、教师法的有关规定处罚。

(4) 学校违反国家规定收取费用的,由县级人民政府教育行政部门责令退还所收费用;对直接负责的主管人员和其他直接责任人员依法给予处分。学校以向学生推销或者变相推销商品、服务等方式谋取利益的,由县级人民政府教育行政部门给予通报批评;有违法所得的,没收违法所得;对直接负责的主管人员和其他直接责任人员依法给予处分。

(5) 学校有下列情形之一的,由县级人民政府教育行政部门责令限期改正;情节严重的,对直接负责的主管人员和其他直接责任人员依法给予处分:① 拒绝接收具有接受普通教育能力的残疾适龄儿童、少年随班就读的;② 分设重点班和非重点班的;③ 违反本法规定开除学生的;④ 选用未经审定的教科书的。

(6) 适龄儿童、少年的父母或者其他法定监护人无正当理由未依照本法规定送适龄儿童、少年入学接受义务教育的,由当地乡镇人民政府或者县级人民政府教育行政部门给予批评教育,责令限期改正。

(7) 有下列情形之一的,依照有关法律、行政法规的规定予以处罚:① 胁迫或者诱骗应当接受义务教育的适龄儿童、少年失学、辍学的;② 非法招用应当接受义务教育的适龄儿童、少年的;③ 出版未经依法审定的教科书的。

【历年真题】

【2-11】某县教育局局长马某挪用教育经费,建造教育局办公大楼,对于马某,应当依法(   )。

A. 给予行政处分 B. 给予行政拘留
C. 责令其限期悔过 D. 责令其赔礼道歉

【参考答案】A。解析:《义务教育法》第六章第四十九条规定:义务教育经费严格按照预算规定用于义务教育。同时,《义务教育法》第七章第五十一条规定:未履行对义务教育经费保障职责的,由国务院或者上级地方人民政府责令限期改正;情节严重的,对直接负责的主管人员和其他直接责任人员依法给予行政处分。教育局局长马某挪用教育经费建造教育局办公大楼,情节严重,应给予行政处分。所以,正确选项是A。

【2-12】某县教育局为推进当地教育发展,决定设置一批重点学校并给予财政、师资等方面的支持。下列说法正确的是( )。

A. 设置重点学校有利于提高教育发展水平
B. 设置重点学校有利于打造当地教育品牌
C. 县级教育部门无权设置重点与非重点学校
D. 省级教育部门有权设置重点与非重点学校

【参考答案】C。解析:《义务教育法》第七章第五十三条规定:县级以上人民政府或者其教育行政部门"将学校分为重点学校和非重点学校的",由上级人民政府或者其教育行政部门责令限期改正、通报批评;情节严重的,对直接负责的主管人员和其他直接责任人员依法给予行政处分。据此可以判断:某县教育局设立重点学校属于违规,就是说其无权设立重点学校。所以,正确选项是C。

【2-13】15岁的小江辍学到王某所办的电子厂打工,王某的行为( )。

A. 合法,王某有自主招工的权利
B. 合法,王某有管理工人的权利
C. 不合法,工厂不得招用童工
D. 不合法,征得家长同意可招用

【参考答案】C。解析:《义务教育法》第七章第五十九条规定:有"非法招用应当接受义务教育的适龄儿童、少年的"情形的,依照有关法律、行政法规的规定予以处罚。15岁的小江属于应当接受义务教育的适龄少年,王某招收小江到他所办的电子厂打工,属于违法行为。所以,正确选项是C。

☆ 知识要点 ☆

《义务教育法》的内容包括义务教育年限与性质,方针与对象,各级政府、社会组织和个人的责任,义务教育的管理,入学年龄与原则,学校建设的标准,学校行政,教师资格、权利与义务,教育教学工作,经费和违规处理,等等。**考生在学习时要注意各条文的准确记忆。**

三、《中华人民共和国教师法》

殴打老师被拘留

据新闻媒体报道,2011年6月21日9时许,某县公安局城区分局接到群众报警称,该县某幼儿园女教师齐某被一幼儿家长殴打,起因是该家长怀疑老师逼自己的孩子吃吐出来的饭菜。民警立即赶到案发地点,并将违法行为人许某传唤至分局进行询问,随后受害人齐某也赶到。民警通过受害人简要了解案情后,让齐某先到医院进行检查治疗。经查,事实清楚,证据充分,公安机关依法对违法行为人许某行政拘留。[1]

《中华人民共和国教师法》(以下简称《教师法》)第三十五条明确规定:"侮辱、殴打教师的,根据不同情况,分别给予行政处分或者行政处罚;造成损害的,责令赔偿损失;情节严重,构成犯罪的,依法追究刑事责任。"因此,公安机关依法对许某行政拘留。

---

[1] 广东华誉律师事务所教育系统法律服务部. 遭遇家长殴打,幼儿园老师如何维权?[EB/OL].(2012-01-08)[2021-08-12]. http://www.yejs.com.cn/yzzc/article/id/37093.htm.

【历年真题】

> 【2-14】教师赵某违反学校管理制度,被校长在全校教师会议上点名批评。赵某的丈夫王某听说后,不辨是非,在校长下班的路上将其打成重伤,情节严重。依法应对王某追究( )。
>
>   A. 违宪责任　　　B. 行政责任　　　C. 刑事责任　　　D. 一般责任
>
> 【参考答案】C。解析:《教师法》第八章第三十五条规定:侮辱、殴打教师的,根据不同情况,分别给予行政处分或者行政处罚;造成损害的,责令赔偿损失;情节严重,构成犯罪的,依法追究刑事责任。王某将校长打成重伤,情节严重,属于犯罪行为,依法应对王某追究刑事责任。所以,正确选项是C。

幼儿园教师与家长之间发生冲突是难免的,如果人身权益受到不法侵害时,教师不必忍气吞声,而应勇敢地保留好受侵害的证据,采取法律途径维护自身合法权益,包括向公安部门提出控告,或向人民法院提起诉讼,追究加害人的法律责任。为此,我们需要了解《教师法》的基本规定。《教师法》(2009年修正)的基本内容可以概括为以下六个方面。

1. 立法宗旨和适用范围

《教师法》的立法宗旨是:"为了保障教师的合法权益,建设具有良好思想品德修养和业务素质的教师队伍,促进社会主义教育事业的发展。"其适用范围是:"在各级各类学校和其他教育机构中专门从事教育教学工作的教师。"

2. 教师的权利和义务

教师享有下列权利:① 进行教育教学活动,开展教育教学改革和实验;② 从事科学研究、学术交流,参加专业的学术团体,在学术活动中充分发表意见;③ 指导学生的学习和发展,评定学生的品行和学业成绩;④ 按时获取工资报酬,享受国家规定的福利待遇以及寒暑假期的带薪休假;⑤ 对学校教育教学、管理工作和教育行政部门的工作提出意见和建议,通过教职工代表大会或者其他形式,参与学校的民主管理;⑥ 参加进修或者其他方式的培训。

【历年真题】

> 【2-15】王老师参加省里组织的"国际学前儿童游戏研讨会",回园后张园长不仅不给王老师报销差旅费,而且扣除了他当月的全勤奖。下列说法正确的一项是( )。
>   A. 张园长做法正确,应该扣除全勤奖,不给报销差旅费
>   B. 张园长做法错误,可以扣除全勤奖,但应报销差旅费
>   C. 张园长做法正确,既要扣除全勤奖,也不报销差旅费
>   D. 张园长做法错误,应该给予全勤奖,并给报销差旅费
>
> 【参考答案】D。解析:《教师法》第二章第七条规定:教师享有"参加进修或者其他方式的培训"的权利。张园长应该支持王老师参加各种培训。所以,正确选项是D。

教师应当履行下列义务:① 遵守宪法、法律和职业道德,为人师表;② 贯彻国家的教育方针,遵守规章制度,执行学校的教学计划,履行教师聘约,完成教育教学工作任务;③ 对学生进行宪法所确定的基本原则的教育和爱国主义、民族团结的教育,法制教育以及思想品德、文化、科学技术教育,组织、带领学生开展有益的社会活动;④ 关心、爱护全体学生,尊重学生人格,促进学生在品德、智力、体质等方面全面发展;⑤ 制止有害于学生的行为或者其他侵犯学生合法权益的行为,批评和抵制有害于学生健康成长的现象;⑥ 不断提高思想政治觉悟和教育教学业务水平。

3．教师的资格和任用

（1）获取教师资格的条件。

获取教师资格的基本条件包括：中国公民凡遵守宪法和法律，热爱教育事业，具有良好的思想品德，具备《教师法》规定的学历或者经国家教师资格考试合格，有教育教学能力，经认定合格的，可以取得教师资格。

取得教师资格应当具备的相应学历是：① 取得幼儿园教师资格，应当具备幼儿师范学校毕业及其以上学历；② 取得小学教师资格，应当具备中等师范学校毕业及其以上学历；③ 取得初级中学教师资格，初级职业学校文化、专业课教师资格，应当具备高等师范专科学校或者其他大学专科毕业及其以上学历；④ 取得高级中学教师资格和中等专业学校、技工学校、职业高中文化课、专业课教师资格，应当具备高等师范院校本科或者其他大学本科毕业及其以上学历；取得中等专业学校、技工学校和职业高中学生实习指导教师资格应当具备的学历，由国务院教育行政部门规定；⑤ 取得高等学校教师资格，应当具备研究生或者大学本科毕业学历；⑥ 取得成人教育教师资格，应当按照成人教育的层次、类别，分别具备高等、中等学校毕业及其以上学历。

不具备《教师法》规定的教师资格学历的公民，申请获取教师资格，必须通过国家教师资格考试。国家教师资格考试制度由国务院规定。

（2）认定与任用。

中小学教师资格由县级以上地方人民政府教育行政部门认定。中等专业学校、技工学校的教师资格由县级以上地方人民政府教育行政部门组织有关主管部门认定。具备《教师法》规定的学历或者经国家教师资格考试合格的公民，要求有关部门认定其教师资格的，有关部门应当依照《教师法》规定的条件予以认定。

取得教师资格的人员首次任教时，应当有试用期。受到剥夺政治权利或者故意犯罪受到有期徒刑以上刑事处罚的，不能取得教师资格；已经取得教师资格的，丧失教师资格。

【历年真题】

【2-16】教师李某因盗窃被法院判处有期徒刑一年缓刑一年。下列说法中正确的是（　　）。

A．李某服刑满可以从事教师职业　　　B．李某可在民办幼儿园从事教师职业

C．李某5年内不得从事教师职业　　　D．李某终身不能从事教师职业

【参考答案】D。解析：《教师法》第三章第十四条规定：受到剥夺政治权利或者故意犯罪受到有期徒刑以上刑事处罚的，不能取得教师资格；已经取得教师资格的，丧失教师资格。所以，正确选项是D。

4．教师的培养和培训

各级人民政府和有关部门应当办好师范教育，并采取措施，鼓励优秀青年进入各级师范学校学习。各级教师进修学校承担培训中小学教师的任务。非师范学校应当承担培养和培训中小学教师的任务。各级师范学校学生享受专业奖学金。各级人民政府教育行政部门、学校主管部门和学校应当制定教师培训规划，对教师进行多种形式的思想政治、业务培训。各级人民政府应当采取措施，为少数民族地区和边远贫困地区培养、培训教师。

5．教师的考核、待遇和奖励

（1）教师的考核。学校或者其他教育机构应当对教师的政治思想、业务水平、工作态度和工作成绩进行考核。教师考核结果是受聘任教、晋升工资、实施奖惩的依据。

（2）教师的待遇。教师的平均工资水平应当不低于或者高于国家公务员的平均工资水平，并逐步提高。中小学教师和职业学校教师享受教龄津贴和其他津贴。地方各级人民政府对教师以及具有中专以上学历的毕业生到少数民族地区和边远贫困地区从事教育教学工作的，应当予以补贴。教师的医疗同当地国家公务员享受同等的待遇；定期对教师进行身体健康检查，并因地制宜安排教师进行休养。医疗机构应当对当地教师的医疗提供方便。社会力量所办学校的教师待遇，由举办者自行予以保障。

【历年真题】

【2-17】 张老师大学本科毕业后自愿到少数民族地区从事教育工作。依据《中华人民共和国教师法》应当依法对张老师（　　）。

A．给予补贴　　B．予以表彰　　C．进行奖励　　D．提高津贴

【参考答案】A。解析：《教师法》第六章第二十七条规定：地方各级人民政府对教师以及具有中专以上学历的毕业生到少数民族地区和边远贫困地区从事教育教学工作的，应当予以补贴。张老师大学本科毕业后自愿到少数民族地区从事教育工作，依法应补贴。所以，正确选项是A。

（3）教师的奖励。教师在教育教学、培养人才、科学研究、教学改革、学校建设、社会服务、勤工俭学等方面成绩优异的，由所在学校予以表彰、奖励。国务院和地方各级人民政府及其有关部门对有突出贡献的教师，应当予以表彰、奖励。对有重大贡献的教师，依照国家有关规定授予荣誉称号。

6．法律责任

教师有下列情形之一的，由所在学校、其他教育机构或者教育行政部门给予行政处分或者解聘。

（1）故意不完成教育教学任务给教育教学工作造成损失的；

（2）体罚学生，经教育不改的；

（3）品行不良、侮辱学生，影响恶劣的。

教师有前款第（1）项、第（3）项所列情形之一，情节严重，构成犯罪的，依法追究刑事责任。

【历年真题】

【2-18】《中华人民共和国教师法》规定教师有下列情形之一的，由所在学校、其他教育机构或者教育行政部门给予行政处分或者解聘。下列说法哪一项不是"情形之一"？（　　）

A．故意不完成教育教学任务给教育教学工作造成损失的

B．体罚学生，经教育不改的

C．品行不良、侮辱学生，影响恶劣的

D．不关心集体的

【参考答案】D。解析：《教师法》第八章第三十七条规定：教师有下列情形之一的，由所在学校、其他教育机构或者教育行政部门给予行政处分或者解聘：（一）故意不完成教育教学任务给教育教学工作造成损失的；（二）体罚学生，经教育不改的；（三）品行不良、侮辱学生，影响恶劣的。教师有前款第（二）项、第（三）项所列情形之一，情节严重，构成犯罪的，依法追究刑事责任。法条中没有涉及"不关心集体"。所以，正确选项是D。

教师对学校或者其他教育机构侵犯其合法权益的,或者对学校或者其他教育机构作出的处理不服的,可以向教育行政部门提出申诉,教育行政部门应当在接到申诉的三十日内,作出处理。教师认为当地人民政府有关行政部门侵犯其根据《教育法》规定享有的权利的,可以向同级人民政府或者上一级人民政府有关部门提出申诉,同级人民政府或者上一级人民政府有关部门应当作出处理。

【历年真题】

【2-19】教师梁某因旷工被幼儿园处分,她对幼儿园给予的处分不服,向有关部门提出教育申诉,被申诉人为( )。

A. 园长　　　　B. 幼儿园　　　　C. 书记　　　　D. 教育行政部门

【参考答案】B。解析:《教师法》第八章第三十九条规定:教师对学校或者其他教育机构侵犯其合法权益的,或者对学校或者其他教育机构作出的处理不服的,可以向教育行政部门提出申诉。梁某是被幼儿园处分的,所以应该被申诉的对象是幼儿园。所以,正确选项是B。

【2-20】某县幼儿园教师李某对幼儿园给予他的处分不服,李某可以提出申诉的机构是( )。

A. 所在省教育行政主管部门　　　　B. 当地县教育行政主管部门
C. 当地县级人民政府　　　　　　　D. 学校教工代表大会

【参考答案】B。解析:《教师法》第八章第三十九条规定:教师对学校或者其他教育机构侵犯其合法权益的,或者对学校或者其他教育机构作出的处理不服的,可以向教育行政部门提出申诉。所以,正确选项是B。

【2-21】教师张某对幼儿园给予的处分不服,依据相关法律,他可以采用的法律救济途径是( )。

A. 教师申诉　　　B. 刑事诉讼　　　C. 申请仲裁　　　D. 民事诉讼

【参考答案】A。解析:《教师法》第八章第三十九条规定:教师对学校或者其他教育机构侵犯其合法权益的,或者对学校或者其他教育机构作出的处理不服的,可以向教育行政部门提出申诉。法律规定教师有申诉权。所以,正确选项是A。

第二节　教育规章与条约

一、《国家中长期教育改革和发展规划纲要(2010—2020年)》

2010年7月,中共中央、国务院印发的《国家中长期教育改革和发展规划纲要(2010—2020年)》(以下简称《规划纲要》),是21世纪我国第一个中长期教育改革和发展纲要,是指导全国教育改革和发展的纲领性文件,也是我国此后10年重要的教育政策所在。下面对《规划纲要》的内容进行详细介绍。

(一) 教育基本政策

1. 教育地位和教育工作总要求

在党和国家工作全局中,必须始终坚持把教育摆在优先发展的位置。按照面向现代化、面向世界、面向未来的要求,适应全面建设小康社会、建设创新型国家的需要,坚持以育人为本,以改革创新为动力,以促进公平为重点,以提高质量为核心,全面实施素质教育,推动教育事业在新的历史起点上科学发展,加快从教育大国向教育强国、从人力资源大国向人力资源强国迈进,为中华民族伟大复兴和人类文明进步做出更大贡献。

2. 教育指导思想和工作方针

(1) 指导思想。

高举中国特色社会主义伟大旗帜,以邓小平理论和"三个代表"重要思想为指导,深入贯彻落实科学发展观,实施科教兴国战略和人才强国战略,优先发展教育,完善中国特色社会主义现代教育体系,办好人民满意的教育,建设人力资源强国。

全面贯彻党的教育方针,坚持教育为社会主义现代化建设服务,为人民服务,与生产劳动和社会实践相结合,培养德智体美全面发展的社会主义建设者和接班人。

全面推进教育事业科学发展,立足社会主义初级阶段基本国情,把握教育发展阶段性特征,坚持以人为本,遵循教育规律,面向社会需求,优化结构布局,提高教育现代化水平。

(2) 工作方针。

① 优先发展。把教育摆在优先发展的战略地位。

② 育人为本。把育人为本作为教育工作的根本要求。要以学生为主体,以教师为主导,充分发挥学生的主动性,把促进学生健康成长作为学校一切工作的出发点和落脚点。

③ 改革创新。把改革创新作为教育发展的强大动力。要以体制机制改革为重点,鼓励地方和学校大胆探索和试验,加快重要领域和关键环节改革步伐。创新人才培养体制、办学体制、教育管理体制,改革质量评价和考试招生制度,改革教学内容、方法、手段,建设现代学校制度,为教育事业持续健康发展提供强大动力。

④ 促进公平。把促进公平作为国家基本教育政策。推进教育公平的关键是机会公平,基本要求是保障公民依法享有受教育的权利,重点是促进义务教育均衡发展和扶持困难群体,根本措施是合理配置教育资源,向农村地区、边远贫困地区和民族地区倾斜,加快缩小教育差距。

⑤ 提高质量。把提高质量作为教育改革发展的核心任务。树立科学的质量观,把促进人的全面发展、适应社会需要作为衡量教育质量的根本标准。

【历年真题】

【2-22】《国家中长期教育改革和发展规划纲要(2010—2020年)》提出,教育公平的基本要求是保障公民依法享有受教育的权利,关键是( )。

A. 起点公平　　B. 机会公平　　C. 过程公平　　D. 结果公平

【参考答案】B。解析:《规划纲要》指出:教育公平的关键是机会公平,基本要求是保障公民依法享有受教育的权利。所以,正确选项是B。

3. 教育战略目标和战略主题

(1) 战略目标。

到2020年,基本实现教育现代化,基本形成学习型社会,进入人力资源强国行列。

① 实现更高水平的普及教育。基本普及学前教育,巩固提高九年义务教育水平;普及高中阶段教育,毛入学率达到90%;高等教育大众化水平进一步提高,毛入学率达到40%;扫除青壮年文盲。新增劳动力平均受教育年限从12.4年提高到13.5年;主要劳动年龄人口平均受教育年限从9.5年提高到11.2年,其中受过高等教育的比例达到20%,具有高等教育文化程度的人数比2009年翻一番。

② 形成惠及全民的公平教育。坚持教育的公益性和普惠性,保障公民依法享有接受良好教育的机会。建成覆盖城乡的基本公共教育服务体系,逐步实现基本公共教育服务均等化,缩小区域差距。切实解决进城务工人员子女平等接受义务教育的问题。保障残疾人受教育权利。

③ 提供更加丰富的优质教育。教育质量整体提升,教育现代化水平明显提高。优质教育资源总量不断扩大,更好满足人民群众接受高质量教育的需求。

④ 构建体系完备的终身教育。继续教育参与率大幅提升,从业人员继续教育年参与率达到50%。

⑤ 健全充满活力的教育体制。进一步解放思想,更新观念,深化改革,提高教育开放水平,全面形成与社会主义市场经济体制和全面建设小康社会目标相适应的充满活力、富有效率、更加开放、有利于科学发展的教育体制机制,办出具有中国特色、世界水平的现代教育。

【历年真题】

【2-23】 下列选项中,属于《国家中长期教育改革和发展规划纲要(2010—2020年)》提出的战略目标的是(　　)。
A. 全面普及学前教育　　　　　　B. 基本实现区域之间的教育公平
C. 全面实施素质教育　　　　　　D. 优质教育资源总量不断扩大

【参考答案】 D。解析:《规划纲要》提出:提供更加丰富的优质教育。教育质量整体提升,教育现代化水平明显提高。优质教育资源总量不断扩大,更好地满足人民群众接受高质量教育的需求。没有提及A、B、C三项,所以正确选项是D。

(2) 战略主题。
① 坚持以人为本、全面实施素质教育。

【历年真题】

【2-24】《国家中长期教育改革和发展规划纲要(2010—2020年)》的战略主题是坚持以人为本、全面实施(　　)。其核心是解决好培养什么人、怎样培养人的重大问题,重点是面向全体学生、促进学生全面发展,着力提高学生服务国家服务人民的社会责任感、勇于探索的创新精神和善于解决问题的实践能力。
A. 素质教育　　B. 基础教育　　C. 应试教育　　D. 课程教育

【参考答案】 A。解析:《规划纲要》的战略主题是坚持以人为本、全面实施素质教育。所以,正确选项是A。

② 坚持德育为先。立德树人,把社会主义核心价值体系融入国民教育全过程。
③ 坚持能力为重。优化知识结构,丰富社会实践,强化能力培养。着力提高学生的学习能力、实践能力、创新能力。
④ 坚持全面发展。全面加强和改进德育、智育、体育、美育。坚持文化知识学习与思想品德修养的统一、理论学习与社会实践的统一、全面发展与个性发展的统一。

4. 教育体制改革
(1) 人才培养体制改革。
① 更新人才培养观念,更新教育观念,改革人才培养体制,提高人才培养水平。

② 创新人才培养模式。注重学思结合，注重知行统一，注重因材施教，推进分层教学、走班制、学分制、导师制等教学管理制度改革。

【历年真题】

【2-25】《国家中长期教育改革和发展规划纲要（2010—2020年）》提出的教学管理制度改革的内容不包括（　　）。

A. 导生制　　　B. 学分制　　　C. 走班制　　　D. 分层教学

【参考答案】A。解析：《规划纲要》第十一章第三十二条指出：关注学生不同特点和个性差异，发展每一个学生的优势潜能。推进分层教学、走班制、学分制、导师制等教学管理制度改革。B、C、D三项均有涉及。A选项的导生制，又叫贝尔-兰卡斯特制，是由英国国教会的贝尔和公益会的教师兰卡斯特所开创的一种教学组织形式。教师先选择一些年龄较大或较优秀的学生进行教学，然后由这些学生做"导生"，每个导生负责把自己刚学的内容教给一组学生。导生制涉及生生关系，而导师制则是师生关系，两者不属于一个概念。所以，正确选项是A。

③ 改革教育质量评价和人才评价制度。

（2）考试招生制度改革。

完善中等学校考试招生制度。完善初中就近免试入学的具体办法。完善学业水平考试和综合素质评价，为高中阶段学校招生录取提供更加科学的依据。改进高中阶段学校考试招生方式，发挥优质普通高中和优质中等职业学校招生名额合理分配的导向作用。规范优秀特长生录取程序与办法。中等职业学校实行自主招生或注册入学。完善高等学校考试招生制度。深化考试内容和形式改革，着重考查综合素质和能力。加强信息公开和社会监督。

（3）现代学校制度建设。

① 推进政校分开、管办分离。适应中国国情和时代要求，建设依法办学、自主管理、民主监督、社会参与的现代学校制度，构建政府、学校、社会之间的新型关系。完善学校目标管理和绩效管理机制。健全校务公开制度，接受师生员工和社会的监督。随着国家事业单位分类改革推进，探索建立符合学校特点的管理制度和配套政策，克服行政化倾向，取消实际存在的行政级别和行政化管理模式。

② 落实和扩大学校办学自主权。政府及其部门要树立服务意识，改进管理方式，完善监管机制，减少和规范对学校的行政审批事项，依法保障学校充分行使办学自主权和承担相应责任。

③ 完善中小学学校管理制度。完善普通中小学和中等职业学校校长负责制；完善校长任职条件和任用办法；实行校务会议等管理制度，建立健全教职工代表大会制度，不断完善科学民主决策机制。

（4）办学体制改革。

深化办学体制改革。坚持教育公益性原则，深化公办学校办学体制改革，积极鼓励行业、企业等社会力量参与公办学校办学，扶持薄弱学校发展，扩大优质教育资源，增强办学活力，提高办学效益。各地可从实际出发，开展公办学校联合办学、委托管理等试验，探索多种形式，提高办学水平。大力支持民办教育，依法管理民办教育。

（5）管理体制改革。

① 健全统筹有力、权责明确的教育管理体制。以转变政府职能和简政放权为重点，深化教育管理体制改革，提高公共教育服务水平。

【历年真题】

> **【2-26】**《国家中长期教育改革和发展规划纲要(2010—2020年)》提出健全统筹有力、权责明确的教育管理体制,深化教育管理体制改革的重点是( )。
> A. 加强省级政府的教育统筹　　　　　B. 转变政府职能和简政放权
> C. 建立依法办学的学校制度　　　　　D. 规范政府管理权限和职责
> **【参考答案】**B。解析:《规划纲要》第十五章第四十五条指出:健全统筹有力、权责明确的教育管理体制。以转变政府职能和简政放权为重点,深化教育管理体制改革,提高公共服务水平。所以,正确选项是B。

② 加强省级政府教育统筹。进一步加大省级政府对区域内各级各类教育的统筹。统筹管理义务教育,推进城乡义务教育均衡发展,依法落实发展义务教育的财政责任。

③ 转变政府教育管理职能。各级政府要切实履行统筹规划、政策引导、监督管理和提供公共教育服务的职责,建立健全公共教育服务体系,逐步实现基本公共教育服务均等化,维护教育公平和教育秩序。改变直接管理学校的单一方式,综合应用立法、拨款、规划、信息服务、政策指导和必要的行政措施,减少不必要的行政干预。提高政府决策的科学性和管理的有效性。加强教育监督检查,完善教育问责机制。

（二）学前教育

1. 基本普及学前教育

积极发展学前教育,到2020年,普及学前一年教育,基本普及学前两年教育,有条件的地区普及学前三年教育。重视0至3岁婴幼儿教育。

2. 明确政府职责

把发展学前教育纳入城镇、社会主义新农村建设规划。建立政府主导、社会参与、公办民办并举的办园体制。大力发展公办幼儿园,积极扶持民办幼儿园。加大政府投入,完善成本合理分担机制,对家庭经济困难的幼儿入园给予补助。加强学前教育管理,规范办园行为。

3. 重点发展农村学前教育

努力提高农村学前教育普及程度。着力保证留守儿童入园。采取多种形式扩大农村学前教育资源。发挥乡镇中心幼儿园对村幼儿园的示范指导作用。支持贫困地区发展学前教育。

【历年真题】

> **【2-27】**《国家中长期教育改革和发展规划纲要(2010—2020年)》提出,要重点发展农村学前教育。下列措施中不正确的是( )。
> A. 扩大农村学前教育资源　　　　　B. 着力保证留守儿童入园
> C. 着力保证农村幼儿园现有规模　　D. 保证乡镇中心幼儿园的示范作用
> **【参考答案】**C。解析:《规划纲要》第三章第七条指出:重点发展农村学前教育。努力提高农村学前教育普及程度。着力保证留守儿童入园。采取多种形式扩大农村学前教育资源,改扩建、新建幼儿园,充分利用中小学布局调整富余的校舍和教师举办幼儿园(班)。所以,正确选项是C。
>
> **【2-28】**《国家中长期教育改革和发展规划纲要(2010—2020)》要求,学前教育发展的一大任务是重点发展( )。
> A. 西部地区学前教育　　　　　B. 边远地区学前教育
> C. 城镇学前教育　　　　　　　D. 农村学前教育

【参考答案】D。解析:《规划纲要》第三章第七条指出:重点发展农村学前教育。努力提高农村学前教育普及程度。着力保证留守儿童入园。采取多种形式扩大农村学前教育资源,改扩建、新建幼儿园,充分利用中小学布局调整富余的校舍和教师举办幼儿园(班)。所以,正确选项是D。

(三) 教师队伍建设

1. 建设高素质教师队伍

提高教师地位,维护教师权益,改善教师待遇,使教师成为受人尊重的职业。严格教师资质,提升教师素质,努力造就一支师德高尚、业务精湛、结构合理、充满活力的高素质专业化教师队伍。

2. 加强师德建设

加强教师职业理想和职业道德教育,增强广大教师教书育人的责任感和使命感。将师德表现作为教师考核、聘任(聘用)和评价的首要内容。采取综合措施,建立长效机制,形成良好学术道德和学术风气,克服学术浮躁,查处学术不端行为。

3. 提高教师业务水平

完善培养培训体系,做好培养培训规划,优化队伍结构,提高教师专业水平和教学能力。通过研修培训、学术交流、项目资助等方式,培养教育教学骨干、"双师型"教师、学术带头人和校长,造就一批教学名师和学科领军人才。

以农村教师为重点,提高中小学教师队伍整体素质。创新农村教师补充机制,完善制度政策,吸引更多优秀人才从教。积极推进师范生免费教育,实施农村义务教育学校教师特设岗位计划,完善代偿机制,鼓励高校毕业生到艰苦边远地区当教师。完善教师培训制度,将教师培训经费列入政府预算,对教师实行每五年一周期的全员培训。加大民族地区双语教师培养培训力度。加强校长培训,重视辅导员和班主任培训。加强教师教育,构建以师范院校为主体、综合大学参与、开放灵活的教师教育体系。深化教师教育改革,创新培养模式,增强实习实践环节,强化师德修养和教学能力训练,提高教师培养质量。

【历年真题】

【2-29】《国家中长期教育改革和发展规划纲要(2010—2020年)》提出,对教师实行( )。

A. 每两年一周期的全员培训　　B. 每三年一周期的全员培训
C. 每七年一周期的全员培训　　D. 每五年一周期的全员培训

【参考答案】D。解析:《规划纲要》第十七章第五十三条提出:完善教师培训制度,将教师培训经费列入政府预算,对教师实行每五年一周期的全员培训。所以,正确选项是D。

4. 提高教师地位待遇

不断改善教师的工作、学习和生活条件,吸引优秀人才长期从教、终身从教。依法保证教师平均工资水平不低于或者高于国家公务员的平均工资水平,并逐步提高。落实教师绩效工资。对长期在农村基层和艰苦边远地区工作的教师,在工资、职务(职称)等方面实行倾斜政策,完善津贴补贴标准。建设农村艰苦边远地区学校教师周转宿舍。研究制定优惠政策,改善教师工作和生活条件。关心教师身心健康。落实和完善教师医疗养老等社会保障政策。国家对在农村地区长期从教、贡献突出的教师给予奖励。

5. 健全教师管理制度

完善并严格实施教师准入制度,严把教师入口关。国家制定教师资格标准,提高教师任职学历标准和品行要求。建立教师资格证书定期登记制度。省级教育行政部门统一组织中小学教师资格考试和资格认定,县级教育行政部门按规定履行中小学教师的招聘录用、职务(职称)评聘、培养培训和考核等管理职能。

逐步实行城乡统一的中小学编制标准,对农村边远地区实行倾斜政策。制定幼儿园教师配备标准。建立统一的中小学教师职务(职称)系列,在中小学设置正高级教师职务(职称)。加强学校岗位管理,创新聘用方式,规范用人行为,完善激励机制,激发教师积极性和创造性。建立健全义务教育学校教师和校长流动机制。城镇中小学教师在评聘高级职务(职称)时,原则上要有一年以上在农村学校或薄弱学校任教经历。加强教师管理,完善教师退出机制。制定校长任职资格标准,促进校长专业化,提高校长管理水平。推行校长职级制。

> ☆ 知识要点 ☆
>
> 关于教师队伍建设,《规划纲要》从五个方面做出规划:一是建设高素质教师队伍,二是加强师德建设,三是提高教师业务水平,四是提高教师地位待遇,五是健全教师管理制度。**考生可以根据"素质""师德""水平""待遇""管理"五个关键词去记忆与理解。**

二、《幼儿园工作规程》

《幼儿园工作规程》由2015年12月14日第48次部长办公会议审议通过,2016年3月1日起施行。下面是《幼儿园工作规程》的主要内容。

(一) 幼儿园的性质与保教目标

1. 幼儿园的性质与类型

(1) 幼儿园的性质。

幼儿园是对3周岁以上学龄前幼儿实施保育和教育的机构,学制一般为三年,一般招收3~6周岁幼儿。幼儿园教育是基础教育的重要组成部分,是学校教育制度的基础阶段。

(2) 幼儿园的类型。

幼儿园可分为全日制、半日制、定时制、季节制和寄宿制等。

2. 幼儿园保育和教育的目标

(1) 促进幼儿身体正常发育和机能的协调发展,增强体质,促进心理健康,培养良好的生活习惯、卫生习惯和参加体育活动的兴趣。

(2) 发展幼儿智力,培养正确运用感官和运用语言交往的基本能力,增进对环境的认识,培养有益的兴趣和求知欲望,培养初步的动手能力。

(3) 萌发幼儿爱祖国、爱家乡、爱集体、爱劳动、爱科学的情感,培养诚实、自信、友爱、勇敢、勤学、好问、爱护公物、克服困难、讲礼貌、守纪律等良好的品德行为和习惯,以及活泼开朗的性格。

(4) 培养幼儿初步感受美和表现美的情趣和能力。

(二) 幼儿入园、编班和安全管理

1. 入园

(1) 幼儿园每年秋季招生。平时如有缺额,可随时补招。对烈士子女、家中无人照顾的残疾人子女、孤儿、家庭经济困难幼儿、具有接受普通教育能力的残疾儿童等入园,按照国家和地方的有关规定予以照顾。

(2) 企业、事业单位和机关、团体、部队设置的幼儿园,除招收本单位工作人员的子女外,应当积极创造条件向社会开放,招收附近居民子女入园。

(3) 幼儿入园前,应当按照卫生部门制定的卫生保健制度进行健康检查,合格者方可入园。幼儿入园除进行健康检查外,禁止任何形式的考试或测查。

【历年真题】

【2-30】根据《幼儿园工作规程》,下列选项不正确的是(　　)。
A. 幼儿园是对3周岁以上学龄前幼儿实施保育和教育的机构
B. 幼儿园以游戏为基本活动,寓教育于各项活动之中
C. 幼儿入园前须进行简单测试,通过者方可入园
D. 幼儿入园前须进行体检,合格者方可入园

【参考答案】C。解析:《幼儿园工作规程》第二章第十条规定:幼儿入园前,应当按照卫生部门制定的卫生保健制度进行健康检查,合格者方可入园。幼儿入园除进行健康检查外,禁止任何形式的考试或测查。所以,正确选项是C。

2. 编班

幼儿园规模一般不超过360人,每班幼儿人数一般为:小班(3周岁至4周岁)25人,中班(4周岁至5周岁)30人,大班(5周岁至6周岁)35人,混合班30人。寄宿制幼儿园每班幼儿人数酌减。幼儿园可以按年龄分别编班,也可以混合编班。

3. 安全管理

(1) 建立健全门卫、房屋、设备、消防、交通、食品、药物、幼儿接送交接、活动组织和幼儿就寝值守等安全防护和检查制度,建立安全责任制和应急预案。

(2) 幼儿园的园舍应当符合国家和地方的建设标准,以及相关安全、卫生方面的规范,定期检查维护,保障安全。幼儿园不得设置在污染区和危险区,不得使用危房。

(3) 幼儿园的设备设施、装修装饰材料、用品用具和玩具材料等,应当符合国家相关的安全质量标准和环保要求。

(4) 入园幼儿应当由监护人或其委托的成年人接送。

(5) 幼儿园应当严格执行国家有关食品药品安全的法律法规,保障饮食饮水卫生安全。妥善管理药品,保证幼儿用药安全。

(6) 幼儿园教职工必须具有安全意识,掌握基本急救常识和防范、避险、逃生、自救的基本方法,在紧急情况下,优先保护幼儿的人身安全。

(7) 幼儿园应当把安全教育融入一日生活,并定期组织开展多种形式的安全教育和事故预防演练;应当结合幼儿年龄特点和接受能力开展反家庭暴力教育,发现幼儿遭受或疑似遭受家庭暴力的,应依法及时向公安机关报案。

(8) 幼儿园应当投保校方责任险。

【历年真题】

【2-31】 某小朋友在暑假期间擅自钻幼儿园的铁门,导致右腿划伤。对于该小朋友所受伤害,下列选项中正确的是(　　)。
A. 幼儿园存在过错,应当承担赔偿责任
B. 幼儿园没有过错,但要承担赔偿责任
C. 幼儿园没有过错,无须承担赔偿责任
D. 幼儿园存在过错,不可免除赔偿责任

【参考答案】 C。解析:该小朋友在暑假期间擅自钻幼儿园的铁门,导致右腿划伤。因为是暑假期间而非上学期间,而且是小朋友自己擅自钻铁门,所以幼儿园不负任何责任。所以,正确选项是C。

(三) 幼儿园的卫生保健

(1) 幼儿园必须切实做好幼儿生理和心理卫生保健工作。

(2) 幼儿园应当制定合理的幼儿一日生活作息制度。正餐间隔时间为3.5—4小时。在正常情况下,幼儿户外活动时间每天不得少于2小时,寄宿制幼儿园不得少于3小时,高寒、高温地区可酌情增减。

(3) 幼儿园应当建立幼儿健康检查制度和幼儿健康卡或档案。每年体检一次,每半年测身高、视力一次,每季度量体重一次;注意幼儿口腔卫生,保护幼儿视力。对幼儿健康发展状况定期进行分析、评价,及时向家长反馈结果。

(4) 幼儿园应当建立卫生消毒、晨检、午检制度和病儿隔离制度,配合卫生部门做好计划免疫工作;建立传染病预防和管理制度,制定突发传染病应急预案,认真做好疾病防控工作;建立患病幼儿用药的委托交接制度,未经监护人委托或者同意,幼儿园不得给幼儿用药。

(5) 幼儿园内禁止吸烟、饮酒。

【历年真题】

【2-32】 幼儿园教师赵某休息时在活动室抽烟,他的行为(　　)。
A. 不正确,教师不得在幼儿园抽烟
B. 不正确,教师只能在办公室抽烟
C. 正确,教师有抽烟的权利
D. 正确,教师休息时可以抽烟

【参考答案】 A。解析:《幼儿园工作规程》第四章第二十条规定:幼儿园内禁止吸烟、饮酒。所以,正确选项是A。

(6) 供给膳食的幼儿园应当为幼儿提供安全卫生的食品,编制营养平衡的幼儿食谱,每周向家长公示幼儿食谱,并按照相关规定进行食品留样。

(7) 幼儿园应当为幼儿提供安全卫生的饮用水。

(8) 幼儿园应当培养幼儿良好的大小便习惯,不得限制幼儿便溺的次数、时间等。

【历年真题】

【2-33】 某幼儿园为实现管理工作的规范化,要求保育员采取措施控制幼儿的便溺时间和次数。该幼儿园的做法(　　)。
A. 正确,有利于培养幼儿良好的生活习惯
B. 正确,体现了保育员管理幼儿生活的权利
C. 错误,违反了《幼儿园工作规程》的规定

D. 错误,违反了联合国《儿童权利公约》的规定

【参考答案】C。解析:《幼儿园工作规程》第四章第二十二条规定:幼儿园应当培养幼儿良好的大小便习惯,不得限制幼儿便溺的次数、时间等。所以,正确选项是C。

(9)幼儿园应当积极开展适合幼儿的体育活动,充分利用日光、空气、水等自然因素,以及本地自然环境,有计划地锻炼幼儿肌体,增强身体的适应能力和抵抗能力。正常情况下,每日户外体育活动不得少于1小时。对体弱或有残疾的幼儿予以特殊照顾。

(10)幼儿园夏季要做好防暑降温工作,冬季要做好防寒保暖工作,防止中暑和冻伤。

(四)幼儿园的教育

1. 幼儿园教育工作的基本原则

(1)德智体美等方面的教育互相渗透,有机结合。

(2)遵循幼儿身心发展规律,符合幼儿年龄特点,注重个体差异,因人施教,引导幼儿个性健康发展。

(3)面向全体幼儿,热爱幼儿,坚持积极鼓励、启发诱导的正面教育。

(4)综合组织健康、语言、社会、科学、艺术各领域的教育内容,渗透于幼儿一日生活的各项活动中,充分发挥各种教育手段的交互作用。

【历年真题】

【2-34】在幼儿园工作实践中,一些老师认为上课是传授知识、发展幼儿智力的唯一途径,组织幼儿进餐、睡眠等只是保育工作,这种思想有违(　　)。

A. 循序渐进原则　　　　　　　　　B. 发挥一日生活的整体功能原则
C. 重视年龄特点和个体差异原则　　D. 尊重幼儿原则

【参考答案】B。解析:《幼儿园工作规程》第五章第二十五条规定:幼儿园教育应当综合组织健康、语言、社会、科学、艺术各领域的教育内容,渗透于幼儿一日生活的各项活动中,充分发挥各种教育手段的交互作用。就是说,幼儿园中保育与教育是一体的、不可分割的。所以,正确选项是B。

(5)以游戏为基本活动,寓教育于各项活动之中。

(6)创设与教育相适应的良好环境,为幼儿提供活动和表现能力的机会与条件。

2. 幼儿园教育的具体要求

(1)幼儿园应当为幼儿提供丰富多样的教育活动。教育活动内容应当根据教育目标、幼儿的实际水平和兴趣确定,以循序渐进为原则,有计划地选择和组织(集体、小组和个别活动),教育活动的过程应注重幼儿的主动探索、操作实践、合作交流和表达表现。

(2)游戏是对幼儿进行全面发展教育的重要形式。应因地制宜创设游戏条件,保证充足的游戏时间,开展多种游戏,并根据幼儿的年龄特点指导游戏,鼓励和支持幼儿自主选择游戏内容、游戏材料和伙伴,使幼儿在游戏中获得积极的情绪体验。

【历年真题】

【2-35】《幼儿园工作规程》规定,对幼儿进行全面发展教育的重要形式是(　　)。

A. 数学　　　　B. 英语　　　　C. 拼音　　　　D. 游戏

【参考答案】D。解析:《幼儿园工作规程》第五章第二十五条规定:幼儿园教育应当以游戏为基本活动,寓教育于各项活动之中。所以,正确选项是D。

(3) 幼儿园应当将环境作为重要的教育资源,合理利用室内外环境,利用家庭和社区的有利条件,丰富和拓展教育资源,营造氛围,建立良好的同伴和师生关系。

(4) 品德教育以情感教育和培养良好行为习惯为主,注重潜移默化的影响,并贯穿于幼儿生活以及各项活动之中。

【历年真题】

【2-36】《幼儿园工作规程》规定,幼儿园的品德教育应以（　　）为主,注重潜移默化的影响,并贯穿于幼儿生活以及各项活动之中。

A. 情感教育　　　　　　　　　　B. 培养良好行为习惯
C. 思想教育　　　　　　　　　　D. 情感教育和培养良好行为习惯

【参考答案】 D。解析：《幼儿园工作规程》第五章第三十一条规定：幼儿园的品德教育应当以情感教育和培养良好行为习惯为主,注重潜移默化的影响,并贯穿于幼儿生活以及各项活动之中。所以,正确选项是 D。

(5) 幼儿园应当尊重幼儿的个体差异,根据幼儿不同的心理发展水平,研究有效的活动方式和方法,注重培养幼儿良好的个性心理品质。幼儿园应当为残疾儿童提供更多的帮助与指导。

(6) 幼儿园和小学应当密切联系,互相配合,注意两个阶段教育的相互衔接。幼儿园不得提前教授小学教育内容,不得开展任何违背幼儿身心发展规律的活动。

（五）幼儿园的园舍、设备

(1) 幼儿园应设活动室、寝室、卫生间、保健室、综合活动室、厨房和办公用房等,并达到相应标准。有条件的幼儿园应当优先扩大幼儿游戏和活动空间。寄宿制幼儿园应当设隔离室、浴室和教职工值班室等。

(2) 幼儿园应当有与其规模相适应的户外活动场地,配备必要的游戏和体育活动设施,创造条件开辟沙地、水池和种植园地等,并根据幼儿活动的需要绿化、美化园地。

(3) 幼儿园应当配备适合幼儿特点的桌椅、玩具架、盥洗卫生用具,以及必要的教具、玩具、图书和乐器等。幼儿园可以因地制宜,就地取材,自制教具、玩具。教具、玩具应具有教育意义并符合安全、卫生要求。

(4) 幼儿园的建筑规划面积、建筑设计和功能要求,以及设备设施、玩教具配备,按照国家和地方相关规定执行。

（六）幼儿园的工作人员

1. 人员配置与条件

(1) 配置：幼儿园设园长、副园长、教师、保育员、卫生保健人员、炊事员和其他工作人员等岗位,配足配齐教职工。

(2) 条件：幼儿园教职工应具有良好品德,热爱教育事业,尊重和爱护幼儿,具有专业知识和技能以及相应的文化和专业素养,为人师表,忠于职责,身心健康。有犯罪、吸毒记录和精神病史者不得在幼儿园工作。教职工患传染病期间暂停工作。

2. 园长的资格与职责

(1) 资格：除满足幼儿工作人员的一般条件外,还应具有相应的教师资格、大专及以上学历、有三年以上幼儿工作经历和一定的组织管理能力,并取得幼儿园园长岗位培训合格证书。

(2) 聘任：幼儿园园长由举办者任命或者聘任，并报当地主管的教育行政部门备案。

(3) 职责：幼儿园园长负责幼儿园的全面工作，具体职责有以下八个方面。

① 贯彻执行国家的有关法律、法规、方针、政策和地方的相关规定，负责建立并组织执行幼儿园的各种规章制度；

② 负责保育教育、卫生保健、安全保卫工作；

③ 负责聘任、调配教职工，指导、检查和评估教师以及其他工作人员的工作，并给予奖惩；

④ 负责教职工的思想工作，组织业务学习，并为他们的学习、进修、教育研究创造必要的条件；

⑤ 关心教职工的身心健康，维护他们的合法权益，改善他们的工作条件；

⑥ 组织管理园舍、设备和经费；

⑦ 组织和指导家长工作；

⑧ 负责与社区的联系和合作。

3. 幼儿园教师的条件与职责

(1) 资格：具有《教师资格条例》规定的幼儿园教师资格，并符合幼儿园工作人员的条件。幼儿园教师实行聘任制。

(2) 职责：幼儿园教师对本班工作全面负责，其主要职责有以下六个方面。

① 观察了解幼儿，制订和执行教育工作计划，合理安排幼儿一日生活；

② 创设良好的教育环境，合理组织教育内容，提供丰富的玩具和游戏材料，开展适宜的教育活动；

③ 严格执行幼儿园安全、卫生保健制度，指导并配合保育员管理本班幼儿生活，做好卫生保健工作；

④ 与家长保持经常联系，了解幼儿家庭的教育环境，商讨符合幼儿特点的教育措施，相互配合共同完成教育任务；

⑤ 参加业务学习和保育教育研究活动；

⑥ 定期总结评估保教工作实效，接受园长的指导和检查。

（七）幼儿园的经费

(1) 幼儿园的经费由举办者依法筹措，保障有必备的办园资金和稳定的经费来源。

(2) 幼儿园收费按照国家和地方的有关规定执行，实行收费公示制度，收费项目和标准向家长公示，接受社会监督，不得以任何名义收取与新生入园相挂钩的赞助费。

(3) 幼儿园不得以培养幼儿某种专项技能、组织或参与竞赛等为由，另外收取费用；不得以幼儿表演为手段，进行以营利为目的的活动。

(4) 幼儿园的经费应当按规定的使用范围合理开支，坚持专款专用，不得挪作他用。

(5) 幼儿园举办者筹措的经费，应当保证保育和教育的需要，有一定比例用于改善办园条件和进行教职工培训。

(6) 幼儿膳食费应当实行民主管理制度，保证全部用于幼儿膳食，每月向家长公布账目。

(7) 幼儿园应当建立经费预算和决算审核制度。

（八）幼儿园、家庭和社区

(1) 幼儿园应当主动与幼儿家长沟通合作，为家长提供科学育儿指导，帮助家长创设良好的家庭教育环境，共同担负教育幼儿的任务。

(2) 幼儿园应当建立幼儿园与家长联系的制度。指导家长正确了解幼儿园保育和教育的内容、方法,定期召开家长会议,并接待家长的来访和咨询,分析、吸收家长对幼儿园教育与管理工作的意见与建议;建立家长开放日制度。

(3) 幼儿园应当成立家长委员会。家长委员会的主要任务有：① 对幼儿园重大决策和事关幼儿切身利益的事项提出意见和建议;② 发挥家长的专业和资源优势,支持幼儿园保育教育工作;③ 帮助家长了解幼儿园工作计划和要求,协助幼儿园开展家庭教育指导和交流。

(4) 幼儿园应当加强与社区的联系与合作,面向社区宣传科学育儿知识,开展灵活多样的早期教育服务;争取社区对幼儿园工作的多方面支持。

【历年真题】

【2-37】 某幼儿园为增强家园协作,决定设立家长委员会协助开展工作。根据《幼儿园工作规程》的规定,家长委员会的主要任务是(　　)。

A. 负责与社会的联系和合作　　　　B. 组织交流家庭教育经验
C. 管理园舍、设备和经费　　　　　D. 监督指导幼儿园管理工作

【参考答案】 B。解析：《幼儿园工作规程》第九章第五十四条规定：家长委员会的主要任务是对幼儿园重要决策和事关幼儿切身利益的事项提出意见和建议;发挥家长的专业和资源优势,支持幼儿园保育教育工作;帮助家长了解幼儿园工作计划和要求,协助幼儿园开展家庭教育指导和交流。所以,正确选项是 B。

(九) 幼儿园的管理

(1) 幼儿园实行园长负责制。

(2) 幼儿园应当建立园务委员会。园务委员会由园长、副园长、党组织负责人、保教、卫生保健、财会等方面的工作人员以及家长代表组成。园长任园务委员会主任,园长定期召开园务委员会会议,对全园工作的重要问题进行审议。

(3) 幼儿园应当建立教职工大会制度,或教职工代表会制度,加强民主管理和监督。

(4) 幼儿园应当建立教研制度,研究解决保教工作中的实际问题。

(5) 幼儿园应当制定年度工作计划,定期部署、总结和报告工作。每学年年末应当向教育等行政主管部门报告工作,必要时随时报告。

(6) 幼儿园应当接受上级教育、卫生、公安、消防等部门的检查、监督和指导,如实报告工作和反映情况。

(7) 幼儿园应当建立业务档案、财务管理、园务会议、人员奖惩、安全管理,以及与家庭、小学联系等制度。

(8) 幼儿园教师依法享受寒暑假的带薪休假。具体办法由举办者制定。

☆ **知识要点** ☆

《幼儿园工作规程》是幼儿园工作的指南和操作标准。它对幼儿园的性质与保教目标,幼儿入园、编班和安全管理,幼儿园的卫生保健、教育、园舍、设备,幼儿园的工作人员和经费等做了细致的规定。**考生在学习时要注意一些明确的能够量化的规定条款,并能根据幼儿园的实际情况进行分析。**

三、《儿童权利公约》

《儿童权利公约》(Convention on the Rights of the Child)由1989年11月20日第44届联合国大会第25号决议通过,于1990年9月2日生效。该公约旨在保护儿童权益,为世界各国儿童创建良好的成长环境。其基本内容如下。

(一)《儿童权利公约》公约规定的儿童权利

《儿童权利公约》共54条。公约将"儿童"界定为"18岁以下的任何人"。公约强调,应确保每个儿童均享受公约所载的权利,不因儿童或其父母或法定监护人的种族、肤色、性别、语言、宗教、政治、或其他见解、国籍、或社会出身、财产、伤残、出生、或其他身份等而有任何差别。公约规定的儿童权利如下。

(1) 每个儿童均有固有的生命权,应最大限度地确保儿童的存活与发展。

(2) 每个儿童都有自出生起即获得姓名和国籍的权利。

(3) 尊重儿童维护其身份包括法律所承认的国籍、姓名及家庭关系而不受非法干扰的权利。

(4) 在处理儿童问题时,应将儿童的最大利益作为首要考虑事项。

(5) 应为便于儿童家庭团聚,准许儿童或其父母入境或出境。

(6) 应采取措施制止非法将儿童移转国外和不使返回本国的行为。

(7) 确保有主见能力的儿童有权对影响到其本人的一切事项自由发表自己的意见,对儿童的意见应按照其年龄和成熟程度给予适当地看待。

(8) 儿童享有自由发表言论的权利,思想、信仰和宗教自由的权利,结社自由及和平集会自由的权利。

(9) 儿童的隐私、家庭、住宅或通信不受任意或非法干涉。

(10) 父母、或视具体情况而定的法定监护人对儿童的养育和发展负有首要责任,但各国应向他们提供适当协助,并发展育儿机构、设施和服务。

【历年真题】

【2-38】联合国《儿童权利公约》规定,对儿童教育和发展负有首要责任的是(   )。
A. 联合国儿童权利委员会   B. 父母或法定监护人
C. 国家   D. 幼儿园
【参考答案】B。解析:《儿童权利公约》第十八条规定:父母、或视具体情况而定的法定监护人对儿童的养育和发展负有首要责任。儿童的最大利益将是他们主要关心的事。所以,正确选项是B。

(11) 应保护儿童免受到任何形式的身心摧残、伤害或凌辱,忽视或照料不周,虐待或剥削,包括性侵犯。

(12) 应为失去父母或不适合跟随父母生活的儿童提供适当的其他照管方式;确保得到跨国收养的儿童享有与本国收养相当的保障和标准。

(13) 确保申请难民身份的儿童或按照适用的国际法或国内法及程序可视为难民的儿童,不论有无父母或其他任何人陪同,均可得到适当的保护和人道主义援助。

(14) 残疾儿童有接受特别照顾的权利;根据情况需要,尽可能为残疾儿童及其家庭提供援助。

(15) 儿童有权享有可达到的最高标准的健康;儿童均有权享有足以促进其生理、心理、精神、道德和社会发展的生活水平;儿童有受教育的权利;学校执行纪律的方式应符合儿童的人格尊严。

【历年真题】

【2-39】根据联合国《儿童权利公约》规定:各缔约国应采取措施保障儿童获得保健服务的权利,确认儿童有权享受(　　)。

A. 成人同等水平的健康　　　　　　B. 可达到的最高标准的健康
C. 可达到的最低标准的健康　　　　D. 社会平均水平的健康

【参考答案】B。解析:《儿童权利公约》第二十四条规定:缔约国确认儿童有权享有可达到的最高标准的健康,并享有医疗和康复设施,缔约国应努力确保没有任何儿童被剥夺获得这种保健服务的权利。所以,正确选项是B。

(16) 宗教、语言等方面属于少数人或原为土著居民的儿童享有自己的文化、信奉自己的宗教,或使用自己语言的权利。

(17) 儿童有权享有休息和闲暇,参加与年龄相宜的游戏和娱乐活动,有同等的机会参加文化和艺术活动。

【历年真题】

【2-40】为确保儿童享有接受教育的权利,联合国《儿童权利公约》规定各缔约国应当(　　)。

A. 实现全面的免费义务教育　　　　B. 采取有效措施降低辍学率
C. 使得所有人接受高等教育　　　　D. 发展不同形式的学前教育

【参考答案】A。解析:《儿童权利公约》第二十八条规定:缔约国确认儿童有受教育的权利,为在机会均等的基础上逐步实现此项权利,缔约国尤应"实现全面的免费义务小学教育"。所以,正确选项是A。

(18) 应保护儿童免受经济剥削和从事任何可能妨碍或影响儿童教育或有害儿童健康或身体、心理、精神、道德或社会发展的工作。

(19) 应保护儿童不致非法使用有关国际条约中界定的麻醉药品和精神药物,以及涉及此类药物的生产或贩运。

(20) 应采取一切适当措施,防止诱拐、买卖或贩运儿童。

(21) 对未满18岁的人所犯罪行,不应判处死刑或无释放可能的无期徒刑;不得对儿童施以酷刑或残忍、不人道或有辱人格的待遇或处罚。

【历年真题】

【2-41】下列选项中,不属于联合国《儿童权利公约》中确认和保护的儿童权利的是(　　)。

A. 信仰和宗教自由的权利　　　　　B. 享受社会保障的权利
C. 自由发表言论的权利　　　　　　D. 选举和被选举的权利

【参考答案】D。解析:《儿童权利公约》规定了一系列的儿童权利,如受教育权、宗教信仰权、使用语言权、休息权、社会保障权、言论自由权等,但没有规定儿童享有选举权。所以,正确选项是D。

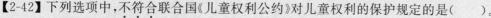

【2-42】下列选项中,不符合联合国《儿童权利公约》对儿童权利的保护规定的是( )。
A. 承认儿童享有固定的生命权
B. 确保儿童免受惩罚的权利
C. 最大限度地确保儿童的生存与发展
D. 确保儿童享有其幸福所需的保护和照顾

【参考答案】B。解析:《儿童权利公约》第四十条规定:当儿童犯罪时应采用多种处理办法,诸如照管、指导和监督令、辅导、察看、寄养、教育和职业培训方案及不交由机构照管的其他办法,以确保处理儿童的方式符合其福祉并与其情况和违法行为相称。儿童犯罪时也必须受到惩罚,但惩罚的方式要符合儿童的实际情况。所以,正确选项是 B。

☆ 知识要点 ☆

《儿童权利公约》共 54 条,实质性条款 41 条,规定儿童享有一个人的全部权利。其中被提到的儿童权利多达几十种,**如姓名权、国籍权、受教育权、健康权、医疗保健权、受父母照料权、娱乐权、闲暇权、隐私权、表达权等**。但其最基本的权利可以概括为四种,即**生存权**——每个儿童都有其固有的生命权和健康权;**受保护权**——不受危害自身发展影响的、被保护的权利;**发展权**——充分发展其全部体能和智能的权利;**参与权**——参与家庭、文化和社会生活的权利。**考生在学习时至少牢记这四项权利。**

(二)《儿童权利公约》的基本原则

《儿童权利公约》建立在以下四项基本原则之上。

1. 儿童最大利益原则

涉及儿童的一切行为,必须首先考虑儿童的最大利益,即任何涉及儿童的事件都要以儿童的权利为重。

2. 不歧视原则

不歧视原则亦称无差别原则、无歧视原则、非歧视性原则,是指每一个儿童都平等地享有公约所规定的全部权利,儿童不应因其本人及其父母的种族、肤色、性别、语言、宗教、政治观点、民族、财产状况和身体状况等受到任何歧视。

3. 尊重儿童权利与尊严原则

所有儿童都享有生存和发展的权利(两者完整兼具),应最大限度地确保儿童的生存和发展。

4. 尊重儿童观点与意见原则

任何事情涉及儿童,均应听取儿童的意见。所有儿童,无论他们出生在哪里,属于哪个种族或民族,无论是男孩还是女孩,富有还是贫穷,都必须得到充分的机会和平等的对待,并且儿童必须享有发言权,他们的声音也必须获得倾听。

☆ 知识要点 ☆

《儿童权利公约》建立在**四个原则**之上,它们是**儿童最大利益原则、不歧视原则、尊重儿童权利与尊严原则、尊重儿童观点与意见原则**。考生在学习时可以结合实例加深理解。

第三节 教师资格、权利与义务

> 老师这样做对吗？

强强因爸爸被捕入狱而性格偏异，为了让幼儿园配合教育好强强，强强妈妈将此事告诉了强强的带班老师李某。谁料，李某对经常打人的强强十分讨厌，不仅不配合强强妈妈教育强强，反而经常对强强冷嘲热讽，并将强强爸爸入狱的事情告诉全班幼儿。这致使全班幼儿疏远强强，小朋友们常说强强是个大坏蛋。强强性格由此变得更加偏异，患了严重的心理疾病。[①]

强强的爸爸被捕入狱是强强不愿意让外人知道的隐私，李老师却故意将此事告诉全班幼儿，具有主观上的过错。李老师作为一名幼儿园教师有没有权利这样做？一个不尊重他人隐私的人是否有资格担任幼儿园教师？幼儿园教师有哪些资格要求？幼儿园教师拥有怎样的权利，又要履行哪些义务？下面分别加以阐述。

一、幼儿园教师的资格

（一）《教师资格条例》的基本内容

《教师资格条例》是我国关于教师资格的法律文件，1995年12月12日由国务院公布，自公布之日起施行，共七章二十三条，其主要内容如下。

1. 教师资格的性质

教师资格是准入教育教学工作（职业）的法定条件。

2. 教师资格的类别

教师资格分为：幼儿园教师资格；小学教师资格；初级中学教师和初级职业学校文化课、专业课教师资格；高级中学教师资格；中等专业学校、技工学校、职业高级中学文化课、专业课教师资格；中等专业学校、技工学校、职业高级中学（以下统称中等职业学校）实习指导教师资格；高等学校教师资格。

取得教师资格的公民，可以在本级及其以下等级的各类学校和其他教育机构担任教师；但是，取得中等职业学校实习指导教师资格的公民只能在中等职业学校或者初级职业学校担任实习指导教师。高级中学教师资格与中等职业学校教师资格相互通用。

3. 教师资格考试

不具备《教师法》规定的教师资格学历的公民，申请获得教师资格，应当通过国家举办的或者认可的教师资格考试。教师资格考试科目、标准和考试大纲由国务院教育行政部门审定。幼儿园、小学、初级中学、高级中学、中等职业学校的教师资格考试和中等职业学校实习指导教师资格考试，每年进行一次。参加教师资格考试，考试科目全部及格的，发给教师资格考试合格证明；当年考试不及格的科目，可以在下一年度补考；经补考仍有一门或者一门以上科目不及格的，应当重新参加全部考试科目的考试。

4. 教师资格认定

具备《教师法》规定的学历或者经教师资格考试合格的公民，可以依照条例的规定申请认定其教师资格。幼儿园、小学和初级中学教师资格，由申请人户籍所在地或者申请人任教学校所在地的县级人民政府教育行政部门认定。高级中学教师资格，由申请人户籍所在地

[①] 武祥海.幼儿园侵害幼儿合法权益案例三则[J].早期教育（教师版），2007(1)：42.

或者申请人任教学校所在地的县级人民政府教育行政部门审查后,报上一级教育行政部门认定。中等职业学校教师资格和中等职业学校实习指导教师资格,由申请人户籍所在地或者申请人任教学校所在地的县级人民政府教育行政部门审查后,报上一级教育行政部门认定或者组织有关部门认定。

受国务院教育行政部门或者省、自治区、直辖市人民政府教育行政部门委托的高等学校,负责认定在本校任职的人员和拟聘人员的高等学校教师资格。

认定教师资格,应当由本人提出申请。教育行政部门和受委托的高等学校每年春季、秋季各受理一次教师资格认定申请。具体受理期限由教育行政部门或者受委托的高等学校规定,并以适当形式公布。

5. 教师资格的撤销

有下列情形之一的,由县级以上人民政府教育行政部门撤销其教师资格:① 弄虚作假、骗取教师资格的;② 品行不良、侮辱学生,影响恶劣的。

被撤销教师资格的,自撤销之日起5年内不得重新申请认定教师资格,其教师资格证书由县级以上人民政府教育行政部门收缴。参加教师资格考试有作弊行为的,其考试成绩作废,3年内不得再次参加教师资格考试。

> ☆ 知识要点 ☆
>
> 《教师资格条例》对教师资格的性质、类别、考试、认定、撤销等作了具体的规定。**考生在学习时要牢记一些具体的细则,特别是关于资格认定与撤销部分的内容。**

(二) 幼儿园教师的资格

幼儿园教师资格是国家对准备进入教师队伍,从事学前教育教学工作的人员提出的资质要求。随着教师专业化的发展,我国对幼儿园教师的准入资格有了明确的要求。1995年,国务院颁布实施了《教师资格条例》,我国教师的执业许可制度正式开始实行。随后,各地根据《〈教师资格条例〉实施办法》制定了实施幼儿园教师资格认定的具体细则。2011年,教育部颁布《中小学和幼儿园教师资格考试标准(试行)》和《中小学和幼儿园教师资格考试大纲(试行)》,规定了幼儿园教师资格考试的内容和程序。目前,我国幼儿园教师资格认定一般包括以下五个方面的要求。

(1) 思想品德。遵守我国宪法和法律,贯彻党和国家的教育方针政策;热爱学前教育事业,具有职业理想和敬业精神;具有良好职业道德修养,为人师表,忠于职守。

(2) 学历。应当具备幼儿师范学校毕业及其以上学历;不具备幼儿园教师资格学历的公民,申请获取教师资格,必须通过国家教师资格考试,达到合格标准。

(3) 普通话。必须提供国家语言文字工作委员会颁发的《普通话水平测试等级标准》二级乙等以上的证书。

(4) 教育教学能力。掌握学前教育的基本原理和专业领域的基本知识,能够设计、组织、实施幼儿园的保教工作,解决教育教学过程中的实际问题。

(5) 身心健康。具有良好的身体素质和心理素质,并有教师资格认定机构制定的县级以上医院体检合格证明。

根据《中小学和幼儿园教师资格考试大纲(试行)》规定,申请者必须参加全国统一的考试,只有《保教知识与能力》和《综合素质(幼儿园)》考试合格,并通过面试,才能申请幼儿园教师资格认定,认定合格者均可获得幼儿园教师资格证书。

> ☆ *知识要点* ☆
> 我国幼儿园教师资格认定包含五个方面:思想品德、学历、普通话、教育教学能力、身心健康。**考生在学习时要注意五个方面的具体要求,特别是有具体、可操作的要求,如幼儿园教师的学历要求等。**

二、教师的法定权利

(一) 教师权利及其内容

权利在一般意义来说具有两重含义:第一重意义与自由相关,包括作为与不作为的自由,也包含积极的自由与消极的自由;第二重意义与利益相关,包括利益的获取与保障。

法律意义上的教师权利,是指教师在教育活动中享有的教育法律赋予的权利,是国家对教师在教育活动中可以为或可以不为的行为的许可与保障。其基本内容有:① 教师实施某种行为的权利,也可称为积极行为的权利;② 教师要求义务人履行法律义务的权利;③ 当教师的权利受到侵害时,其有权诉诸法律,要求确认和保护其权利。这三部分相互联系的积极行为的权利体现了一定社会经济条件下所确认的教师享有的自主权利,这种权利只有在不受到义务人侵犯或按照教师的要求履行义务的前提下才能得到保障。同时,当教师权利受到侵害并诉诸法律时,国家将依法施用强制手段予以恢复,或使教师得到相应的补偿。离开法律的确认和保护,无所谓教师权利的存在。

(二) 教师的基本权利

依据《教育法》《教师法》等相关法律条文,我国幼儿园教师享受以下权利。

1. 保育教育权

保育教育权即进行保育教育活动、开展保育教育改革和实验的权利。其基本含义包括:

(1) 教师可依据其所在幼儿园的保育教育计划、保育教育工作量等具体要求,结合自身的保育教育特点,自主地组织保育教育活动。

(2) 教师可依据幼儿园要求和幼儿特点确定保育教育活动内容和进度,并不断完善保育教育内容。

(3) 教师可针对不同的保育教育对象,在保育教育的形式、方法、具体内容等方面进行改革、实验和完善。任何组织或个人都不得非法剥夺在聘教师从事保育教育活动、开展保育教育改革和实验的权利。

2. 科学研究权

科学研究权即从事科学研究、学术交流,参加专业的学术团体,在学术活动中发表意见的权利。这是教师作为专业技术人员所享有的基本权利之一。其基本含义包括:

(1) 教师在完成规定的保育教育任务的前提下,有权进行科学研究、技术开发、技术咨询等创造性劳动;有权将保育教育中的成功经验,或专业领域的研究成果等,撰写成学术论文,著书立说。

(2) 教师有参加有关的学术交流活动以及参加依法成立的学术团体并在其兼任工作的权利。

(3) 教师有在学术研究中发表自己的观点,开展学术争鸣的自由。但教师应注意在保育教育活动中,不应任意发表与讲授内容无关且有损受幼儿身心发展的个人看法。

3. 指导与评价权

指导与评价权即指导幼儿的学习和发展,评定幼儿的品行和学生成绩的权利。这是教师所享有的在保育教育过程中居于主导地位的基本权利。其基本含义包括:

(1) 教师有权利依据幼儿的身心发展状况和特点,因材施教,针对性地指导幼儿。
(2) 教师有权对幼儿的思想政治、品德、学习、生活等方面给予客观、公正、恰如其分的评价。
(3) 教师有权运用正确的指导思想、科学的方式方法,使幼儿的个性和能力得到充分发展。

4. 获取报酬待遇权

获取报酬待遇权即按时获取工资报酬,享受国家规定的福利待遇以及寒暑假期的带薪休假的权利。这是宪法规定的公民享有劳动的权利和劳动者有休息的权利的具体化。其基本含义包括:

(1) 教师有权要求所在幼儿园及其主管部门根据国家教育法律、教师聘用合同的规定,按时、足额支付工资报酬,包括基础工资、职务工资、课时报酬、奖金及其他各种津贴在内的工资收入。
(2) 教师有权享受国家规定的福利待遇,包括医疗、住房、退休等方面的各种待遇和优惠以及寒暑假期的带薪休假。

5. 民主管理权

民主管理权即对幼儿园保育教育、管理工作和教育行政部门的工作提出意见和建议,通过教职工代表大会或者其他形式,参与幼儿园管理的民主权利。其基本含义包括:

(1) 教师享有对幼儿园及教育行政部门工作的批评和建议权,这是《中华人民共和国宪法》(以下简称《宪法》)规定的"中华人民共和国公民对于任何国家机关和国家工作人员,有提出批评和建议的权利"的具体表现。
(2) 教师有权通过教职工代表大会、工会等组织形式以及其他适当方式,参与幼儿园的民主管理,讨论幼儿园发展、改革等方面的重大事项,以保障自身的民主权利和切身利益,推进幼儿园的民主建设,提高幼儿园管理的效率和水平。

【历年真题】

【2-43】李老师就园务公开问题向幼儿园提建议,李老师的做法是(　　)。
A. 行使教师权利 B. 履行教师义务
C. 影响幼儿园的秩序 D. 给幼儿园出难题

【参考答案】A。解析:《教师法》第二章第七条规定:教师享有"对学校教育教学、管理工作和教育行政部门的工作提出意见和建议,通过教职工代表大会或者其他形式,参与学校的民主管理"的权利。李老师"就园务公开问题向幼儿园建议"是教师行使参与幼儿园民主管理权利的表现。所以,正确选项是A。

6. 进修培训权

进修培训权即参加进修或者其他方式的培训的权利。其基本含义包括:

(1) 教师有权参加进修和接受其他多种形式的培训,不断更新知识、调整知识结构,以提高自己的思想品德和业务素质,从而保障保育教育的质量。
(2) 教育行政部门和幼儿园及其他教育机构应当采取各种形式,开辟多种渠道,保证教师进修培训权的行使。同时,教师进修培训权的行使,要在完成本职工作的前提下,有组织、有计划地进行,不得影响正常的保育教育工作。

> ☆ 知识要点 ☆
>
> 　　教师权利,是指教师在教育活动中享有的由《教育法》和《教师法》赋予的权利,是国家对教师在教育活动中可以为或可以不为的行为的许可与保障。依据相关法律,我国幼儿园教师具有以下基本权利:保育教育权、科学研究权、指导与评价权、获取报酬待遇权、民主管理权、进修培训权。**考生要熟记这六大权利,并能根据材料分析教师的权利是否受到侵犯。**

三、教师的义务

教师的义务,是指教师依照《教育法》《教师法》及其他有关法律、法规,从事教育教学工作而必须承担的责任,表现为教师在教育教学活动中必须做出一定行为或不得做出一定行为的约束。它是由法律规定,并以国家强制力保障其履行。

（一）教师义务的类别

教师的义务通常可分为两大类:积极义务和消极义务,绝对义务与相对义务。

1. 积极义务和消极义务

积极义务即必须做出一定行为的义务,如《教师法》规定,教师在教育教学活动中,有贯彻国家的教育方针,遵守规章制度,执行学校的教学计划,履行教师聘约,完成教育教学工作任务的义务。消极义务即不做出一定行为的义务,如不得体罚学生的义务。

2. 绝对义务与相对义务

绝对义务是指对一般人承担的义务,如教师不得侵害法律所保护的任何公民的基本权利。相对义务是指对特定人承担的义务,例如,教师与学校签订的聘任合同中规定的只对学校承担的义务。

（二）幼儿园教师应尽的义务

根据《教师法》和《幼儿园工作规程》,幼儿园教师对本班工作全面负责,其主要义务和职责如下。

1. 遵守宪法、法律和职业道德,为人师表

作为中华人民共和国的公民,幼儿园教师必须遵守宪法、法律,且要起到模范遵守宪法和法律的表率作用,所谓"学高为师,身正为范",教师职业的特殊性决定了他们的言行具有示范性,幼儿园教师必须严格遵守职业道德,成为践行道德的楷模。

2. 履行保育教育职责,促进幼儿全面发展

幼儿园教师要贯彻国家教育方针和幼儿园课程标准,并结合本班幼儿的具体情况,制订和执行教育工作计划,完成教育任务。幼儿园教师开展保育教育工作,都必须在国家教育方针的指导下进行,并结合国家教育的具体要求和本班的实际情况,培养和发展幼儿的智力和能力,促进他们身心健康发展。

3. 对幼儿进行思想品德教育

幼儿园教师应该对幼儿进行宪法所确定的基本原则的教育和爱国主义、民族团结教育,法制教育以及思想品德、文化、科学技术教育。幼儿园教师应根据幼儿智力发展的特点,将思想政治教育和品德教育贯穿在保教活动全过程中,在对幼儿传授文化知识的同时,有意识地引导他们树立正确的世界观、人生观和价值观,把他们培养成遵纪守法、品德高尚的公民。

4. 关心爱护全体幼儿,尊重幼儿人格

由于幼儿身心发展的特点和学前教育的特殊性,幼儿园教师要对幼儿的情绪情感状态、健康人格、个性品质等方面给予尊重。同时,幼儿园教师要对幼儿进行体智德美等方面的教育,促进他们身心各方面素质和谐、健康地发展。

5. 严格执行幼儿园安全、卫生保健制度

在开展保育教育活动时,幼儿园教师要严格执行幼儿园安全、卫生保健制度,指导并配合保育员管理本班幼儿生活并做好卫生保健工作。同时,幼儿园教师还应培养幼儿保持和增进健康的初步能力,并帮助其养成健康生活和安全生活必需的习惯。

6. 制止有害于幼儿健康成长或侵犯幼儿权益的行为

幼儿是积极主动的权利主体,幼儿园教师要充分理解和尊重他们,并有义务保障和维护幼儿的各项合法权利,保护他们不受侵害。同时,幼儿园教师对幼儿的健康成长负有义不容辞的责任,对于各种有害于幼儿健康成长的不良现象,都应予以批评和制止,并引导他们分清是非,努力为幼儿塑造一个良性的教育环境。

7. 加强学习和研究,不断提高保育教育水平

学前教育教学工作不仅需要幼儿园教师具有一定的思想政治觉悟和专业素养,还要求幼儿园教师不断学习,更新教育观念、掌握新的保育教育手段。幼儿园教师应通过参加业务学习、教研活动,以及各类进修、培训,努力提高自身的职业道德素养和知识技能素养,从而更好地履行教书育人的重要使命。

8. 与家长保持联系

随着幼儿从家庭进入幼儿园,幼儿发展中的一个重要中间环境系统——家园关系开始形成并发挥作用。良好的家园关系对于幼儿、家长和教师都具有独特的、重要的价值。① 因此,幼儿园教师要与家长保持联系,了解幼儿的家庭教育情况,从而根据每个幼儿的不同情况,制定相应的教育措施,实施家园共建,共同完成幼儿的教育教学任务。

9. 定期向园长汇报工作,接受其检查和指导

幼儿园园长是具有一定的教育工作经验和组织管理能力的学前教育工作者,幼儿园教师应定期向园长汇报工作,接受园长的检查和指导,并就学前教育教学工作与园长进行交流,从而有助于自身做好总结反思工作,不断提高自身素质,更好为学前教育工作服务。

【历年真题】

【2-44】根据《中华人民共和国教师法》的规定,下列哪项不是教师应当履行的义务( )。

A. 关心集体,爱护公物

B. 遵守宪法、法律和职业道德,为人师表

C. 贯彻国家的教育方针,遵守规章制度,执行学校的教学计划,履行教师聘约,完成教育教学工作任务

---

① 袁贵仁. 中国教师新百科·幼儿教育卷[M]. 北京:中国大百科全书出版社,2003:210.

D. 对学生进行宪法所确定的基本原则的教育和爱国主义、民族团结的教育,法制教育以及思想品德、文化、科学技术教育,组织、带领学生开展有益的社会活动

【参考答案】A。解析:《教师法》对人民教师的义务作了一系列规定,但没有涉及"关心集体,爱护公物"。所以,正确选项是A。

☆ **知识要点** ☆

幼儿园教师的义务如下:① 遵守宪法、法律和职业道德,为人师表;② 履行保育教育职责,促进幼儿全面发展;③ 对幼儿进行思想品德教育;④ 关心爱护全体幼儿,尊重幼儿人格;⑤ 严格执行幼儿园安全、卫生保健制度;⑥ 制止有害于幼儿健康成长或侵犯幼儿权益的行为;⑦ 加强学习和研究,不断提高保育教育水平;⑧ 与家长保持联系;⑨ 定期向园长汇报工作,接受其检查和指导。**考生在学习时可以根据教师的工作内容加以记忆与理解。**

第四节　幼儿权利及保护

淘气就不能过儿童节

前几天,一名幼儿从别的幼儿园转入我园,当家长带着这名幼儿来我园办理入园登记的时候,家长向我们讲述了自己孩子从原来的幼儿园转入我园的主要原因。家长这样说:"我家的孩子的确很淘气,性格不好,这些我们当家长的都知道。但是不管怎样,我们家在幼儿园也交了孩子的入托费用了,不能因为我的孩子淘气,就不让孩子参加幼儿园的庆'六一'活动呀?我儿子老早就在盼着'六一'这一天。为了过'六一'儿童节,孩子天天回家背诵老师教他的儿歌,就等着到'六一'的时候和小朋友们一起表演呢!可谁知道,那个幼儿园的老师就因为我家孩子淘气,怕他在活动那天惹祸,说什么也不让我的孩子参加。你们说,这种情况,我能不急吗?我能不找他们评理吗?就因为这个原因,我们才转到你们幼儿园来的!"听了家长的一番话,我们园长对那所幼儿园的所作所为感到十分震惊。

读了上文,你是否也感到"震惊"呢?这位老师仅仅因为这名小朋友平时很淘气,怕他在活动那天惹祸就不让他参加"六一"儿童节的活动。这位老师的做法是否侵犯了幼儿的基本权利?根据我国法律,幼儿拥有哪些权利,又该如何进行保护?

一、《中华人民共和国未成年人保护法》

《中华人民共和国未成年人保护法》(以下简称《未成年人保护法》)(已由中华人民共和国第十三届全国人民代表大会常务委员会第二十二次会议于2020年10月17日修订通过,自2021年6月1日起施行)分总则、家庭保护、学校保护、社会保护、网络保护、政府保护、司法保护、法律责任、附则共九章一百三十二条。其中,有关教育的重要规定如下:

(一) 未成年人保护的原则

保护未成年人,应当坚持最有利于未成年人的原则。处理涉及未成年人事项,应当符合下列要求:① 给予未成年人特殊、优先保护;② 尊重未成年人人格尊严;③ 保护未成年人隐

私权和个人信息;④ 适应未成年人身心健康发展的规律和特点;⑤ 听取未成年人的意见;⑥ 保护与教育相结合。

（二）未成年人的家庭保护

《未成年人保护法》规定,未成年人的父母或者其他监护人应当履行下列监护职责:① 为未成年人提供生活、健康、安全等方面的保障;② 关注未成年人的生理、心理状况和情感需求;③ 教育和引导未成年人遵纪守法、勤俭节约,养成良好的思想品德和行为习惯;④ 对未成年人进行安全教育,提高未成年人的自我保护意识和能力;⑤ 尊重未成年人受教育的权利,保障适龄未成年人依法接受并完成义务教育;⑥ 保障未成年人休息、娱乐和体育锻炼的时间,引导未成年人进行有益身心健康的活动;⑦ 妥善管理和保护未成年人的财产;⑧ 依法代理未成年人实施民事法律行为;⑨ 预防和制止未成年人的不良行为和违法犯罪行为,并进行合理管教;⑩ 其他应当履行的监护职责。

未成年人的父母或者其他监护人不得实施下列行为:① 虐待、遗弃、非法送养未成年人或者对未成年人实施家庭暴力;② 放任、教唆或者利用未成年人实施违法犯罪行为;③ 放任、唆使未成年人参与邪教、迷信活动或者接受恐怖主义、分裂主义、极端主义等侵害;④ 放任、唆使未成年人吸烟（含电子烟,下同）、饮酒、赌博、流浪乞讨或者欺凌他人;⑤ 放任或者迫使应当接受义务教育的未成年人失学、辍学;⑥ 放任未成年人沉迷网络,接触危害或者可能影响其身心健康的图书、报刊、电影、广播电视节目、音像制品、电子出版物和网络信息等;⑦ 放任未成年人进入营业性娱乐场所、酒吧、互联网上网服务营业场所等不适宜未成年人活动的场所;⑧ 允许或者迫使未成年人从事国家规定以外的劳动;⑨ 允许、迫使未成年人结婚或者为未成年人订立婚约;⑩ 违法处分、侵吞未成年人的财产或者利用未成年人牟取不正当利益;⑪ 其他侵犯未成年人身心健康、财产权益或者不依法履行未成年人保护义务的行为。

【历年真题】

【2-45】我国未成年人保护工作应当遵循的原则不包括（　　）。
A. 尊重未成年人的人格尊严　　B. 适应未成年人身心发展的规律
C. 保护与教育相结合　　D. 儿童权利优先

【参考答案】D。解析:《未成年人保护法》第一章第四条规定:保护未成年人,应当坚持最有利于未成年人的原则。处理涉及未成年人事项,应当给予未成年人特殊、优先保护,尊重未成年人人格尊严,保护未成年人隐私权和个人信息,适应未成年人身心健康发展的规律和特点,听取未成年人的意见,保护与教育相结合。其中没有涉及"儿童权利优先"原则。所以,正确选项是D。

【2-46】暑假期间,5岁的王某和李某相约一起玩耍。在追赶过程中,王某无意将李某撞倒在地,导致李某小腿骨折。对李某所受伤害,应当承担主要赔偿责任的是（　　）。
A. 幼儿园　　B. 王某本人
C. 李某的监护人　　D. 王某的监护人

【参考答案】D。解析:《未成年人保护法》第二章第十六条规定:未成年的父母或者其他监护人应当履行"依法代理未成年人实施民事法律行为"等监护职责。该事件发生在暑假期间,与幼儿园无关。王某伤害了李某,王某的监护人应承担赔偿责任。所以,正确选项是D。

（三）未成年人的学校保护

（1）学校的教职员工应当尊重未成年人人格尊严，不得对未成年人实施体罚、变相体罚或者其他侮辱人格尊严的行为。

（2）学校应当保障未成年学生受教育的权利，不得违反国家规定开除、变相开除未成年学生。学校应当对尚未完成义务教育的辍学未成年学生进行登记并劝返复学；劝返无效的，应当及时向教育行政部门书面报告。

（3）学校应当关心、爱护未成年学生，不得因家庭、身体、心理、学习能力等情况歧视学生。学校对家庭困难、身心有障碍的学生，应当提供关爱；对行为异常、学习有困难的学生，应当耐心帮助。学校应当配合政府有关部门建立留守未成年学生、困境未成年学生的信息档案，开展关爱帮扶工作。

（4）学校应当与未成年学生的父母或者其他监护人互相配合，合理安排未成年学生的学习时间，保障其休息、娱乐和体育锻炼的时间。学校不得占用国家法定节假日、休息日及寒暑假期，组织义务教育阶段的未成年学生集体补课，加重其学习负担。

（5）学校应当建立安全管理制度，对未成年人进行安全教育，完善安保设施、配备安保人员，保障未成年人在校期间的人身和财产安全。学校不得在危及未成年人人身安全、身心健康的校舍和其他设施、场所中进行教育教学活动。

【历年真题】

【2-47】 小红怀疑同伴小刚偷了她新买的油画棒，并报告了老师，老师便要搜查小刚的衣服口袋，小刚拒绝被搜。该老师的做法（　　）。

A. 错误，应当充分尊重信任小刚　　B. 错误，应搜查所有幼儿的口袋
C. 错误，应避免当众对小刚搜查　　D. 错误，应该通知家长之后再搜

【参考答案】 A。解析：《未成年人保护法》第三章第二十七条规定：学校、幼儿园的教职员工应当尊重未成年人人格尊严，不得对未成年人实施体罚、变相体罚或者其他侮辱人格尊严的行为。该老师由于小红怀疑小刚偷了她新买的油画棒，便要搜查小刚的衣服口袋，这是对小刚人格尊严的侮辱。所以，正确选项是A。

【2-48】 某幼儿在手工活动中吵闹不休，班主任一怒之下用胶带贴住该幼儿的嘴巴，该班主任的做法（　　）。

A. 正确，班主任有维护班级秩序的职责　　B. 正确，班主任有批评教育幼儿的权利
C. 不正确，违反了不得体罚幼儿的规定　　D. 不正确，侵犯了幼儿言论自由权利

【参考答案】 C。解析：《未成年人保护法》第三章第二十七条规定：学校、幼儿园的教职员工应当尊重未成年人人格尊严，不得对未成年人实施体罚、变相体罚或者其他侮辱人格尊严的行为。班主任一怒之下用胶带贴住该幼儿的嘴巴，这是变相体罚，违反了不得体罚幼儿的规定。所以，正确选项是C。

（6）使用校车的学校应当建立健全校车安全管理制度，配备安全管理人员，定期对校车进行安全检查，对校车驾驶人进行安全教育，并向未成年人讲解校车安全乘坐知识，培养未成年人校车安全事故应急处理技能。

（7）学校应当根据需要，制定应对自然灾害、事故灾难、公共卫生事件等突发事件和意外伤害的预案，配备相应设施并定期进行必要的演练。未成年人在校内或者本校组织的校外活动中发生人身伤害事故的，学校应当立即救护，妥善处理，及时通知未成年人的父母或者其他监护人，并向有关部门报告。

【历年真题】

> **【2-49】** 某民办寄宿制幼儿园小朋友军军在睡觉时不小心从上铺摔下受伤,关于该事故( )。
> A. 幼儿园无过错,不承担法律责任　　B. 幼儿园有过错,承担相应法律责任
> C. 幼儿园无过错,但应负赔偿责任　　D. 幼儿园有过错,承担一定补偿费
> **【参考答案】** A。解析:小朋友军军睡觉时不小心从上铺摔下受伤,这属于意外事故。幼儿园无须承担法律责任。所以,正确选项是 A。

(8) 学校、幼儿园不得安排未成年人参加商业性活动,不得向未成年人及其父母或者其他监护人推销或者要求其购买指定的商品和服务。学校、幼儿园不得与校外培训机构合作为未成年人提供有偿课程辅导。

(9) 学校应当建立学生欺凌防控工作制度,对教职员工、学生等开展防治学生欺凌的教育和培训。学校对学生欺凌行为应当立即制止,通知实施欺凌和被欺凌未成年学生的父母或者其他监护人参与欺凌行为的认定和处理;对相关未成年学生及时给予心理辅导、教育和引导;对相关未成年学生的父母或者其他监护人给予必要的家庭教育指导。对实施欺凌的未成年学生,学校应当根据欺凌行为的性质和程度,依法加强管教。对严重的欺凌行为,学校不得隐瞒,应当及时向公安机关、教育行政部门报告,并配合相关部门依法处理。

(10) 幼儿园应当做好保育、教育工作,促进幼儿在体质、智力、品德等方面和谐发展。

(四) 未成年人的社会保护

(1) 禁止制作、复制、出版、发布、传播含有宣扬淫秽、色情、暴力、邪教、迷信、赌博、引诱自杀、恐怖主义、分裂主义、极端主义等危害未成年人身心健康内容的图书、报刊、电影、广播电视节目、舞台艺术作品、音像制品、电子出版物和网络信息等。

(2) 禁止制作、复制、发布、传播或者持有有关未成年人的淫秽色情物品和网络信息。

(3) 任何组织或者个人不得刊登、播放、张贴或者散发含有危害未成年人身心健康内容的广告;不得在学校播放、张贴或者散发商业广告;不得利用校服、教材等发布或者变相发布商业广告。

(4) 禁止拐卖、绑架、虐待、非法收养未成年人,禁止对未成年人实施性侵害、性骚扰。禁止胁迫、引诱、教唆未成年人参加黑社会性质组织或者从事违法犯罪活动。禁止胁迫、诱骗、利用未成年人乞讨。

(5) 未成年人集中活动的公共场所应当符合国家或者行业安全标准,并采取相应安全保护措施。对可能存在安全风险的设施,应当定期进行维护,在显著位置设置安全警示标志并标明适龄范围和注意事项;必要时应当安排专门人员看管。

(6) 学校周边不得设置营业性娱乐场所、酒吧、互联网上网服务营业场所等不适宜未成年人活动的场所。营业性歌舞娱乐场所、酒吧、互联网上网服务营业场所等不适宜未成年人活动场所的经营者,不得允许未成年人进入;游艺娱乐场所设置的电子游戏设备,除国家法定节假日外,不得向未成年人提供。

(7) 学校周边不得设置烟、酒、彩票销售网点。禁止向未成年人销售烟、酒、彩票或者兑付彩票奖金。任何人不得在学校、幼儿园和其他未成年人集中活动的公共场所吸烟、饮酒。

(8) 禁止向未成年人提供、销售管制刀具或者其他可能致人严重伤害的器具等物品。

(9) 任何组织或者个人不得招用未满十六周岁未成年人,国家另有规定的除外。营业性娱乐场所、酒吧、互联网上网服务营业场所等不适宜未成年人活动的场所不得招用已满十六周岁的未成年人。任何组织或者个人不得组织未成年人进行危害其身心健康的表演等活动。

(10) 任何组织或者个人不得隐匿、毁弃、非法删除未成年人的信件、日记、电子邮件或者其他网络通讯内容。除下列情形外,任何组织或者个人不得开拆、查阅未成年人的信件、日记、电子邮件或者其他网络通讯内容:① 无民事行为能力未成年人的父母或者其他监护人代未成年人开拆、查阅;② 因国家安全或者追查刑事犯罪依法进行检查;③ 紧急情况下为了保护未成年人本人的人身安全。

【历年真题】

【2-50】《中华人民共和国未成年人保护法》规定,(　　)应当树立尊重、保护、教育未成年人的良好风尚,关心、爱护未成年人。

A. 全社会　　　　B. 学校　　　　C. 家庭　　　　D. 教师

【参考答案】A。解析:《未成年人保护法》第四章第四十二条规定:全社会应当树立关心、爱护未成年人的良好风尚。所以,正确选项是 A。

(五) 未成年人的网络保护

(1) 国家、社会、学校和家庭应当加强未成年人网络素养宣传教育,培养和提高未成年人的网络素养,增强未成年人科学、文明、安全、合理使用网络的意识和能力,保障未成年人在网络空间的合法权益。

(2) 网信部门及其他有关部门应当加强对未成年人网络保护工作的监督检查,依法惩处利用网络从事危害未成年人身心健康的活动,为未成年人提供安全、健康的网络环境。

(3) 新闻出版、教育、卫生健康、文化和旅游、网信等部门应当定期开展预防未成年人沉迷网络的宣传教育,监督网络产品和服务提供者履行预防未成年人沉迷网络的义务,指导家庭、学校、社会组织互相配合,采取科学、合理的方式对未成年人沉迷网络进行预防和干预。任何组织或者个人不得以侵害未成年人身心健康的方式对未成年人沉迷网络进行干预。

(4) 学校、社区、图书馆、文化馆、青少年宫等场所为未成年人提供的互联网上网服务设施,应当安装未成年人网络保护软件或者采取其他安全保护技术措施。智能终端产品的制造者、销售者应当在产品上安装未成年人网络保护软件,或者以显著方式告知用户未成年人网络保护软件的安装渠道和方法。

(5) 学校应当合理使用网络开展教学活动。未经学校允许,未成年学生不得将手机等智能终端产品带入课堂,带入学校的应当统一管理。学校发现未成年学生沉迷网络的,应当及时告知其父母或者其他监护人,共同对未成年学生进行教育和引导,帮助其恢复正常的学习生活。

(6) 未成年人的父母或者其他监护人应当提高网络素养,规范自身使用网络的行为,加强对未成年人使用网络行为的引导和监督。未成年人的父母或者其他监护人应当通过在智能终端产品上安装未成年人网络保护软件、选择适合未成年人的服务模式和管理功能等方式,避免未成年人接触危害或者可能影响其身心健康的网络信息,合理安排未成年人使用网络的时间,有效预防未成年人沉迷网络。

(7) 任何组织或者个人发现网络产品、服务含有危害未成年人身心健康的信息,有权向网络产品和服务提供者或者网信、公安等部门投诉、举报。

（六）未成年人的政府保护

(1) 各级人民政府应当保障未成年人受教育的权利,并采取措施保障留守未成年人、困境未成年人、残疾未成年人接受义务教育。对尚未完成义务教育的辍学未成年学生,教育行政部门应当责令父母或者其他监护人将其送入学校接受义务教育。

(2) 各级人民政府应当保障具有接受普通教育能力、能适应校园生活的残疾未成年人就近在普通学校接受教育;保障不具有接受普通教育能力的残疾未成年人在特殊教育学校接受学前教育、义务教育和职业教育。各级人民政府应当保障特殊教育学校的办学、办园条件,鼓励和支持社会力量举办特殊教育学校。

(3) 地方人民政府及其有关部门应当保障校园安全,监督、指导学校等单位落实校园安全责任,建立突发事件的报告、处置和协调机制。

(4) 公安机关和其他有关部门应当依法维护校园周边的治安和交通秩序,设置监控设备和交通安全设施,预防和制止侵害未成年人的违法犯罪行为。

(5) 地方人民政府应当建立和改善适合未成年人的活动场所和设施,支持公益性未成年人活动场所和设施的建设和运行,鼓励社会力量兴办适合未成年人的活动场所和设施,并加强管理。地方人民政府应当采取措施,防止任何组织或者个人侵占、破坏学校的场地、房屋和设施。

(6) 具有下列情形之一的,民政部门应当依法对未成年人进行临时监护:① 未成年人流浪乞讨或者身份不明,暂时查找不到父母或者其他监护人;② 监护人下落不明且无其他人可以担任监护人;③ 监护人因自身客观原因或者因发生自然灾害、事故灾难、公共卫生事件等突发事件不能履行监护职责,导致未成年人监护缺失;④ 监护人拒绝或者怠于履行监护职责,导致未成年人处于无人照料的状态;⑤ 监护人教唆、利用未成年人实施违法犯罪行为,未成年人需要被带离安置;⑥ 未成年人遭受监护人严重伤害或者面临人身安全威胁,需要被紧急安置;⑦ 法律规定的其他情形。

（七）未成年人的司法保护

(1) 公安机关、人民检察院、人民法院和司法行政部门应当依法履行职责,保障未成年人合法权益。

(2) 公安机关、人民检察院、人民法院、司法行政部门以及其他组织和个人不得披露有关案件中未成年人的姓名、影像、住所、就读学校以及其他可能识别出其身份的信息,但查找失踪、被拐卖未成年人等情形除外。

(3) 公安机关、人民检察院、人民法院应当与其他有关政府部门、人民团体、社会组织互相配合,对遭受性侵害或者暴力伤害的未成年被害人及其家庭实施必要的心理干预、经济救助、法律援助、转学安置等保护措施。

(4) 对违法犯罪的未成年人,实行教育、感化、挽救的方针,坚持教育为主、惩罚为辅的原则。对违法犯罪的未成年人依法处罚后,在升学、就业等方面不得歧视。

(5) 公安机关、人民检察院、人民法院和司法行政部门发现有关单位未尽到未成年人教育、管理、救助、看护等保护职责的,应当向该单位提出建议。被建议单位应当在一个月内作出书面回复。

（八）法律责任

(1) 未成年人的父母或者其他监护人不依法履行监护职责或者侵犯未成年人合法权益的,由其居住地的居民委员会、村民委员会予以劝诫、制止;情节严重的,居民委员会、村民委员会应当及时向公安机关报告。公安机关接到报告或者公安机关、人民检察院、人民法院在办理案件过程中发现未成年人的父母或者其他监护人存在上述情形的,应当予以训诫,并可以责令其接受家庭教育指导。

（2）学校、幼儿园、婴幼儿照护服务等机构及其教职员工违反《未成年人保护法》第二十七条、第二十八条、第三十九条规定的,由公安、教育、卫生健康、市场监督管理等部门按照职责分工责令改正;拒不改正或者情节严重的,对直接负责的主管人员和其他直接责任人员依法给予处分。

（3）违反《未成年人保护法》第五十九条第二款规定,在学校、幼儿园和其他未成年人集中活动的公共场所吸烟、饮酒的,由卫生健康、教育、市场监督管理等部门按照职责分工责令改正,给予警告,可以并处五百元以下罚款;场所管理者未及时制止的,由卫生健康、教育、市场监督管理等部门按照职责分工给予警告,并处一万元以下罚款。

（4）密切接触未成年人的单位违反《未成年人保护法》第六十二条规定,未履行查询义务,或者招用、继续聘用具有相关违法犯罪记录人员的,由教育、人力资源和社会保障、市场监督管理等部门按照职责分工责令限期改正,给予警告,并处五万元以下罚款;拒不改正或者造成严重后果的,责令停业整顿或者吊销营业执照、吊销相关许可证,并处五万元以上五十万元以下罚款,对直接负责的主管人员和其他直接责任人员依法给予处分。

（5）违反《未成年人保护法》规定,侵犯未成年人合法权益,造成人身、财产或者其他损害的,依法承担民事责任。违反《未成年人保护法》规定,构成违反治安管理行为的,依法给予治安管理处罚;构成犯罪的,依法追究刑事责任。

【历年真题】

【2-51】成人杨某对5岁的小明说：敢砸玻璃就是英雄。小明听后拿起石头砸破小刚家的玻璃。对小刚家的损失应承担责任的是（　　）。
A. 小明　　　　　　　　　B. 杨某
C. 小明的监护人　　　　　D. 杨某与小明的监护人

【参考答案】B。解析：根据《中华人民共和国民法典》第一千一百六十九条规定：教唆、帮助无民事行为能力人、限制民事行为能力人实施侵权行为的,应当承担侵权责任。题干中的小明只有5岁,属于无民事行为能力人,小明砸玻璃的行为是由杨某教唆所致,所以杨某才是侵权人,损失应由杨某来承担。如果杨某没有教唆,小明造成的侵权行为则由其监护人来承担损失。所以,正确选项是B。

【2-52】国有企业员工李某经常在家酗酒后打骂孩子。对于李某的行为,下列表述中正确的是（　　）。
A. 可由李某所在单位给予处分
B. 可由李某居住地的居民委员会予以劝诫
C. 可由当地人民政府给予行政处罚
D. 可由当地人民政府给予劝诫

【参考答案】B。解析：《未成年人保护法》第八章第一百一十八条规定：未成年人的父母或者其他监护人不依法履行监护职责或者侵犯未成年人合法权益的,由其居住地的居民委员会、村民委员会予以劝诫、制止;情节严重的,居民委员会、村民委员会应当及时向公安机关报告。所以,正确选项是B。

☆知识要点☆

考生在学习《未成年人保护法》时,应记住相应的条文细则,并能结合材料进行理解与分析。

二、幼儿的合法权利

根据《儿童权利公约》《义务教育法》《未成年人保护法》等法律法规,我国幼儿拥有下列基本权利。

(一) 生命权

儿童自出生之日起,即获得了作为自然人的生命权。儿童的生命和生存的权利,受到国家法律的保护,任何人都不得非法剥夺儿童的生命,不得侵犯儿童生存的权利;同时必须为保护儿童的生命,保障儿童的生存和发展提供最大的条件。《中华人民共和国民法典》(以下简称《民法典》)规定:"自然人享有生命权。自然人的生命安全和生命尊严受法律保护。任何组织或者个人不得侵害他人的生命权。"《儿童权利公约》第六条规定:"缔约国确认每个儿童均有固有的生命权。""缔约国应最大限度地确保儿童的存活与发展。"第十九条规定:"缔约国应采取一切适当的立法、行政、社会和教育措施,保护儿童在受父母、法定监护人或其他任何负责照管儿童的人的照料时,不致受到任何形式的身心摧残、伤害或凌辱,忽视或照料不周,虐待或剥削,包括性侵犯。"我国《宪法》规定,禁止虐待儿童。《未成年人保护法》第十七条规定:未成年人的父母或者其他监护人不得"虐待、遗弃、非法送养未成年人或者对未成年人实施家庭暴力"。

(二) 健康权

这是与儿童生存权相联系的一项儿童权利。《儿童权利公约》第二十四条第一款规定:"缔约国确认儿童有权享有可达到的最高标准的健康,并享有医疗和康复设施,缔约国应努力确保没有任何儿童被剥夺获得这种保健服务的权利。"《民法典》规定:"自然人享有健康权。自然人的身心健康受法律保护。任何组织或者个人不得侵害他人的健康权。"其中自然人包括儿童在内。《未成年人保护法》第十七条规定:未成年人的父母或者其他监护人不得"放任、唆使未成年人吸烟(含电子烟,下同)、饮酒、赌博、流浪乞讨或者欺凌他人";第五十九条规定:"任何人不得在学校、幼儿园和其他未成年人集中活动的公共场所吸烟、饮酒。"第九十条规定:"各级人民政府及其有关部门应当对未成年人进行卫生保健和营养指导,提供卫生保健服务。"

(三) 受教育权和享用教学设施权

《教育法》第四十三条规定:学生有权"参加教育教学计划安排的各种活动,使用教育教学设施、设备、图书资料"。我国《宪法》规定:"中华人民共和国公民有受教育的权利和义务。"《义务教育法》第四条规定:"凡具有中华人民共和国国籍的适龄儿童、少年,不分性别、民族、种族、家族财产状况、宗教信仰等,依法享有平等接受义务教育的权利,并履行接受义务教育的义务。"第十一条规定:"凡年满六周岁的儿童,其父母或者其他法定监护人应当送其入学接受并完成义务教育;条件不具备的地区的儿童,可以推迟到七周岁。"并且第十四条规定:"禁止用人单位招用应当接受义务教育的适龄儿童、少年。"《未成年人保护法》第二十八条规定:"学校应当保障未成年学生受教育的权利,不得违反国家规定开除、变相开除未成年学生。"第八十九条规定:"地方人民政府应当采取措施,防止任何组织或者个人侵占、破坏学校、幼儿园、婴幼儿照护服务机构等未成年人活动场所的场地、房屋和设施。"《儿童权利公约》第二十八条指出:"缔约国确认儿童有受教育的权利"。

【历年真题】

【2-53】教师王某经常让班里的幼儿在活动室外面罚站,王某的做法( )。
A. 不合法,侵犯了幼儿的受教育权　　B. 不合法,侵犯了幼儿的荣誉权
C. 合法,教师有管理幼儿的权利　　　D. 合法,教师有教育幼儿的权利
【参考答案】A。解析:《教育法》第四十三条规定:受教育者享有参加教育教学计划安排的种种活动,使用教育教学设施、设备、图书资料的权利。教师王某经常让班里的幼儿在活动室外面罚站,剥夺了幼儿受教育的权利。所以,正确选项是A。

(四) 获奖权和公正评价权

《教育法》第四十三条规定:学生享有"按照国家有关规定获得奖学金、贷学金、助学金""在学业成绩和品行上获得公正评价,完成规定的学业后获得相应的学业证书、学位证书"等权利。

(五) 姓名权、肖像权、国籍权

儿童和其他公民一样享有姓名权。姓名权是公民特定化的标志,是人格权的一种。《民法典》规定:"自然人享有姓名权,有权依法决定、使用、变更或者许可他人使用自己的姓名,但是不得违背公序良俗。""任何组织或者个人不得以干涉、盗用、假冒等方式侵害他人的姓名权或者名称权。"如果姓名权受到侵害,受害人(包括儿童的法定代理人)有权请求消除侵害;如因姓名权非法受到侵害而造成受害人财产损失的,受害人有权请求赔偿。

儿童和其他公民一样,享有肖像权。肖像权是指公民对自己的照片、画像、雕像、录像、全息摄像及其他有载体的视感影像依法享有的不受非法侵犯的权利。《民法典》规定:"自然人享有肖像权,有权依法制作、使用、公开或者许可他人使用自己的肖像。""未经肖像权人同意,不得制作、使用、公开肖像权人的肖像,但是法律另有规定的除外。"如果儿童的肖像权受到侵害,可以请求停止侵权并要求赔偿。

国籍权是指个人作为特定国家成员的资格的权利。国籍是个人与所属国家的法律纽带,具有一国国籍的人称为该国的公民,涉及一系列的法律关系,所以儿童的国籍权是十分重要的,如果丢失某国的国籍,就很难受到该国法律的保护。《中华人民共和国国籍法》对中国公民取得国籍权作了周密的规定。《儿童权利公约》第七条第一款也对儿童的姓名权、国籍权做了规定:"儿童出生后应立即登记,并有自出生起获得姓名的权利,有获得国籍的权利。"第二款规定,缔约国"尤应注意不如此儿童即无国籍之情形"。第八条规定:"缔约国承担尊重儿童维护其身份包括法律所承认的国籍、姓名及家庭关系而不受非法干扰的权利。"

我国法律对儿童姓名权、肖像权、国籍权的规定与保护是比较完整的,与《儿童权利公约》的要求是一致的。

(六) 名誉权、荣誉权和智力成果权

儿童依法享有名誉权。名誉权是人格权的一种。任何人不得以任何形式侵害儿童的名誉权。我国《宪法》第三十八条规定:"中华人民共和国公民的人格尊严不受侵犯。禁止用任何方法对公民进行侮辱、诽谤和诬告陷害。"《民法典》规定:"民事主体享有名誉权。任何组织或者个人不得以侮辱、诽谤等方式侵害他人的名誉权。"《未成年人保护法》第二十七条规定:"学校、幼儿园的教职员工应当尊重未成年人人格尊严,不得对未成年人实施体罚、变相体罚或者其他侮辱人格尊严的行为。"

荣誉权是指公民依法享有的保持自己所得的嘉奖、光荣称号等荣誉,并不受非法剥夺的权利。《民法典》规定:"民事主体享有荣誉权。任何组织或者个人不得非法剥夺他人的荣誉称号,不得诋毁、贬损他人的荣誉。"这项规定同样适用于未成年人。

智力成果权亦即知识产权,指公民或法人对自己创造的智力活动成果依法享有的人身权利和财产权利,是诸如著作权、专利权、商标权、发现权、发明权和其他成果权的总称。儿童尽管是未成年人,但也依法享有智力成果权。

（七）隐私权

隐私权是指个人私生活的保密权。《民法典》规定:"自然人享有隐私权。任何组织或者个人不得以刺探、侵扰、泄露、公开等方式侵害他人的侵私权。"《未成年人保护法》第四条规定:保护未成年人,应当坚持最有利于未成年人的原则。处理涉及未成年人事项,应当"保护未成年人隐私权和个人信息。"未成年人的隐私权就是未成年人所享有的不公开其生活秘密的权利。凡个人不愿告诉别人或不愿公开的生活秘密,都属于个人隐私,如日记、信件、电子邮件、生理方面的疾病,以及曾经受过的污辱、经历过的痛苦、生活习惯、生活方式、消遣方面的爱好等。如果他人不尊重未成年人的隐私权就会使未成年人受到刺激或打击,以致在精神上和名誉上受到损伤。但在现实生活中,揭露、传播未成年人的隐私是屡见不鲜的,有些人甚至根本无视未成年人的隐私权。因此,《未成年人保护法》的这项规定无论是从移风易俗还是从保护人权来说,都是一项新的突破。

【历年真题】

【2-54】某医院擅自将幼儿吴某的照片及病例刊登在宣传材料上广为散发,用以宣扬本院的医治水平,该医院的行为(　　)。

A. 侵犯了吴某的名誉权　　　　　　B. 侵犯了吴某的姓名权
C. 侵犯了吴某的健康权　　　　　　D. 侵犯了吴某的隐私权

【参考答案】D。解析:《未成年人保护法》第四条规定:处理涉及未成年人事项,应当保护未成年人隐私权和个人信息。吴某的照片属于吴某的隐私,该医院擅自将幼儿吴某的照片及病例刊登在宣传材料上广为散发,用以宣扬本院的医治水平,侵犯了吴某的隐私权。所以,正确选项是D。

（八）司法保护权

无论是民事诉讼、行政诉讼,还是刑事诉讼,国家相关法律都规定了对未成年人合法权利的保护。尤其是刑事诉讼中,这种保护更为突出,其中主要有:① 关于刑事责任方面。法律规定,不满14岁的儿童实施了任何危害社会的行为,不视为犯罪,不追究刑事责任,而是采取其他帮助教育措施。② 对违法犯罪的未成年人实行教育、感化、挽救的方针,坚持教育为主,惩罚为辅的原则。③ 公安司法机关办理刑事案件时,应当照顾未成年人的身心特点,尊重未成年人的人格尊严,严禁刑讯逼供或其他侮辱人格的行为。④ 在法律审理中,未成年被告依法享有申请回避权、辩护权、提出新证据权、申请重新鉴定或者勘验权、发问权、最后陈述权、上诉权、申诉权等。⑤ 在服刑期间,少年犯依法享有人格不受侮辱权、人身安全权、合法财产不受侵犯权、申诉权、辩护权、控告权、检举权。⑥ 在审前羁押或判刑后服刑期间,应将未成年人与成年人分别羁押,分别看管,以免受到成年人的伤害和腐蚀。⑦ 注意保护未成年被告的名誉。⑧ 对于免予起诉、免除刑事处罚、宣告缓刑以及被解除收容教养或者服刑期满释放的未成年人的复学、升学、就业不得歧视。

【历年真题】

【2-55】对违法犯罪的未成年人,实行教育、感化、挽救的方针,坚持教育为主、惩罚为辅的原则。对违法犯罪的未成年人,应当依法(　　)处罚。
  A. 免除
  B. 从轻、免除
  C. 从轻、减轻
  D. 从轻、减轻或者免除
【参考答案】D。解析:《未成年人保护法》第一百一十三条规定:对违法犯罪的未成年人,实行教育、感化、挽救的方针,坚持教育为主、惩罚为辅的原则。对违法犯罪的未成年人,应当依法从轻、减轻或者免除处罚。所以,正确选项是D。

【2-56】根据《中华人民共和国未成年人保护法》的规定,对违法犯罪的未成年人坚持(　　)的原则。
  A. 教育为主、惩罚为辅
  B. 惩罚为主、教育为辅
  C. 教育与惩罚并重
  D. 开除学籍
【参考答案】A。解析:《未成年人保护法》第一百一十三条规定:对违法犯罪的未成年人,实行教育、感化、挽救的方针,坚持教育为主、惩罚为辅的原则。所以,正确选项是A。

☆知识要点☆
儿童是权利的主体,具体地说儿童具有下列基本权利:生命权,健康权,受教育权和享用教学设施权,获奖权和公正评价权,姓名权、肖像权、国籍权、名誉权、荣誉权和智力成果权,隐私权,司法保护权。考生在学习时要注意结合相关案例进行理解与记忆,特别注意对身边发生的事件进行法律分析。

本章知识结构

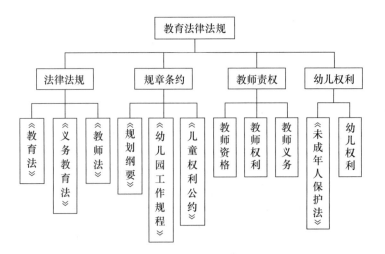

本章备考小结

(一) 本章主要内容

(1)《教育法》《义务教育法》《教师法》《未成年人保护法》《幼儿园工作规程》《儿童权利公约》《规划纲要》的相关内容。

(2) 教师教育教学行为的法律规定,教师的权利与义务,教师违规及处理。

(3) 幼儿的权利,幼儿合法权利的保护。

(二) 本章的重点、难点

本章的重点是教师的权利与义务,教师教育教学行为的相关法律规定和幼儿的合法权利;难点是根据相关法律条文分析教师是否依法执教,幼儿的权益是否受到侵犯。

(三) 学习时要注意的问题

本章学习时要注意下列五个方面:

(1) 熟记相关的法律细则,特别是与幼儿园、教师、幼儿相关的细则。

(2) 知道并理解教师的权利和义务,熟悉关于教师教育行为的相关法律法规,运用相关法律法规分析评价教师在保育教育实践中的实际问题。

(3) 了解有关幼儿权利保护的相关法律规定,依法保护幼儿的合法权利,并能根据案例分析幼儿的权利是否受到侵犯。

(4) 运用相关教育法律法规,分析、评价教育教学活动中的幼儿权利保护等实际问题。

(5) 学习时,一定要熟记相关的法律条文,尽可能通过案例提高记忆效果并能运用相关的条文进行分析。所以,可以从自己的身边寻找一些案例,运用相关法律知识进行分析,这样可以提高学习的效果。

备考指南

教育法律法规包括教育法律、教育法规、教育规章等,是教育工作者从事教育活动的行为规范,它规定了各类教育法律关系主体的权利、义务、责任等。考生在学习时,首先要牢记我国现有的教育法律法规的名称及其主要内容,重点注意教师的权利与义务、职责与罚则;幼儿的权利,特别是幼儿权利保护方面的内容。同时,学会运用相关的法律知识解释与评价保育教育活动中的各种违法问题,并熟记相关的处罚条款。

考前自测训练

一、单项选择题

1. 我国教育的基本法是(　　)。
   A.《中华人民共和国教师法》　　　　B.《中华人民共和国教育法》
   C.《中华人民共和国义务教育法》　　D.《中华人民共和国未成年人保护法》

2. 胡老师根据本班幼儿的实际情况进行保教改革,但幼儿园领导担心改革失败,有些教师也反对他的计划。胡老师应该(　　)。
   A. 坚持改革,这是教师的权利　　　　B. 坚持改革,这是教师的义务
   C. 放弃改革,这是一时的冲动　　　　D. 放弃改革,这违背了教学常识

3. 根据《中华人民共和国教育法》的规定,依法保证适龄儿童、少年按时入学的责任人是(　　)。
    A. 当地政府　　　　　　　　　　B. 被监护人本人
    C. 户籍所在地的学校　　　　　　D. 其父母或者其他法定监护人

4. 户籍在某市的小亮要在本地上学,他应该选择(　　)。
    A. 户籍所在地的任意学校入学　　B. 家庭住址所在地的任意学校入学
    C. 户籍所在地的学校就近入学　　D. 家庭住址所在地的学校考试入学

5. 《幼儿园工作规程》规定幼儿园小班(3 周岁至 4 周岁)的人数为(　　)。
    A. 25 人　　　B. 30 人　　　C. 35 人　　　D. 40 人

6. 教师李某在上课时间利用手机操作股票,没有认真教学,给幼儿的保育教育活动造成了损失。依据现行法律规定,幼儿园可以对其(　　)。
    A. 进行罚款　　　　　　　　　　B. 进行行政处罚
    C. 追究法律责任　　　　　　　　D. 进行行政处罚或解聘

7. 《儿童权利公约》里的儿童是指(　　)。
    A. 3~6 岁　　　　　　　　　　　B. 6~12 岁
    C. 12~18 岁　　　　　　　　　　D. 18 岁以下

8. 王老师将吴小明的爸爸是残疾人的事情告诉全班幼儿,结果导致班里的小朋友取笑他。王老师的做法侵犯了吴小明的(　　)。
    A. 受教育权　　　　　　　　　　B. 生存权
    C. 隐私权　　　　　　　　　　　D. 发展权

9. 某幼儿园寄宿生罗某睡在上铺,由于床板与床架连接不牢,罗某翻身时,床板的一端掉下,砸伤了下铺的李某。造成李某受伤的责任主体是(　　)。
    A. 幼儿园　　　　　　　　　　　B. 李某本人
    C. 幼儿园和罗某　　　　　　　　D. 罗某的法定监护人

10. 《国家中长期教育改革和发展规划纲要(2010—2020 年)》提出,教育改革发展的核心任务是(　　)。
    A. 提高质量　　　　　　　　　　B. 促进公平
    C. 改革创新　　　　　　　　　　D. 育人为本

11. 《国家中长期教育改革和发展规划纲要(2010—2020 年)》提出,到 2020 年基本普及学前教育的任务是(　　)。
    A. 有条件的普及两年
    B. 全面普及学前教育两年,基本普及三年,有条件的普及四年
    C. 全面普及学前教育一年,基本普及两年,有条件的普及三年
    D. 有条件的普及一年

12. 《幼儿园工作规程》规定,在正常情况下,幼儿户外活动时间不得少于(　　)。
    A. 1 小时　　　B. 2 小时　　　C. 3 小时　　　D. 3.5 小时

13. 《教师资格条例》规定,考生参加教师资格考试有作弊行为的,其考试成绩作废,不得再次参加教师资格考试的年限是(　　)。
    A. 1 年内　　　B. 2 年内　　　C. 3 年内　　　D. 4 年内

二、材料分析题

仔细阅读材料,根据问题作答。

材料:

2014年3月,媒体曝出广东省广州市白云区一所幼儿园的老师因不满园方降低待遇而集体罢工,老师们爆料,幼儿园今年开设了十来个兴趣班,全部都要额外收费,每个兴趣班的费用从一百元到几百元不等。其中有两个兴趣班要求全体幼儿都必须参加,其余的兴趣班自愿参加。

多数老师表示,由于基本工资很低,老师们需要靠教兴趣班赚取课时费增加收入,但园方"拿大头",从兴趣班中盈利更多,而且幼儿园安排的课时本已经很充分,如果再给孩子报几个兴趣班,还有什么活动时间?

问题:

(1) 该幼儿园的做法是否违法?违法主体有谁?

(2) 违法主体违反了哪些法律或法律规定?

(3) 违法主体应当承担什么样的法律责任?

第三章 教师职业道德规范

考纲内容

1. 教师职业道德
(1) 了解《中小学教师职业道德规范》(2008年修订)。
(2) 掌握教师职业道德规范的主要内容。
(3) 理解《中小学班主任工作规定》的精神。
(4) 分析评价保教实践中教师的道德规范问题。
2. 教师职业行为
(1) 了解教师职业行为规范的要求,熟悉幼儿园教师的职业特点。
(2) 理解教师职业行为规范的主要内容,在保育教育活动中运用行为规范恰当地处理与幼儿、幼儿家长、同事及教育管理者的关系。
(3) 在保育教育活动中,依据教师职业行为规范,爱国守法、爱岗敬业、关爱学生、教书育人、为人师表。

考纲解读

教师职业道德规范是教师从事教育事业的基本规范与要求,也是每个教师必须遵守的基本准则与行为规范。本章主要包括教师职业道德与教师职业行为两大内容。前者主要考查《中小学教师职业道德规范》与《中小学班主任工作规定》的基本内容,要求掌握这两个文件规定的基本内容及其隐含的基本精神,并能根据其中的条文对保育教育活动进行分析与评价。后者主要考查教师的保育教育行为,要求考生知道教师的职业行为规范,并根据这些规范处理好与幼儿、家长、同事及教育管理者之间的关系。本章考查的重点是教师职业道德行为的基本规范,即爱国守法、爱岗敬业、关爱学生、教书育人、为人师表、终身学习。特别强调根据教师职业行为规范分析保教活动的能力,所以考生要充分理解教师职业道德规范的内涵,并能根据现实情境进行科学的分析。

引 子

等待的魅力

铭敏是我班新来的小朋友,年龄偏小,性格内向,不喜欢与人交流和玩耍,喜欢一个人安安静静地坐在一边。

刚开学时,每天早上入园的时候,铭敏总是缠着妈妈不愿意放手,哭着不要上幼儿园。随着时间的推移,铭敏渐渐地适应了幼儿园的集体生活,可是铭敏在幼儿园从来不和我交流,就连一句"早上好"也没有,不管我怎么引导,她就是不开口,有时候干脆用眼泪"威胁"我。在她完全适应了幼儿园的生活后,我开始实行我的教育计划:让铭敏能够开口说一句"早上好"。

在铭敏每天走进活动室时,我总是在第一时间迎上去,蹲下身子,热情地和她打招呼:"铭敏,早上好!"可每次回我的只有铭敏那无奈而回避的眼神。第一天如此,第二天如此,第三天也如此……随着时间的流逝,铭敏习惯了我的问早声,不再回避和躲藏了。也许铭敏被我坚持不懈的精神所感动,或者是她逐渐适应了幼儿园的生活,突然有一天,铭敏轻声地回应了我一句:"早上好!"虽然铭敏的声音是那么的轻,但还是被我听见了,当时我是那么开心、欣慰,立即抱起了她高兴地在活动室转了三圈,这场景弄得铭敏的妈妈也哈哈大笑。我终于等到铭敏的问早声了,我的计划、目标终于达成。有了第一次就有第二次,铭敏从此一天比一天开朗,问早声一天比一天响亮,真是棒极了!

从这件事情中我感悟到做一名幼儿教师必须要有耐心,要学会等待,只有有耐心才能了解孩子们的心,只有学会等待才会有意外的惊喜和收获。[①]

坚持不懈的努力,终于等到了铭敏的一声"早上好",而且铭敏的性格也一天比一天开朗,这就是等待的魅力!这种等待折射出教师的细心、耐心与关心,而这"三心"正是幼儿园教师的基本素养要求。教师每天都要与幼儿、家长、同事和领导交往,如何进行适切而有意义的交往?这就需要一系列行为准则与规范,这就是教师职业道德问题。那么,教师应该具备哪些职业道德,在保育教育活动中如何规范自身的行为呢?

第一节　教师职业道德

教师职业道德是指教师在从事职业活动,即进行教育教学工作时所应遵循的行为规范和必须具备的品德,具体内容主要有政治理论、教育方针与政策、教育法律法规、教师职业道德规范与教师心理健康教育等。我国有关中小学教师职业道德规范的内容与要求主要体现在《中小学教师职业道德规范》和《中小学班主任工作规定》两个文件之中,幼儿园教师的职业道德规范根据这两个文件执行。

---

① 莲山课件.我的教育故事:等待的魅力[EB/OL].(2017-11-30)[2021-08-12].https://web.5ykj.com/gushi/114389.htm

一、《中小学教师职业道德规范》

现行的《中小学教师职业道德规范》是在继承历史的基础上结合新时代的需要而逐步完善的。改革开放以后,我国先后于1984年、1991年、1997年、2008年四次颁布和修改了《中小学教师职业道德规范》,对教师职业道德的发展起了积极的推动作用。目前的《中小学教师职业道德规范》于2008年颁布并施行。

(一) 基本内容

《中小学教师职业道德规范》(2008年修订)(以下简称《职业道德规范》)。《职业道德规范》的基本内容继承了我国的优秀师德传统,并充分反映了新形势下经济、社会和教育发展对中小学教师应有的道德品质和职业行为的基本要求。其基本内容如下。

1. 爱国守法

热爱祖国,热爱人民,拥护中国共产党领导,拥护社会主义。全面贯彻国家教育方针,自觉遵守教育法律法规,依法履行教师职责权利。不得有违背党和国家方针政策的言行。

2. 爱岗敬业

忠诚于人民教育事业,志存高远,勤恳敬业,甘为人梯,乐于奉献。对工作高度负责,认真备课上课,认真批改作业,认真辅导学生。不得敷衍塞责。

【历年真题】

【3-1】对于学习困难的小朋友,优秀教师总是能够耐心地进行个别辅导,支撑他们这样做的关键因素是其( )。

A. 教学风格　　B. 敬业精神　　C. 教学水平　　D. 知识水平

【参考答案】B。解析:一般而言,教学风格、教学水平、知识水平都属于教师职业技能领域。而对学习困难的小朋友进行个别辅导是职业道德问题。运用排除法就可以确定B是正确选项。另外,《职业道德规范》第二条"爱岗敬业"的具体要求中明确规定"认真辅导学生""不得敷衍塞责",而"敬业精神"与"爱岗敬业"直接相关。所以,正确选项是B。

3. 关爱学生

关心爱护全体学生,尊重学生人格,平等公正对待学生。对学生严慈相济,做学生良师益友。保护学生安全,关心学生健康,维护学生权益。不讽刺、挖苦、歧视学生,不体罚或变相体罚学生。

【历年真题】

【3-2】小虎平时纪律松散,经常上课讲话。李老师让小虎把桌椅搬到角落里一个人坐。下列选项中,对李老师行为评价正确的一项是( )。

A. 激励了幼儿的学习积极性　　　　B. 没有发挥幼儿的主体性
C. 没有尊重幼儿的人格　　　　　　D. 维护了教师的权威

【参考答案】C。解析:关爱幼儿要求教师尊重幼儿的人格,平等公正对待幼儿。李老师让小虎把桌椅搬到角落里一个人坐,显然没有做到对小虎人格的尊重,这样既不能激励小虎认真学习,也不能维护教师的权威,而且可能使小虎失去对学习的兴趣,对教师产生抵触情绪。所以,正确选项是C。

4. 教书育人

遵循教育规律,实施素质教育。循循善诱,诲人不倦,因材施教。培养学生良好品行,激发学生创新精神,促进学生全面发展。不以分数作为评价学生的唯一标准。

【历年真题】

【3-3】(　　)是教师的天职。教师必须遵循教育规律,实施素质教育;循循善诱,诲人不倦,因材施教,培养学生良好品行,激发学生创新精神,促进学生全面发展。

A. 爱国守法　　B. 爱岗敬业　　C. 教书育人　　D. 关心集体

【参考答案】C。解析:《职业道德规范》第四条规定:教师要"遵循教育规律,实施素质教育。循循善诱,诲人不倦,因材施教。培养学生良好品行,激发学生创新精神,促进学生全面发展"。所以,正确选项是C。

5. 为人师表

坚守高尚情操,知荣明耻,严于律己,以身作则。衣着得体,语言规范,举止文明。关心集体,团结协作,尊重同事,尊重家长。作风正派,廉洁奉公。自觉抵制有偿家教,不利用职务之便谋取私利。

6. 终身学习

崇尚科学精神,树立终身学习理念,拓宽知识视野,更新知识结构。潜心钻研业务,勇于探索创新,不断提高专业素养和教育教学水平。

【历年真题】

【3-4】教师要崇尚科学精神,树立终身学习理念,拓宽知识视野,更新知识结构,潜心钻研业务,勇于探索创新,不断提高专业素养和教育教学水平。这说明教师要树立(　　)职业道德。

A. 教书育人　　B. 爱岗就业　　C. 为人师表　　D. 终身学习

【参考答案】D。解析:题目中"教师要崇尚科学精神,树立终身学习理念,拓宽知识视野,更新知识结构"已经提到"终身学习理念",正确答案是"终身学习"。所以,正确选项是D。

☆ 知识要点 ☆

《职业道德规范》的基本内容为:爱国守法、爱岗敬业、关爱学生、教书育人、为人师表、终身学习。**考生要特别注意对《职业道德规范》基本内容的理解与运用,学习时可以结合教师职业行为规范,并通过一定的案例进行理解与记忆。**

(二) 师德失范的表现及案例

师德失范大致表现在以下几个方面:态度问题、观念问题、行为问题、方法问题、形象问题、廉洁问题、生活问题、学术问题等。

1. 态度问题

态度问题主要包括对幼儿的态度与对工作的态度两个方面。对幼儿态度方面表现为忽视幼儿的存在,侮辱幼儿,不尊重幼儿的人格,把幼儿当作娱乐的对象等;对工作的态度方面表现为对工作敷衍了事,在幼儿园做与工作无关的事,如打扑克、下棋、玩电子游戏、网上聊天、炒股等。

只是为了"好玩儿"

温岭市某幼儿园的一位老师为了"好玩儿",她捏住班上一位男童的耳朵,把他拎了起来,男童双脚离地大约有20厘米,双耳支撑全身的重量使他的脸看起来都变了形,疼痛使他张大了嘴,哇哇大哭。不仅如此,她还让其他老师帮她拍照,留下这个"好玩儿"的瞬间。而且,这仅仅是她任教期间的一个瞬间。当她的QQ空间被人肉出来时,700多张照片记录了两年来这位老师为了"好玩儿"而对班上孩子做出的各种行为:把孩子的嘴用透明胶带封上;把孩子头朝下、脚向上,倒插进半人高的垃圾桶里;把孩子的头夹到抽屉里;让男孩子和女孩子亲嘴……事实上,该事件并不是第一起出现在公众视野中的幼儿园老师虐童事件,遗憾的是,虽然它是第N次,却并不是最后一次。①

材料中这位老师的做法违背了《职业道德规范》中"关爱学生"这一条。教师要尊重幼儿人格,这位老师千奇百怪的虐童方式只是为了满足自己一时"好玩儿"的欲求,极大地伤害了幼儿的身心健康,伤害了他们的自尊心与人格。

2. 观念问题

观念问题主要包括教育观、儿童观、教师观、生活观、质量观等几个方面。比较常见的失范有三个方面:一是以成绩作为衡量幼儿的唯一标准,而忽视幼儿的全面发展;二是过分追求物质利益,忽视理想的追求;三是视教师为绝对权威,不准幼儿提出任何相反意见。

偏心症

毛毛是一个很机灵的孩子,活泼大方,待人有礼貌,而且在班级中特别能帮老师做一些力所能及的事情,所以,老师们都很喜欢他,舍不得批评他。有一天中午,有幼儿向值班的李老师反映,毛毛饭没吃完就自己倒掉了。李老师当时在忙着打扫卫生没听见,也没在意,这位幼儿当时就不高兴地说:"老师偏心,毛毛把饭倒掉了也不批评,哼!"她的声音很大,引来周围小朋友们一阵议论,纷纷说:"就是就是,李老师偏心。"李老师觉得自己被孩子们羞辱了,顿时恼怒,对这个幼儿吼道:"我没看到毛毛把饭倒掉,你乖乖回到自己桌上吃饭去!"孩子们欢笑声戛然而止,都默默回到自己桌上继续吃饭。

李老师由于喜欢毛毛而对他的过错视而不见,当其他小朋友质疑时,又恼怒地加以批评,不让其他小朋友提出任何不同意见,这是典型的视教师为绝对权威的案例。《职业道德规范》规定教师要关爱学生(幼儿),尊重学生(幼儿)人格,平等公正对待学生(幼儿)。李老师的偏心与唯我权威的行为,不仅导致幼儿的自尊心受伤,而且也严重地损害了自身的形象。

3. 行为问题

教师的行为失范包括言语失范和非言语失范两大类。

言语失范是指教师用不当的语言伤害幼儿的身心,如谩骂幼儿"没家教""你真是傻到家了""光长身体,不长大脑""你蠢得像头猪"等;恐吓威胁幼儿"再犯错误就开除你""小心我叫你家长来""下课就给你带园长室去"等;经常在课堂上说某某幼儿不如某某幼儿,自己班上的幼儿不如别班幼儿等。言语失范的起因很多,有外在的原因,也有内在的原因,但教师自身的情绪失控与心理失调是主要原因。

---

① 孩子,我该怎么保护你[EB/OL].(2012-12-10)[2018-12-01]. http://www.qqbaobao.com/plus/view.php?aid=143991.收录时有改动.

【历年真题】

【3-5】张老师心情烦躁的时候,会把气撒在孩子身上,随意批评或是大骂幼儿。这表明张老师( )。
  A. 具有反思意识　　　　　　B. 具有敬业精神
  C. 缺乏心理调适能力　　　　D. 缺乏终身学习理念
【参考答案】C。解析:张老师心情烦躁的时候,会把气撒在孩子身上,随意批评或是大骂幼儿。这属于典型的言语失范。言语失范的根本原因在于教师的情绪失控和心理失调。本题中张老师心情烦躁而导致言语失范,属于缺乏心理调适能力。所以,正确选项是C。

非言语失范是指教师除了言语方式之外,在教态、管理等方面,运用不良的手段或动作,错误地对待幼儿。教态方面主要表现为:不够庄重大方;不够和蔼可亲;没有激情、精神不饱满;矫揉造作、粗俗失雅;站相歪歪斜斜、前仰后合,或者是斜倚桌子,或者是背对幼儿很久而不转过身来等。管理方面主要表现为:对幼儿采用罚站、打耳光等惩罚手段;把"好孩子"安排在较好的位置;对表现欠佳的幼儿态度冷漠,在课堂上不理不睬,不提问等。

4. 方法问题

方法问题主要包括保育教育的方式方法失当。尽管许多教师对教育充满激情,对幼儿倾注了全部的"爱",希望幼儿既要认真学本领,又要乖巧懂事、身体健康。因此,当幼儿的表现达不到自己的要求时,有些教师就可能采取一些不适当的手段以便管住幼儿。这种不适当的方式,有时会造成严重的不良后果。

※ 孩子需要"钢筋铁骨" ※

这两天,有一条关于幼儿园的新闻引人关注,新闻内容令人发指:某幼儿园园长薛某,因小朋友不能背诵课文,使用火钳将10名孩子的手烫伤。

现在的孩子着实不易,小小年纪就要练成"钢筋铁骨",比如某老师指挥女童掌掴男童,自己摄像取乐。再比如某老师用胶带封住爱说话幼儿的嘴乃至捆绑孩子午睡,在冷天让幼儿脱光衣服吹冷空调,用紫外线消毒灯照射孩子,等等。这些都需孩子有点儿"钢筋铁骨"那身量。虽说上述事例都不是普遍现象,但因为关乎孩子,所以需要我们格外警醒。[①]

上述案例中这些教师管教幼儿的方式恐怕很难让幼儿"改邪归正",反而会给幼儿造成心灵和肉体的伤害。

5. 形象问题

形象问题主要包括教师的衣着打扮、言行举止、自我约束等方面。教师是幼儿的楷模,是幼儿学习的榜样,因而必须注意自己的外表与内在修养,给幼儿做好表率。

※ 如此穿着,怎能当老师 ※

傍晚去接孩子,幼儿园门口那个给小孩检查手、检查牙齿的保健老师,裙子的领口开得特别低,裙子又很短,蹲下去的时候很不雅观。我出来时听在家长在讨论那位老师穿得也太少了。几个妈妈都在说,以后不让孩子他爸来送孩子了,老师就要有为人师表的样子嘛。外甥的同学的爸妈,因为孩子爸爸送孩子上幼儿园的时候瞄了这个老师几眼,两人在家里吵架了。

---

① 佟娜.道德失范者何配为人师[N].北京晨报,2011-12-06(A07).有删改.

为什么几个幼儿的妈妈会说"以后不让孩子他爸来送孩子了"?这位保健老师不注意自己的穿着打扮,从而引起家长的反感,但从深层次分析是这位老师缺乏应有的责任心,不明确自己为人师表的职责。《职业道德规范》明确规定,教师要为人师表、严于律己、以身作则。衣着得体、语言规范、举止文明。这位保健老师明显没有做到,自然导致幼儿家长的此种反应。

6. 廉洁问题

幼儿园教师的廉洁问题主要包括三个方面:一是收取家长的礼品、购物券、现金卡等,二是接受家长安排的旅游度假、宴请等,三是有偿开设兴趣班。

教师节,送什么好?

一年一度的教师节来临,在深圳某幼儿园门口,等候入园的家长及小朋友们,几乎每人手里都捧着或大或小一束鲜花。"你给老师送礼了没?"成为各大网站置顶帖。送什么?怎么送?送还是不送?令家长及小朋友们内心很纠结。其中,有一个网友坦言:"送和不送真的不一样!我女儿两年前上幼儿园,开始在幼儿园总是吃不饱,回家常喊'饿死了';后来送了红包,老师总是加餐,女儿回来就说'撑死了'。每次送礼之后的几天,女儿往往会得到老师表扬。长此以往,就形成了条件反射,一旦老师批评女儿,我就想,是不是又要送礼了?"[1]

收红包这种严重违背师德的行为,相关部门态度明确,禁令不断。2010年教育部发布《关于切实加强教育系统廉洁自律和厉行节约工作的通知》,业界称为"八不准"禁令,其中规定老师"不准收受幼儿及家长的礼品、礼金、有价证券、支付凭证或其他财物"。尽管如此,"教育红包"如同癌细胞一样逐渐扩散,侵入教育肌体。逢年过节,教师成了送礼的不可忽视的对象之一。幼儿教师收红包不仅违反了《职业道德规范》中"廉洁奉公"的规定,也有悖于教育公平。

【历年真题】

【3-6】马老师在逛商场时偶遇班上一位小朋友和家长,便一同挑选衣服。付款时,这位家长坚持把马老师购买衣服的500元钱一起付了。对此,马老师的正确做法是( )。

A. 数额不大,不必在意,但下不为例
B. 表示谢意,并坚持把钱还给家长
C. 勉强接受,并回送价值相当的礼物
D. 表示感谢,并注意格外关照她的孩子

【参考答案】 B。解析:《职业道德规范》第五条规定:教师要"作风正派,廉洁奉公"。要求教师任何时候都不能接受家长和幼儿的礼物和红包,不管价值高低;即使回送相应价值的礼物,也仍然是收受了礼物,所以,A选项和C选项错误。如果接受了家长的礼物并对其子女格外关照,那不仅违背了师德,而且有悖教育公平,所以D选项错误。最合适的做法是表示谢意,并坚持把钱还给家长。所以,正确选项是B。

---

[1] 沫沫伯.教师节幼儿园老师收万元红包你怎么看?〔EB/OL〕.(2018-03-27)〔2021-09-12〕.https://www.milimami.com/article-23923.html.

7. 生活问题

生活方面的师德失范主要包括吸烟饮酒、吃喝嫖赌、奸污调戏幼儿等方面。

🐾 天黑了幼儿园变身赌场 🐾

2013年国庆节前后,开封市某镇有群众意外发现,镇里的一家艺术幼儿园夜里十分热闹,不少人进进出出,幼儿园里的灯光总是亮到凌晨三四点。一时间人心惶惶,有的家长担心孩子安全问题,干脆不让孩子再去这个幼儿园了。那么到底在这所幼儿园里发生了什么呢?

白天是培育下一代的幼儿园,可到了夜间却有人在里面开设赌场赚昧心钱。11月28日,记者从开封市法院了解到这样一起案子:被告人金某以营利为目的,伙同幼儿园园长,利用幼儿园设立、租赁专门用于赌博的场所,并提供赌博用具,组织他人赌博,法院认定其行为构成开设赌场罪,依法判处金某有期徒刑1年零6个月,缓刑2年,并处罚金1万元。幼儿园园长也被公安机关处以拘留15天的行政处罚。①

教师首先要遵纪守法,赌博在我国是违法行为。幼儿园是培育下一代的地方,到晚上竟然成为赌场,这也算是天下奇闻了。这位园长把幼儿园提供给他人当赌场,从中获取利益,自然是严重的师德失范了!

8. 学术问题

一些教师希望在职称、职务、工资上晋级,但由于文化程度低,或有文凭却无学术造诣,就东拼西凑剽窃他人论文,或请人代写、购买学术论文。有的教师在论文评审过程中,想办法搞特殊化,使差论文被评为优秀论文。

🐾 论文抄袭被通报 🐾

某县教育局组织了幼儿园教师教学论文评选活动,在评选的过程中,县教育教学学术委员会秘书处发现一些教师从网络或杂志上抄袭论文。经确认,共有24位教师存在该现象,严重违背了教育科研精神、教师职业道德,损害了教师形象。经研究,决定对论文抄袭的教师给予全县通报,并取消年度评优评先、职称晋升资格。②

人民教师,应该学高身正,不应该为了评职称、获奖,就抄袭他人论文,或请人代笔,或剽窃他人研究成果,或者干脆将他人成果占为己有,凡是种种都有悖于教师职业道德规范。

☆ 知识要点 ☆

在现实教育教学活动中,师德失范事件时有发生,大致可以从态度、观念、行为、方法、形象、廉洁、生活、学术等几个方面进行分析。不管从哪一个维度分析,**考生都要牢记根据《职业道德规范》的6个基本内容进行解析。**

---

① 杨若琛.天黑了幼儿园变身赌场,黑心园长还拿分成[EB/OL].(2013-11-19)[2018-12-10].http://edu.dahe.cn/2013/11-29/102539384.html.

② 编者根据相关资料改写。

二、《中小学班主任工作规定》

"五心"班主任

身为班主任,要有"五心":爱心、细心、宽容心、信心和恒心。

爱心是班主任走进幼儿的法宝。没有爱就没有心灵相通,哪怕是一个微笑,一个点头,一句赞许的话,一束信任的目光,都会带给幼儿无穷的温暖和快乐。

班主任是世界上最小的主任,可管的事却特别多、特别细。因此,班主任应有一颗纤细如发的心——细心。细心观察幼儿的学习、活动、身体、情绪、表情等。多与幼儿交流、谈心,了解他们的喜怒哀乐、爱好兴趣。只有这样,才能把幼儿各方面的情况了然于心,使班主任工作有针对性,有理有据,有实效。

宽容是对别人宽厚、容纳、谅解、同情并且寄予期望的心理表现。班主任对全体幼儿,尤其是对个别在前进中犯了错误的幼儿,要抱定宽容的态度,予以关心,给以同情,并且耐心说服,"晓之以理""导之以行"地帮助他改正错误,鼓励他继续前进。

"只有你相信自己一定能成功,和你一起干的人才会有信心,有兴趣。"作为班主任,无论自己班幼儿的纪律如何松弛,幼儿如何调皮,自己决不能气馁,更不能让幼儿觉察到你对他们失去了信心。

幼儿良好习惯的养成和班级良好风气的形成,都不是一两天可以做到的事。育人的工作是极其困难和复杂的,尤其需要持之以恒,常抓不懈。

总之,班主任要以理服人,以情感人,要有"阳光的味道"。培养这种"阳光的味道",它需要你精力的投入、时间的投入、情感的投入,但是,一旦阳光温暖了每一个幼儿的心田,你就会感到无比幸福。①

班主任是一项怎样的工作?对班主任的工作又有哪些规定?怎样才能做好班主任工作?这些都是很现实的问题。上文作者认为,班主任是一个心灵的职业,需要有"爱心、细心、宽容心、信心和恒心"才能做好班主任的工作。那么,国家对班主任工作有哪些规定?教育部在2009年8月12日发布了《中小学班主任工作规定》。其具体内容如下。

(一)班主任的界定与性质

《中小学班主任工作规定》第二条明确界定:"班主任是中小学日常思想道德教育和学生管理工作的主要实施者,是中小学生健康成长的引领者,班主任要努力成为中小学生的人生导师。""班主任是中小学的重要岗位,从事班主任工作是中小学教师的重要职责。教师担任班主任期间应将班主任工作作为主业。"

(二)班主任的配备与选聘

1. 配备与选聘要求

《中小学班主任工作规定》指出,班主任的配备标准是"中小学每个班级应当配备一名班主任",而且班主任由学校从班级任课教师中选聘,聘期由学校确定,担任一个班级的班主任时间一般应连续1学年以上。教师初次担任班主任应接受岗前培训,符合选聘条件后学校方可聘用。

---

① 王开理.浅谈我对班主任工作的认识[J].教育革新,2006(4):13.标题为编者所加.

2. 班主任的基本条件

选聘班主任应当在教师任职条件的基础上突出考查以下条件：① 作风正派，心理健康，为人师表；② 热爱学生，善于与学生、学生家长及其他任课教师沟通；③ 爱岗敬业，具有较强的教育引导和组织管理能力。

（三）班主任的职责与任务

1. 学生工作

全面了解班级内每一个学生，深入分析学生思想、心理、学习和生活状况。关心爱护全体学生，平等对待每一个学生，尊重学生人格。采取多种方式与学生沟通，有针对性地进行思想道德教育，促进学生德、智、体、美、劳全面发展。

2. 日常管理

认真做好班级的日常管理工作，维护班级良好秩序，培养学生的规则意识、责任意识和集体荣誉感，营造民主和谐、团结互助、健康向上的集体氛围。指导班委会和团队工作。

3. 活动指导

组织、指导开展班会、团队会（日）、文体娱乐、社会实践、春（秋）游等形式多样的班级活动，注重调动学生的积极性和主动性，并做好安全防护工作。

4. 综合评价

组织做好学生的综合素质评价工作，指导学生认真记载成长记录，实事求是地评定学生操行，向学校提出奖惩建议。

5. 沟通协调

经常与任课教师和其他教职员工沟通，主动与学生家长、学生所在社区联系，努力形成教育合力。

【历年真题】

【3-7】下列班主任的做法中，违反《中小学班主任工作规定》的是（　　）。

A. 全面了解班级内每一个学生，深入分析学生的思想、心理、学习、生活状况

B. 认真做好班级的日常管理工作，维护班级良好秩序，培养学生的规则意识、责任意识和集体荣誉感，营造民主和谐、团结互助、健康向上的集体氛围

C. 组织本班学生自行制定和实施班规，负责收缴学生违规罚款，决定班费开支

D. 组织、指导开展班会、团队会（日）、文体娱乐、社会实践、春（秋）游等形式多样的班级活动，注重调动学生的积极性和主动性，并做好安全防护工作

【参考答案】C。解析：《中小学班主任工作规定》对班主任的工作内容作了具体规定，其中包括学生工作、日常管理、活动指导、综合评价和沟通交流等等。但没有规定"组织本班学生自行制定和实施班规，负责收缴学生违规罚款，决定班费开支"，所以，正确选项是C。

资料卡片

受欢迎教师的特质[①]

1. 受欢迎教师的人格特质

有幽默感,有耐心,有创造力,有亲和力,以身作则,主动学习。

2. 受学生欢迎的教师特质

爱学生,认同个别差异,教学有趣多样,与学生亦师亦友,对学生多赞美与鼓励。

3. 受学校欢迎的教师特质

能管理好班级,教学有趣多样,有明确的教学目标,热爱教学;明确制定规则并彻底执行;与其他教师、学校行政人员关系良好;能配合学校课外活动和委员会的工作。

4. 受家长欢迎的教师特质

亲师沟通良好,主动释出善意,发现孩子的潜力,营造良好的上课气氛,做到公平、公正、公开,将孩子的小事当成大事。

（四）班主任的待遇与权利

1. 待遇

班主任工作量按当地教师标准课时工作量的一半计入教师基本工作量。各地要合理安排班主任的课时工作量,确保班主任做好班级管理工作。

【历年真题】

【3-8】《中小学班主任工作规定》第十四条规定,班主任工作量按当地教师标准课时工作量的(　　)计入教师基本工作量。各地要合理安排班主任的课时工作量,确保班主任做好班级管理工作。

A. 三分之一　　　B. 四分之一　　　C. 五分之一　　　D. 一半

【参考答案】D。解析:《中小学班主任工作规定》的"待遇与权利"部分明确规定:班主任工作量按当地教师标准课时工作量的一半计入教师基本工作量。所以,正确选项是D。

班主任津贴纳入绩效工资管理。在绩效工资分配中要向班主任倾斜。对于班主任承担超课时工作量的,以超课时补贴发放班主任津贴。

2. 权利

学校在教育管理工作中应充分发挥班主任的骨干作用,注重听取班主任的意见。班主任在日常教育教学管理中,有采取适当方式对学生进行批评教育的权利。

（五）班主任的培养与培训

教育行政部门和学校应制定班主任培养培训规划,有组织地开展班主任岗位培训。教师教育机构应承担班主任培训任务,教育硕士专业学位教育中应设立中小学班主任工作培养方向。

---

① 林进材.班级经营[M].上海:华东师范大学出版社,2006:413.

（六）班主任的考核与奖惩

教育行政部门建立科学的班主任工作评价体系和奖惩制度。对长期从事班主任工作或在班主任岗位上做出突出贡献的教师定期予以表彰奖励。选拔学校管理干部应优先考虑长期从事班主任工作的优秀班主任。

学校建立班主任工作档案，定期组织对班主任的考核工作。考核结果作为教师聘任、奖励和职务晋升的重要依据。对不能履行班主任职责的，应调离班主任岗位。

> ☆ 知识要点 ☆
>
> 《中小学班主任工作规定》对班主任的界定与性质、配备与选聘、职责与任务、待遇与权利、培养与培训、考核与奖惩等作了明确的规定。**考生在学习时可以结合班主任工作的实例进行理解与记忆，特别注意牢记一些具体细节，如班主任的基本条件等。**

第二节　教师职业行为

永远做个"孩子王"

七年前，我跨进了实验幼儿园的大门，来到这如诗如画的童心世界，心情无比愉悦。

清晨，当婉转的音乐响起，我开始了一天的工作。我会带着清爽的笑容迎接可爱的孩子们。然而，面对刚入园哭闹不止的孩子，我却一筹莫展。我兴高采烈地教他们唱歌、画画，却有孩子尿湿了裤子，我得停下来为他们换裤子；面对香喷喷的饭菜，有的孩子不动勺子，我要一口一口地喂；洗手时，有的孩子玩水打湿了头发，我要用毛巾帮他擦干；上课了，他们你说你的，我唱我的，他们拿起画笔，在本子上乱涂一通；有的孩子终日哭鼻子要妈妈。在此起彼伏的哭闹声中煎熬，我发现自己距那个温馨如诗的世界如此遥远。我把哭闹的孩子揽在怀里，用亲热的话语抚慰他们。两个星期后，孩子们开始甜甜地叫我"顾老师"，开始像小尾巴一样随着我时，我的心里一阵暖意。当我发现在我的带领下孩子们能做简单的游戏，画个圆圆的太阳时，我高兴了半天。

在有阳光的日子，我会跟他们一起蹲下来，观察采花粉的蝴蝶为何一动不动；我会扮成大猫，和他们一起游戏，听他们高兴地尖叫；我会在我的日志本里，记下孩子们的喜怒哀乐，剖析情形，找出有针对性的教导方式；谁的扣子掉了，谁的辫子散了，谁的衣服穿反了，我的眼睛都晓得。

幼儿园真是个让人快乐、使人年轻的地方。每一处都是鲜花盛开，每个孩子都是那么纯粹。我贡献着，也播种着。我只想永远做个"孩子王"。[①]

俗语说"三岁看大，七岁看老"，这说明幼儿园教育阶段对人成长的重要价值。幼儿期是人生的奠基阶段，这时养成的习惯、态度、性格等对未来的发展影响深远。而幼儿园的小朋友已经具有"向师性"的倾向，教师的言行举止、情绪性格、思想观念等都无时无刻、润物无声地感染着幼儿。所以，幼儿园的教育工作者应时刻注意自身的职业行为，给幼儿积极的影响。那么，幼儿园教师应该恪守哪些职业行为？下面根据《新时代幼儿园教师职业行为十项准则》（中华人民共和国教育部 2018 年 11 月 8 日发布）的要求逐条进行简述。

---

① 秩名.幼儿园师德案例——幼儿园师德案例故事（2）[EB/OL].（2017-08-10）[2021-08-12]. https://www.xuexila.com/gushi/ertonggushi/670502_2.html. 收录时略有修改，标题为作者所加。

一、坚定政治方向

教师是党的教育方针的执行者,教育方针代表了党和国家对培养人才的要求。我国社会主义教育就是要培养社会主义的建设者和接班人,政治是灵魂,坚持正确的政治方向是第一位的。具体地要做到下列三点。

(一) 拥护中国共产党的领导

教师要以习近平新时代中国特色社会主义思想为指导,拥护中国共产党的领导,践行社会主义核心价值观,以身作则,做幼儿的榜样,才能引领帮助幼儿把握好人生方向,"扣好人生的第一颗扣子",培养幼儿坚定走中国特色社会主义道路的信念,做到从思想上认同、理论上认同、感情上认同。

(二) 贯彻党的教育方针

教师更要正确认识世界和中国发展大势,坚持以马克思主义为指导,全面贯彻党的教育方针,引导广大师生做社会主义核心价值观的坚定信仰者、积极传播者、模范践行者;树立为共产主义远大理想和中国特色社会主义共同理想而奋斗的信念和信心;正确认识时代的责任和使命,抵制一切反马克思主义和反社会主义以及损害国家利益的言行。

(三) 在保育教育活动中不出现损害党中央的行为

教师是幼儿的榜样和引路人。教师的言行举止都会直接或间接地影响幼儿的思想和政治取向,特别是教师的世界观与政治取向会对幼儿产生深远的影响,而且这种影响往往是根深蒂固的,所以教师不得在保育教育活动中及其他场合有损害党中央权威、违背党的路线方针政策的言行。

二、自觉爱国守法

爱国守法是每个中国公民必须遵守的基本准则,也是幼儿园教师必须遵守的职业道德规范。其中,爱国是中华民族的传统美德,是中国特色社会主义的核心价值体系的一个重要方面;守法是保证我国现代化建设健康、稳定发展的内在要求。幼儿园教师要做到爱国守法必须注意下面三点。

(一) 爱国、报国、效国

幼儿园教师要忠于祖国、忠于人民、恪守宪法原则,要有爱国之情、报国之志、效国之行。具体而言,幼儿园教师要做到:① 国家利益至上。当个人利益与国家利益相冲突时,要做到个人利益服从国家利益和集体利益。② 热爱本职工作,热爱所在幼儿园,热爱幼儿,把主要精力投入到教书育人中去。③ 教师要引导幼儿热爱祖国。

(二) 知法守法

幼儿园教师除了知道和遵守我国的一般法律之外,特别要关注和遵守相关的教育法律法规,诸如《义务教育法》《教师法》《教育法》《未成年人保护法》《职业道德规范》等。教师除了自己知法守法之外,还要教会幼儿知法守法。

(三) 依法执教

教师要做到依法执教,首先,要做一个遵纪守法的好公民,遵守社会秩序,恪守社会公序良俗,用法律来规范自己的行为;其次,认真学习和领会教育法律法规,完整地理解依法执教的全部内涵,并依法履行教师的职责、权利和义务;再次,根据相关教育法律法规从事保育教育活动,不得有违背党和国家方针政策的言行,不得损害国家利益;最后,教育幼儿遵守相关法律,履行自己的职责。

【历年真题】

【3-9】面对捣乱的幼儿,个别同事采取体罚的办法。叶老师没有这样做,而是耐心地与幼儿交流,帮助他们改正缺点。这说明叶老师能够做到( )。

A. 依法执教　　　B. 团结协作　　　C. 尊重同事　　　D. 终身学习

【参考答案】A。解析:体罚是《教师职业道德规范》所禁止的,个别同事采取体罚的方式,违背了"关爱学生"的基本要求。叶老师耐心地与幼儿交流,体现出她具备关爱学生的职业道德素养,说明她是按照国家法律法规的规定开展保教活动的。所以,正确选项是 A。

三、传播优秀文化

教师既是优秀文化和知识的传播者,又是国家主流意识形态的传播者,肩负着向下一代传递知识与国家价值观的神圣使命。所以,教师要做到下列三点。

(一) 传递正能量

教师是在幼儿园中从事保育教育活动的专业人员,教书育人是教师的基本职责,所以教师在保育教育中应该带头践行社会主义核心价值观,弘扬真善美,传递正能量。

(二) 坚持方向正确

教师在保育教育活动中,首先要保证世界观的合社会性,思想上与党和国家保持一致;其次,在教学内容上要选择国家认可的、符合社会主义核心价值观的知识进入课堂,保证知识的合法性与科学性。

(三) 确保言论公正

不得通过课堂、论坛、讲座、信息网络及其他渠道发表、转发错误观点,或编造散布虚假信息、不良信息。

四、潜心培幼育人

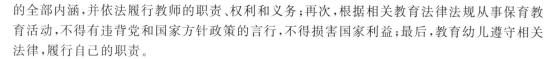

折纸活动带来的反思

下午的美术活动,陈老师带着孩子们学习折小蝴蝶,方法并不是太难,但是有一个新的技能在里面,就是把小蝴蝶的翅膀掏出去。所以,陈老师一边和孩子们认识折纸的步骤图,一边给孩子们讲解。重复了两遍之后,她便把小纸片发给大家,只见大家认真地埋头折纸,不时地抬头看着图纸细细研究。经过陈老师的指导,很快就有孩子折到了最后一步,大部分孩子都能完成自己的小蝴蝶。就在大部分孩子都完成之后,陈老师发现浩浩小朋友还在自己的座位上挠着耳朵,停滞在第二步上,陈老师不禁有些替他着急,问他要不要老师帮忙?他犹豫着点了点头(他的动手能力较弱)。陈老师耐心地又给他讲解了一遍,加入了一些情节,比如把对角折说成是把纸片的小翅膀碰在一起,把对外翻折说成是给小纸片脱件衣服。孩子们差不多都折好了,渐渐有些坐不住了,陈老师便和孩子们商量着:"我们等一等速度慢的小朋友,好不好?"孩子们很开心地答应了,还不忘给浩浩加油!虽然陈老师可以帮浩浩直接折好,签上他的名字,但那样做会让他失去锻炼动手能力的机会。浩浩用了很长的时间,终于独立折好了这只属于他的小蝴蝶,脸上露出了可爱的笑容。①

每个幼儿都有自己的特长和不足,哪怕是动手能力较弱的幼儿,只要教师有一双慧眼,有一颗教书育人之心,能够耐心、细心地引导他们,就能够帮助他们克服困难,增强自信心,促成幼儿的自我成长。

潜心培幼育人,有三层意思。首先,要潜下心。即加强思想学习,提高自我道德修养,坚持爱党爱国,坚持以德育人。同时,要踏实学习,扎实专业知识技能。其次,坚持以人为本,以幼儿为重。教育是一项立德树人的工程,注定是一条漫漫长路。面对一群低龄、稚嫩、缺少自我保护能力的孩子,幼儿园教师必须放平心态,耐心细致地照顾他们。最后,抓住育的重点。幼儿园教育的根本任务是实行保育和教育相结合的原则,对幼儿实施体智德美等方面全面发展的教育。因此,学会多少知识,认识多少字,并不是育的重点,重要的是培养幼儿良好的生活习惯和学习习惯。具体而言,幼儿园教师要做到潜心培幼育人需注意下列几点。

(一) 立德树人,以人为本

立德,就是坚持德育为先,通过正面教育来引导人、感化人、激励人;树人,就是坚持以人为本,通过合适的教育来塑造人、改变人、发展人。概言之,立德树人包含两层意思:一是德育为先,二是促进幼儿的全面发展。德是做人的根本,是一个人成长的根基,所以要把德育渗透于保育教育的各个环节,贯穿于幼儿园教育、家庭教育和社会教育的各个方面。人的全面发展是人类的崇高追求,是人的发展和社会发展的最高目标、最终价值取向。所以,教育必须以人为本,关注幼儿的全面发展、和谐发展、持续发展、终身发展和健康成长。

(二) 循循善诱,因材施教

兴趣是最好的老师,所以教师首先要设法激发幼儿的学习兴趣,注意运用启发式教学,有步骤,有顺序,由浅入深,逐步带领幼儿向预设的目标前进。另外,世界上没有两片相同的叶子,每个幼儿都有自身的强项与弱项,所以教师不能一刀切,而应根据幼儿身体、智力、性格、特长、兴趣等采用相应的教学内容、手段和方法,促进幼儿全面发展。

【历年真题】

【3-10】 董老师上游戏课时,小明总爱举手,但答题经常出错;小强不爱举手,但老师点名提问时,他却总能答对。老师下列做法中,最合适的是(　　)。

A. 批评小明总出错,表扬小强爱思考
B. 表扬小明爱举手,批评小强不发言
C. 批评小明总出错,批评小强不发扬
D. 激发小明勤思考,鼓励小强多举手

【参考答案】 D。解析:每个幼儿的兴趣、特长、性格、智力等各不相同,因此在保育教育活动中教师应因材施教。小明总爱举手,但答题经常出错;小强不爱举手,但老师点名提问时,他却总能答对。小明和小强的情况各不相同,所以针对小明应该肯定他爱举手,提醒他多思考;针对小强则应该肯定他回答正确,鼓励他多举手。所以,正确选项是D。

---

① 聚优.因材施教:折纸活动带来的反思[EB/OL].(2014-05-26)[2018-08-15]. http://www.jy135.com/html/changyongziliao/anli/200903/30-19538.html.

（三）爱岗敬业，品行端庄

爱岗敬业指的是忠于职守的事业精神，爱岗就是热爱自己的工作岗位，热爱本职工作，干一行爱一行；敬业就是要用一种恭敬严肃的态度对待自己的工作，工作期间不玩忽职守、消极怠工，未经批准不找人替班，不利用职务之便兼职兼薪等。教师职业是一个关乎灵魂的职业，所以教师必须品行端庄，才能完成一个灵魂唤醒另一个灵魂的伟大使命，促进幼儿的全面发展。

【历年真题】

【3-11】宋老师发现很多幼儿的生活习惯不好，就创编了一些关于习惯培养的儿歌，这些儿歌很受幼儿欢迎，对他们的习惯养成产生了积极的作用。宋老师的做法体现的师德规范是（　　）。
　　A. 廉洁从教　　　　B. 公正待生　　　　C. 举止文明　　　　D. 探索创新
【参考答案】D。解析：潜心钻研业务，勇于探索创新是《职业道德规范》中对教师的基本要求。宋老师针对很多幼儿的生活习惯不好的现实，创编了一些关于习惯培养的儿歌，深受幼儿欢迎，取得了良好效果。创编本身是一种创造，所以正确选项是D。

【3-12】汪老师平时对幼儿的大声喧哗、随地乱扔果皮的行为熟视无睹、不予理睬，在有人参观或检查时才提出要求。汪老师的做法（　　）。
　　A. 体现了宽容待生的教育要求　　　　B. 体现了严慈相济的教育原则
　　C. 忽视了幼儿良好习惯的养成　　　　D. 影响了幼儿学习成绩的提高
【参考答案】C。解析：在幼儿园阶段要特别注重幼儿良好习惯的养成。汪老师平时对幼儿的大声喧哗、随地乱扔果皮的行为熟视无睹、不予理睬，忽视了对幼儿良好习惯的培养，没有履行教书育人的神圣职责。所以，正确选项是C。

【3-13】材料：
性格文静的馨馨午睡时总是睡不着，为解决这个问题，黄老师耐心地告诉她天天午睡的好处。黄老师还联系家长，请家长配合，让馨馨在家里早睡早起，以帮助她养成良好的午睡习惯，可总是收效不大。

经过观察，黄老师还发现，馨馨不爱运动，到午睡时仍然精神饱满，不觉疲倦。于是，黄老师调整策略。首先，增加馨馨的活动量，如：户外运动时引导她跑几圈，跑完后给她发金牌；让她和运动量较大的小朋友一起游戏、玩耍。其次，舒缓馨馨的情绪，午睡时不催她，还在耳边轻轻说："没关系，如果睡不着就闭上眼睛躺一会儿吧！"等她睡着后，在她枕头下藏一朵小红花，等她醒来时给她一个惊喜……慢慢地，馨馨每天都能睡得很香了！

问题：
请从教师职业道德的角度评析黄老师的教育行为。

【参考答案】
（1）爱岗敬业，认真负责。
黄老师经过观察发现馨馨不爱运动，到午睡时仍然精神饱满，不觉疲倦，因而午睡时总是睡不着。这说明黄老师对工作认真负责。
（2）关爱幼儿，耐心细心。
黄老师发现馨馨睡不着的问题后，先是耐心地告诉她午睡的好处，然后通过加大户外运动量、发金牌、舒缓她的情绪等方法，终于使馨馨每天都能睡得很香了！

(3) 家园合作,主动沟通。

黄老师主动联系家长,请家长配合,让馨馨在家里早睡早起,以帮助她养成良好的午睡习惯。

(每个小点4分,共14分。展开说明2分。)

五、加强安全防范

保护幼儿的生命安全,是幼儿园的基本职责。所以,幼儿园要增强安全意识,加强安全教育,保护幼儿安全,防范事故风险;在保教活动中遇突发事件、面临风险时,教师不得不顾幼儿安危,擅离职守,自行逃离。具体地说,幼儿园的安全防范包括下列五个方面。

(一) 教室活动安全防范

幼儿不在教室中追逐打闹,做剧烈的游戏和运动;需登高时要有教师保护;无论教室在高层还是低层,都不要将身体探出窗外或阳台外。

(二) 课间活动安全防范

要求幼儿做到课间活动时不跳楼梯,不从高处往下跳,不爬栏杆,不滑扶手等;上下楼梯不奔跑,体育活动和课间活动到运动场;上厕所要避开高峰,等等。

(三) 交通安全防范

幼儿园和教师要对幼儿开展走路安全、骑车安全、打出租车安全、铁路和乘火车安全的相关知识与技能教育。

(四) 食品安全防范

教育幼儿不随便吃零食,不吃无营业执照和卫生许可证的商家和小贩的食品;不喝自来水,不吃腐烂的食品,生吃瓜果要清洗或削皮;饭前便后要洗手,等等。

(五) 火灾防范与自救

教师要教育幼儿不玩火,不带打火机、火柴等到幼儿园;不用电器设备,如灯泡、电热器烧烤衣物等。

【历年真题】

【3-14】孙园长切实抓好了地震消防应急预案工作,地震发生时,全园师生顺利转移到安全地带。这说明孙园长注重(　　)。

　　A. 保护幼儿安全　　　　　　B. 幼儿园文化建设
　　C. 促进教师发展　　　　　　D. 幼儿园硬件建设

【参考答案】A。解析:保护、维护幼儿是幼儿园教师义不容辞的责任和义务,具体地说:一是保护幼儿的生命安全,二是保护幼儿的身心健康,三是保护幼儿的合法权益。孙园长切实抓好地震消防应急预案工作,目的是保护幼儿的生命安全。所以,正确选项是A。

六、关心爱护幼儿

关爱是开启心灵的钥匙

幼儿园中班有一个叫戴浩楠的小男孩,非常聪明可爱,但是行为习惯却不是很好,经常在参与活动时愣神或开小差,平时区域活动时也很少说话,不愿意跟小朋友在一起,稚嫩的小脸上经常会露出忧郁的表情。

小浩楠的这种表现引起了孟老师的关注。在一次放学时,孟老师拦住了接他回家的奶奶,和她聊了好长时间。原来,孩子的父母离婚,妈妈离开他回姥姥家好久了,这样的家庭让孩子幼小的心灵受到了伤害,导致他对生活、学习都失去了信心。

了解情况后,孟老师的心里非常难受,她想通过她的努力改变些什么。于是,孟老师找到小浩楠问他:"你为什么总是不开心也不跟其他小朋友玩呢?"他含着眼泪说:"老师,我想妈妈,我怕小朋友笑话我没有妈妈!"听了孩子的话,孟老师忍不住流下了眼泪,她对小浩楠说:"浩楠不要难过,虽然妈妈不在你身边,但在幼儿园,老师就是你的妈妈,老师会像妈妈一样爱你!"此后每天小浩楠来园后,孟老师都会亲亲他或抱抱他,给他特别的关爱。

同时,孟老师也联系了小浩楠的妈妈,希望通过家园合作的办法共同让忧郁的小浩楠开心起来。之后的一天早上,小浩楠一进教室就笑容满面地跟孟老师说:"老师,我妈妈回来了,再也不离开我了!"接下来的日子里,孟老师像平时一样特别关注小浩楠,经常给他表现的机会,对他细微的优秀表现给予赞扬,并鼓励其他小朋友主动跟他玩。经过一段时间的引导,原来孤单自闭的小浩楠变了,变得开朗乐观了,并能主动与小朋友一起玩得很开心![1]

面对因缺少母爱而缺乏安全感的小浩楠,孟老师能够像妈妈一样主动亲近他、关爱他,积极与他沟通,并创造机会发展他的独立交往能力,增强其自信心,帮助他快乐成长,这就是关心爱护幼儿的具体表现。关心爱护幼儿是教师职业道德的基本要求之一,也是身为人师的基本素质之一。关心爱护幼儿有利于培养幼儿的自信心、仁爱心,有利于增强教师的感召力。那么,教师如何做到关心爱护幼儿呢?

(一) 平等公正

人生而平等,每个幼儿都是这个世界的唯一。所以,对班里的幼儿,教师要平等对待;对班里的各种事务,要公正地处理。首先,要关心班里的每一个幼儿,不能偏爱小部分而忽视大部分。其次,要公正对待不同学习成绩的幼儿,不能因学习好就对其宠爱有加,一路优先,而对成绩落后的幼儿则厌弃冷漠,不闻不问。最后,同等对待不同家庭出身的幼儿。教师不能欺贫爱富,对家境优越的幼儿重点关爱、无微不至;对家境不良的幼儿冷眼相对、放之任之。

【历年真题】

【3-15】李老师对父亲是副乡长的小壮一个学期家访了8次,却从未对需要帮助的留守儿童小龙家访过。李老师的做法(   )。

A. 符合主动联系家长的要求　　　　B. 有违平等待生的要求
C. 符合因材施教的教育要求　　　　D. 有违严慈相济的要求

【参考答案】B。解析:首先可以确定李老师的做法是错误的,所以可以将 A 和 C 两个选项排除。关爱幼儿要求平等公正地对待每一个幼儿,其具体含义有三:一是关心班里的每一个幼儿,二是公正地对待不同学习成绩的幼儿,三是同等对待不同家庭出身的幼儿。李老师对父亲是副乡长的小壮一个学期家访了8次,却从未对需要帮助的留守儿童小龙家访过,显然是根据家庭出身采取不同的做法,有违平等公正的要求。所以,正确选项是 B。

---

[1] 孟庆伟.《关爱是开启心灵的钥匙》幼儿园案例分析[EB/OL]. (2013-11-07)[2018-5-28]. http://www.qqhredu.net/newsInfo.aspx? pkId=38108. 收录时有改动。

(二) 严慈相济

关爱幼儿不是纵容、溺爱,而是爱中有严,严中有爱,严慈相济。只有严慈相济的爱,才是对幼儿完整的爱、适度的爱,有利于幼儿健康成长的爱。首先,严格要求。"严师出高徒",没有严格的要求,就不可能造就优秀幼儿,可以说,严格要求是一种特殊的爱,一种高层次的爱。其次,严格适度。严格要求是幼儿成长的前提条件,但教师要根据幼儿的身心特点、实际需求向幼儿提出各种要求,而不是不切实际的要求。最后,体谅宽容。幼儿是处在发展中的人,所以会出现各种各样的状况。教师要体谅幼儿的难处,宽容幼儿的不足,让幼儿在反思中成长,在错误中走向成熟。

(三) 育人为本

育人为本就是教师要处处替幼儿着想,想幼儿之所想,急幼儿之所急。首先,确立幼儿主体的理念,不管是管理还是教学都要从幼儿的实际需要出发,充分发挥幼儿的主体作用。其次,保护幼儿的求知欲,使幼儿保持积极主动的学习心态。再次,承认幼儿差异,因材施教。一个幼儿一个样,这是一种客观存在,教师要充分认识这一点,并根据幼儿的实际情况设计保育教育活动。最后,注重幼儿个性发展,让每个幼儿都成为这个世界上的唯一。

【历年真题】

【3-16】涂鸦活动中,贝贝笔下的卢老师奇丑无比,有同伴讥笑贝贝。卢老师对有些不高兴的贝贝笑着说:"贝贝,你把我的头发画得卷卷的挺好看的。"卢老师的行为体现了(   )。

A. 公正待生   B. 正面激励   C. 严于律己   D. 严慈相济

【参考答案】B。解析:关心爱护幼儿要求教师保护幼儿的积极主动的学习心态。贝贝在涂鸦活动中将卢老师画得奇丑无比,并遭到同伴的讥笑。卢老师笑着说:"贝贝,你把我的头发画得卷卷的挺好看的。"卢老师的话保护了贝贝的自尊心和积极学习的心态,这是一种正面激励的方式。所以,正确选项是B。

(四) 奖罚适度

奖励和惩罚是教师从事教育教学活动的必要手段。适时的奖励能给幼儿前进的动力,激发幼儿的学习热情;适度的惩罚能让幼儿知错能改,朝正确的方向前行。但不管是奖励还是惩罚都要适度、就事论事,以确保幼儿的身心健康。严禁对幼儿进行体罚、心罚。

【历年真题】

【3-17】如右图中,该教师的做法(   )。

A. 正确,可以帮助学生养成良好的学习习惯
B. 正确,教师有权利对学生进行适当处罚
C. 不正确,教师应详细了解情况后再罚站
D. 不正确,教师不能体罚或变相体罚学生

【参考答案】D。解析:首先确定图中的做法是不正确的,这样A和B两项可以排除。然后根据罚站的属性就可以做出正确的选择。罚站,严格地说属于体罚或变相体罚的一种。而体罚或变相体罚是教师职业道德要求所不允许的,据此C选项"教师应详细了解情况后再罚站"错误,教师任何时候都不能体罚或变相体罚幼儿。所以,正确选项是D。

（五）保护维护

首先，保护维护是指保护幼儿的生命安全，这是教师义不容辞的责任，也是对教师关爱幼儿之心是否真诚的一次考验。其次，保护维护是指保护幼儿的身心健康。幼儿正处在身体和心理发展期，教师要切实提高保育教育水平，减轻幼儿的课业负担，保证幼儿的身心健康发展。最后，保护维护是指保护幼儿的权益。幼儿在校依法享有受教育权、享受教育教学资源权等诸多权利，教师要依法进行保护，坚决杜绝侵犯幼儿权益的行为，自觉维护幼儿的合法权利。

七、遵循幼教规律

规律是不以人的意志为转移的客观存在，幼儿教育有其自身的规律，在保育教育活动中只有遵循这些规律才能取得良好的效果。就幼儿教育而言，一是要遵循幼儿身心发展规律，二是要遵循保育与教育规律。前者是基础，后者是保障。幼儿身心发展规律和学习特点是开展科学保教的基础和前提。幼儿园的教育工作应遵循幼儿的身心发展规律和学习特点，否则就可能出现学前教育"小学化"和揠苗助长的现象。所以，幼儿园的保育教育活动要循序渐进，寓教于乐；不得采用学校教育方式提前教授小学内容，不得组织有碍幼儿身心健康的活动。

【历年真题】

【3-18】幼儿园里有的孩子活泼，有的孩子沉默，有的孩子喜欢画画，有的孩子喜欢唱歌。关于导致个体差异的原因不正确的说法是（   ）。

A. 家庭教育和幼儿园教育决定了幼儿发展个体差异
B. 遗传素质的差异性对人的发展有一定的影响
C. 个体通过能动的活动选择建构自我发展
D. 环境的给定性与主体选择性相互作用

【参考答案】A。解析：本题考查影响个体身心发展的因素。影响个人身心发展的因素有遗传、环境、教育和个体的主观能力。遗传因素是个体身心发展的基础，所以 B 选项正确；个体的主观能力是人身心发展的决定因素，所以 C 选项正确；环境为个体的发展提供了条件，所以 D 选项正确；运用排除法可以推断 A 选项错误。所以，正确选项为 A。

【3-19】每次教学活动前，伍老师都会组织小朋友们做"请你跟我这样做"的游戏，每次动作都一样，小朋友们感觉有些乏味。这天伍老师又做这个游戏，她热情地说："请你跟我这样做。"小英突然冒出一声："不想跟你这样做。"全班孩子哄堂大笑。对此，伍老师恰当的做法是（   ）。

A. 停止游戏，直接进入教学活动环节
B. 停止游戏，批评该小朋友扰乱秩序
C. 继续游戏，对小朋友的捣乱声音不予理睬
D. 继续游戏，依据小朋友的兴趣调整游戏动作

【参考答案】D。解析：本题考查的是教师职业行为。教师在保育教育活动中应循循善诱、循序渐进、寓教于乐，促进幼儿的全面发展。A、B 选项，停止游戏，意味着中断教学秩序，违背教学的基本要求，可以排除。C 选项中教师无视幼儿的需要，这种消极的做法显然违背保育教育规律，所以可以排除。D 选项，既保证了正常的教学秩序，又能根据小朋友的兴趣作出调整，体现了伍老师的教学智慧。所以，正确选项是 D。

【3-20】户外游戏时,小时在草地上发现了几只瓢虫,他开心极了,旁边的小朋友围了过来,一起数瓢虫背上有多少个点,还把瓢虫放在手心让它慢慢地爬。这时,张老师走过来对他们说:"脏死了,快扔掉!"小时立即扔掉了瓢虫。张老师的做法违背了( )。

A. 幼儿发展的渐进性 B. 幼儿发展的阶段性
C. 幼儿发展的差异性 D. 幼儿发展的可塑性

【参考答案】B。解析:本题考查儿童身心发展规律。A选项,发展的渐进性是指人的发展是根据一定的次序逐步向前发展的,这与题干无关,故排除。B选项,发展的阶段性是指儿童心理随着"量变"的积累到一定程度,便发生"质变",表现出一些带有本质性的重要差异,呈现出"阶段性",3~6岁的儿童对事物表现好强烈的好奇心,所以看到瓢虫而开心极了,是四个选项中最接近题干要求的。C、D选项与题目无关,可以排除。所以,正确选项是B。

八、秉持公平诚信

公平是指处理事情合情合理,不偏袒某一方面;在与人交往时一视同仁,不厚此薄彼;处理事情时坚持原则,处事公道,光明磊落。诚信,即忠诚老实、言行一致、实事求是,遵守信用,履行诺言。教师在保育教育工作中要做到:维护正义,公平待人,适度竞争;正确地对待幼儿园生活中的不公平现象,学会接受,学会宽容,学会泰然处之;要对人诚信,对事负责;在各级各类考试、测评、考核、评聘、评先树优中不得舞弊作假和发生违背师德、社会公德的行为,或以不正当方式表达诉求。

九、坚守廉洁自律

教师的廉洁自律包括廉洁与自律两个方面。

(一) 廉洁方面的要求

要求教师不得从事有偿家教,不得在民办学校或校外培训机构兼职兼课,不得在其他行业从事有偿经营服务等活动;教师不得向幼儿收取国家规定以外的费用以及索要、收受幼儿家长财物;教师不得向幼儿和家长推销或变相推销学习资料、生活用品或其他商品,从中谋取个人或团体利益;教师不得收受幼儿和家长的礼品、礼金、礼券和吃请。

(二) 自律方面的要求

教师不得歧视、排挤、侮辱、体罚或变相体罚幼儿;教师不得在课堂上接打电话、酒后进教室、在教室内吸烟、穿奇装异服、留怪发型;教师不得参与或组织幼儿参与非法组织、"黄、赌、毒"活动及传播不健康的思想,严禁擅自组织幼儿参加校外集会或商业性活动;教师不得在工作时间打扑克、下象棋、打麻将、上网玩游戏、干私活等与工作无关的活动。

【历年真题】

【3-21】下列选项中,不违背教师职业道德规范的是( )。
A. 王老师收了学生家长赠送的购物卡
B. 赵老师收到了不少学生制作的贺卡
C. 李老师经常让学生家长开车送其回家
D. 宋老师每天都给学生布置过量的练习题

【参考答案】B。解析：《职业道德规范》要求教师"作风正派,廉洁奉公""不利用职务之便谋取私利""关心学生健康,维护学生权益"。《新时代幼儿园教师职业行为十项准则》要求教师"严于律己,清廉从教"。A、C、D选项中教师的行为都属于违规行为。B选项中赵老师收到了不少学生制作的贺卡,不违规,所以正确选项是B。

十、规范保教行为

猥亵幼童被判刑

2019年1月25日,山东省青岛市某幼儿园的某外籍教师在学生午休期间,趁机对一女童进行猥亵,检察院依法对其批准逮捕,法院以猥亵儿童罪判处其有期徒刑5年,待其刑满后将被驱逐出境。当地教育部门约谈相关负责人,责令整改,要求该幼儿园规范办园行为,强化师德师风建设,严格把控教师尤其是外籍教师聘用程序,为幼儿健康成长提供根本保障。同时,对涉事园园长予以辞退处理,撤销该幼儿园省级和市级示范幼儿园资格。①

教师是一个神圣的职业,幼儿园教师应该恪守职业道德,规范职业行为。上述案例中所谓的外教做出这种禽兽不如的事情,自然要受到法律的严惩。那么,幼儿园教师如何才能规范保教行为？具体要求如下。

（一）忠诚教育,志存高远

教师的工作性质有别于其他行业,教师干的是良心活。其工作效果仅仅用按时上下班、按时上下课的办法很难衡量。因此,教师必须怀有忠诚教育之心,才能全身心地投入工作。此外,教师应该有一个远大的理想,即志存高远。既要追求成就幼儿,促进幼儿发展；又要成就自己,努力提高自己的保育教育水平。

【历年真题】

【3-22】尽管工作压力大,事务繁杂,朱老师始终保持积极的工作态度,用微笑面对每一个学生,这体现了朱老师（　　）。

A. 身体素质良好　　　　　　B. 职业心理健康
C. 教学水平高超　　　　　　D. 学科知识丰富

【参考答案】B。解析：朱老师能够始终保持积极的工作态度,用微笑面对每一个学生,说明他爱岗敬业,乐于奉献。"工作态度"属于一种精神状态,"微笑"是心理良好的外在表达,与身体素质、教学水平、知识丰富没有关系。所以,正确选项是B。

（二）甘为人梯,乐于奉献

教师是培养祖国下一代的职业,是幕后的英雄,所以必须拥有无私奉献的精神。甘为人梯,前提是一个"甘"字,就是要愿意；关键是一个"为"字,就是要做；落脚是一个"梯"字,就是铺路。就是说,教师要有一种"配角"意识、"奉献"意识。教育是一项事业,需要有人在台前,有人在幕后；有人在前方,有人在后方；有人当主角,有人当配角。不可能人人都往显处站,不可能人人都担当主角。

---

① 教育部.教育部公开曝光8起违反教师职业行为十项准则典型案例[EB/OL].(2019-12-05)[2021-08-12]. http://www.moe.gov.cn/jyb_xwfb/gzdt_gzdt/s5987/201912/t20191205_410994.html.

【历年真题】

【3-23】 幼儿园实施青年教师成长"导师制",作为导师的李老师手把手地对青年教师进行"传""帮""带"。这体现了李老师（　　）。

A. 廉洁从教,勤恳敬业
B. 因材施教,乐于奉献
C. 团结协作,甘为人梯
D. 治学严谨,勇于创新

【参考答案】 C。解析：李老师手把手地对青年教师进行"传""帮""带",很显然与"团结协作"有关,这促进了青年教师的专业发展,体现了"甘为人梯"的精神。所以,正确选项是C。

（三）勤勤恳恳,高度负责

教师的劳动对象是具有独立意识的人,保育教育过程中随时可能会出现各种意想不到的情况,因此必须认真地对待保育教育活动中的每一个细节,既要认真备课,又要强调幼儿的主体性,还要注意幼儿的心理变化与思想情况。教师如果没有高度的责任感、严格勤恳的工作态度,很难达到良好的效果。

（四）敬业乐业,尽职尽责

敬业是指教师对教育事业怀有敬畏之心。敬业是为了乐业,只有教师喜欢教师职业,不把它当作一种谋生的手段,而把它当作一种事业,才会其乐无穷,达到干一行、爱一行、钻一行、精一行的境界。此外,教师在工作上要认真负责,而不能敷衍塞责;在育人上积极主动,不能事不关己高高挂起。

（五）恪守底线,不谋私利

幼儿园是幼儿园成长的乐园,教师应该给幼儿创造一片纯洁的天空,让幼儿在这里快乐地成长。所以,教师要自觉地抵制社会上的不良风气,弘扬人间正气；此外,应该尊重幼儿权益,抵制不良风气,不组织幼儿参加以营利为目的的表演、竞赛等活动,或泄露幼儿与家长的信息。

【历年真题】

【3-24】 材料：

一天早上,陈一航蹦蹦跳跳地走进教室,在搬椅子时,他发现旁边小朋友的椅子上有一本书没有收好,便大声喊道："余老师,这儿有一本书没有收。"余老师笑着说："那就请你把它送回去,好吗?"他高兴地把书拿往图书角。由于陈一航平时吃饭、睡觉、上课、活动无一不让老师费心,所以余老师一直盯着他的送书过程,生怕他把书拿到别处去。当他把书拿到书柜前,正想顺手往里面一扔时,余老师连忙说："谢谢你哦,你帮了我的一个大忙,要不等会儿我还得自己把书整理好。"他听了后连忙把书放整齐,离开书柜了,还不时地回头看看书本是否会掉下来。

余老师被陈一航的这个行为所触动,立刻走过去,轻轻地拍了拍他,说："陈一航,原来你那么会整理书啊,那你愿意做'图书管理员'吗？把小朋友们没有收好的书,都送到这里来收放整齐。"他高兴地说："当然可以！我放书最整齐了！"之后的一个星期,在余老师的引导下,陈一航很用心地寻找没有收回图书角的书,把书摆放整齐,在其他方面也进步了很多。

问题：

请结合材料,从教师职业道德的角度,评析余老师的教育行为。

【参考答案】
余老师的行为是正确的,符合教师职业道德规范的具体要求。

(1)关爱学生。关爱学生是师德的灵魂,幼儿园教师要关心爱护全体幼儿、尊重幼儿人格、严慈相济,做幼儿的良师益友,平等公正地对待每一位幼儿;不讽刺、挖苦、歧视或者变相体罚幼儿。材料中陈一航日常生活无一不让老师费心,余老师能公正平等地对待他、尊重他,并利用这次放回图书的机会,乘机引导教育,帮助他改正不足,做到了关心爱护全体幼儿。

(2)教书育人。教书育人是教师的天职,教师要遵循教育规律、实施素质教育,循循善诱、诲人不倦、因材施教,培养幼儿良好品行,促进幼儿全面发展;不以分数作为评价学生的唯一标准。材料中余老师在教育引导陈一航时,通过肯定的语言一步步地鼓励他,并利用做"图书管理员"这个方式培养陈一航形成良好的习惯,有利于促进他的全面发展。

(3)为人师表。为人师表是教师职业道德规范的内在要求,教师要做到严于律己、以身作则、语言规范、举止文明、关心集体、团结协作、尊重他人、作风正派、廉洁奉公;不利用职务之便谋取私利。材料中余老师在与陈一航进行交流时,注意用规范的语言、文明的举止对待他,让他有良好的心理体验;余老师亲切的态度、鼓励的语言对陈一航行为习惯的培养有很大的促进作用。

(每个小点4分,共12分。展开说明占2分。)

【3-25】材料:

冯老师针对幼儿个体差异性在班内开设了"读书小报""群星园""我爱发明"等专栏,展示学生作品,激励学生。同时,她为每一名幼儿建立了成长档案,记录他们的成长过程,深受家长的认同。小华的爸爸是一位戍边军人,常年不在家,冯老师将小华的成长档案整理后寄给了他。收到冯老师寄来的成长档案后,小华的爸爸很激动。他给冯老师回信道:"因为您的倾情教育、悉心培养,小华进步很大,看到孩子成长的点点滴滴,愧疚之余,更多的是对您的感激!您的付出难以回报,现寄上边疆的一点土特产,聊表心意!"冯老师读着小华爸爸的来信很是高兴,随后也收到了小华爸爸寄来的土特产,她以小华爸爸的名义将土特产悄悄地寄给了小华的奶奶。

问题:

请结合材料,从教师职业道德的角度,评析冯老师的教育行为。

【参考答案】

冯老师的行为是正确的,符合教师职业道德规范的具体要求。

(1)实施素质教育,为幼儿全面发展创造条件。"读书小报""群星园""我爱发明"等专栏,都是实施素质教育的合适路径,可以让幼儿各自发挥特长,产生对学习与创造的兴趣。

(2)关爱幼儿,形成了家园教育合力。冯老师为幼儿建立成长档案,与家长沟通,充分了解幼儿,家庭与幼儿园一起给幼儿创造一个优良的成长环境。

(3)廉洁从教,不收受家长礼品。冯老师将收到的小华爸爸寄来的土特产悄悄地寄给了小华的奶奶,保持了为人师表的道德品质。

(每个小点4分,共12分。展开说明占2分。)

【3-26】每年王老师都给自己制订读书计划,并严格执行。这体现了王老师注重( )。
A. 团结协作 B. 教学创新 C. 终身学习 D. 循循善诱

【参考答案】C。解析:终身学习是指社会每个成员为适应社会发展和实现个体发展的需要,贯穿于人的一生的、持续的学习过程。王老师每年都给自己制订读书计划,并严格执行,说明她不仅有终身学习的意识,而且将终身学习的理念落到实处。所以,正确选项是C。

【3-27】材料:

幼儿园小二班有个叫涛涛的孩子,因为有全家人的宠爱,自己的东西从来不让别人碰,还很任性。一天,幼儿园开展区域游戏活动,涛涛想去搭积木,可是建构区里已经挤了很多孩子,涛涛不管那么多,拼命往里挤,边挤边推正在堆积木的幼儿,嘴里还嚷嚷:"你们让开,我先玩。"看见没有人让自己,他一屁股坐在地上大哭起来。这个过程被李老师看在眼里,李老师走过去将涛涛扶起来,说:"涛涛,你继续哭的话,那么多好玩的玩具你都玩不到了,不如我们先到别的地方玩,等一会儿再回来搭积木。"涛涛止住了哭声,点了点头,跟李老师走到另一个活动区玩起了拼图,一会儿就拼出小花来,涛涛开心地笑了。李老师趁机说:"我们能不能邀请其他小朋友一起来拼出更有趣的图案呢?"涛涛点点头,高兴地跑去找其他小朋友了。之后,李老师有意引导涛涛和其他小朋友玩游戏。慢慢地,涛涛不再只顾自己的感受,也能与同伴分享玩具了。

问题:

结合材料,从教师职业道德的角度,评析李老师的教育行为。

【参考答案】

李老师的行为符合教师职业道德规范的相关要求,值得我们学习。

(1)教书育人,循循善诱,培养幼儿与人分享的观念。

材料中李老师对涛涛的行为,并不是简单粗暴地加以制止,而是认真引导并教育他学会和其他小朋友分享,促进了幼儿身心的全面健康发展。

(2)关爱幼儿,尊重幼儿人格,做幼儿的良师益友。

李老师面对涛涛的"以自我为中心"和任性,注意引导涛涛先去拼图,再玩积木,并在拼图的过程中李老师引导涛涛学会分享自己的成果,主动和其他小朋友合作。李老师的这种行为体现了对所有幼儿的关心和爱护,真正做到了成为幼儿的良师益友。

(3)机智灵活,根据幼儿身心发展规律进行保育教育活动。

材料中李老师面对涛涛的行为,没有强制改变其不良的习惯,而是遵循幼儿心理发展的规律,逐步引导,最后涛涛愿意与同伴分享玩具。

(每个小点4分,共12分。展开说明占2分。)

【3-28】材料:

徐老师的班上新来了一个男孩,不爱说话,更没有笑声。徐老师问他叫什么名字,他只会摇头。通过和家长交谈,徐老师知道这个名叫晓天的男孩从小失去母亲,爸爸忙于生计也无暇顾及他,所以晓天性格孤僻,语言表达能力很差,动作发育迟缓。

了解到晓天的身世后,徐老师更加关心晓天,在教室里为他专门准备了开发智力的玩具,还亲手为他编织毛衣。徐老师经常亲切地跟晓天说话,教他练习发音,以提高其语言表达能力;利用图片和图书为他讲故事,以提高其理解能力;跟他一起堆积木、折纸,以提高其动手能力。徐老师还指导晓天的爸爸在家里如何对孩子进行早期智力训练。

时间一天天过去,渐渐地,晓天的眼睛亮了,能与人进行简单的交谈了,脸上也常挂着微笑。

问题:

请从教师职业道德的角度评价徐老师的保教行为。

【参考答案】

徐老师的保教行为符合教师职业道德的相关要求,值得肯定。

(1)爱岗敬业,研究幼儿,了解幼儿的实际情况。

徐老师热爱幼儿教育事业,当班里来了一个不爱说话,更没有笑声的男孩,她就通过调查了解幼儿的实际情况,以便采取适合的教育方法。

(2)关爱幼儿,引导幼儿,做幼儿的良师益友。

在了解到晓天的身世后,徐老师从学习和生活上更加关心晓天,如为他准备开发智力的玩具、为他织毛衣、经常跟他说话等。

(3)教书育人,因材施教,创新教学方法。

教书育人要求教师遵循教育规律,实施素质教育,循循善诱、诲人不倦、因材施教。徐老师在了解了晓天情况的基础上,从开发智力、培养语言表达能力、提升理解能力与动手能力等多方面入手,符合因材施教的教育要求,也符合该幼儿的身心发展需要。

(4)家园合作,指导家长,形成教育合力。

徐老师不仅仅自己想方设法对晓天进行教育,还积极联系家长,了解晓天情况后,与家长交流教育经验与方法,从而形成教育合力,最终促使晓天得到了健康发展。

(每个小点3分,共12分。结合材料说明2分。)

☆备考点睛☆

回答"从教师职业道德的角度评析××教师的教育行为"这类题目,常用的知识要点如下:

(1)爱岗敬业、研究幼儿、理解幼儿、乐于奉献、认真负责;(2)关爱幼儿、尊重维护、良师益友、一视同仁、公平公正、耐心细心、严慈相济;(3)培幼育人、循循善诱、机智灵活、引导指导、因材施教、教育机智、关注细节、创新教法;(4)家园合作、指导家长、自我反思等。

一般情况下,可以用上面的词汇开头,然后结合材料确定答题要点。如:(1)爱岗敬业,研究幼儿,了解幼儿的实际情况;(2)关爱幼儿,尊重幼儿,做幼儿的知心姐姐;(3)培幼育人,循循善诱,培养幼儿与人合作的观念;(4)机智灵活,根据幼儿身心发展规律进行保育教育活动;(5)教书育人,因材施教,创新保育教育方法;(6)家园合作,指导家长,形成教育合力;(7)反思自己的教育行为,不断提高自己的专业水平;(8)针对问题,耐心细致地进行教育;等等。

本章知识结构

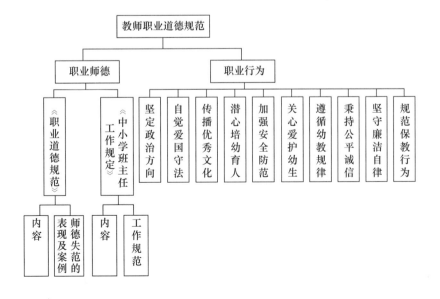

本章备考小结

（一）本章主要内容

1. 教师职业道德与教师职业行为的内涵。

2. 《职业道德规范》《中小学班主任工作规定》《新时代幼儿园教师职业行为十项准则》的基本内容。

3. 爱国守法、爱岗敬业、关爱学生、教书育人、为人师表、终身学习的具体内容与基本要求；《新时代幼儿园教师职业行为十项准则》的具体内容和基本要求。

（二）本章的重点、难点

本章的重点是教师职业道德规范与十项职业行为准则的具体要求。考生特别要牢记爱国守法、爱岗敬业、关爱学生（幼儿）、教书育人、为人师表、终身学习六大规范和十项职业行为准则。本章的难点是如何根据这六大规范和十项职业行为准则分析具体的保育教育活动，并进行科学的评判。

（三）学习时注意的问题

1. 熟记《职业道德规范》《中小学班主任规定》《新时代幼儿园教师职业行为十项准则》的基本内容。

2. 识记并理解六大规范和十项职业行为准则，同时理解其具体要求。

3. 运用六大规范和十项职业行为准则对现实保育教育活动进行分析与评价。

4. 学习时一定要注意牢记六大规范和十项职业行为准则，同时尽可能多地收集身边的案例，通过案例分析达到理解与记忆，这样才可以做到举一反三。

备考指南

本章讨论的是教师职业道德和教师职业行为，两者具有极大的关联性，考试题型多为选择题与材料分析题。考生在学习时首先要熟记《职业道德规范》《中小学班主任工作规定》《新时代幼儿园教师职业行为十项准则》的基本内容，重点要熟记爱国守法、爱岗敬业、关爱学生、教书育人、为人师表、终身学习六大规范和十项职业行为准则。同时，注意理解六大规范和十项职业行为准则的具体含义，以及在保育教育活动中如何运用。考生要注意结合教育案例理解六大规范和十项职业行为准则，重点放在六大规范和十项职业行为准则的解释与分析教师职业道德的具体案例上，特别注意道德模范与道德失范事件的分析与评价。

考前自测训练

一、单项选择题

1. 按照规定，中小学（幼儿园）每个班级应当配备一名班主任，班主任由学校（幼儿园）从班级任课教师中选聘。聘期一般应连续（　　）。
   A. 一学期以上　　B. 一学年以上　　C. 三学期以上　　D. 两学年以上

2. 根据《中小学班主任工作条例》，班主任工作量计入教师基本工作量，具体计算的标准是当地教师标准课时工作量的（　　）。
   A. 三分之一　　B. 四分之一　　C. 五分之一　　D. 一半

3. 有位幼儿将几片纸屑随意扔在走廊上,王老师路过时顺手捡起来并丢进垃圾桶,该幼儿满脸羞愧,王老师的行为体现的职业道德是(　　)。
   A. 热爱幼儿　　　　B. 爱岗敬业　　　　C. 廉洁奉公　　　　D. 为人师表
4. 下图漫画讽刺了某些教师的行为,这种行为所违背的师德规范是(　　)。

   A. 依法执教　　　　B. 热爱幼儿　　　　C. 爱岗敬业　　　　D. 廉洁从教
5. 新入职的李老师希望听几节老教师张老师的课,但张老师说:"我的课上得不好,就不要听了。"这表明张老师(　　)
   A. 缺乏专业发展意识　　　　　　　B. 缺乏团队合作精神
   C. 能够尊重信任同行　　　　　　　D. 鼓励同事自我提升
6. 吴老师在调整座位时,通常让表现好的小朋友先挑,而表现欠佳的由老师安排。吴老师的做法(　　)。
   A. 利于激励幼儿　　　　　　　　　B. 有失教育公平
   C. 便于班级管理　　　　　　　　　D. 违背因材施教
7. 黄老师看见某个瘦小的幼儿吃饭慢,就对他说:"你还不快点吃饭,瘦得像个吸毒的,你妈妈是不是吸毒?"弄得该小朋友满脸羞愧。这种行为说明了黄老师(　　)。
   A. 教育语言有失规范　　　　　　　B. 无视幼儿人格尊严
   C. 批评幼儿严而有格　　　　　　　D. 管理幼儿严慈相济
8. 对幼儿家长所送的礼物,教师正确的处理方式是(　　)。
   A. 教师节时可以接受　　　　　　　B. 幼儿自己做的可以收
   C. 不能在公共场所收　　　　　　　D. 任何礼物都不能收
9. 有人建议对违反纪律的小朋友进行罚款,李老师拒绝了这一建议。这表明李老师(　　)。
   A. 依法执教　　　　B. 关爱幼儿　　　　C. 乐于奉献　　　　D. 廉洁从教
10. "只有集体和教师首先看到幼儿的优点,幼儿才能产生上进心。"此话说明教师要(　　)。
    A. 尊重和理解幼儿　　　　　　　　B. 团结和关心幼儿
    C. 严格要求幼儿　　　　　　　　　D. 经常激励幼儿

二、材料题
1. 根据材料,回答问题。
材料:
一个中班的小朋友不慎在厕所里弄得裤子、鞋子上都是粪便。张老师给她脱掉满是粪便的裤子和鞋子,一遍遍给她清洗身体,并把衣服洗得干干净净。这位小朋友接过衣服的时候,两眼含着感激的泪水说:"张老师,您比妈妈还好。"这话一点儿也不夸张。不知有多少次,张老师给呕吐的小朋友打扫脏物,给小朋友系鞋带、擦鼻涕;又不知有多少次,她给小朋友喂饭,端来倒开水,给小朋友服药,一连两个月给患眼病的小朋友上眼药,扶着烫伤脚的小朋友上厕所。有很多家长拉着张老师的手说:"孩子交给您,我们心里踏实。"

问题：

从教师职业道德的角度，分析材料中张老师的行为。

2．根据材料，回答问题。

材料：

下午的点心是每人一块蛋糕、一杯牛奶，孩子们像往常一样静静地品尝着自己的那一份。发完后，我发现袋子里还有一块蛋糕，就随手给了旁边的莉莉，可没想到我这个无心之举却引起了一场"风波"，莉莉脸上露出了得意的笑容，举起那块蛋糕，在小朋友面前炫耀起来："这是李老师多给我吃的！"其他孩子有的向她投去了羡慕的目光，有的向我桌上投来搜寻的眼神。孩子们接着纷纷议论起来，有的一本正经地说："她小，所以李老师才给她吃的呢！"有的愤愤不平地说："李老师一定是喜欢莉莉。"

这时，我才意识到事情的"严重性"。我的举动欠考虑，冷落了其他小朋友。我马上进行补救："今天多的一块蛋糕，老师给了莉莉，以后多下来的点心，老师会发给别的小朋友，大家轮流吃，你们说好吗？"孩子们脸上的复杂表情马上都消失了，大声喊道："好！"

问题：

请从教师职业道德的角度，评析材料中李老师的教育行为。

第四章 文化素养

考纲内容

1. 了解一定的文化常识与文学常识。
2. 了解中外科技发展史上的代表人物及其主要成就。
3. 了解一定的科学常识,熟悉常见的幼儿科普读物。
4. 了解中外文学史上重要的作家作品,尤其是常见的儿童文学作品。

考纲解读

幼儿园教师需要广博的文化素养,文化素养是教师开展教育教学工作的基础,也是提高教师地位、提高保育教育工作效率的前提条件。文化素养一般包括文化常识、科技发展史知识、科学常识、文学常识等。文化素养不是一时半刻就能形成的,而是需要长期的积累。文化素养模块主要考查考生的知识面,因此要了解上述各领域的重要信息,并能够准确地提取出来。

引子

老师,天为什么会下雨?

"老师,天为什么会下雨呢?奇怪啊,真奇怪。"小面瓜望着窗外千条线万条线,无限感慨。年轻的方老师正思考着如何给小面瓜解释。小面瓜又问开了:"是不是太阳公公和月亮婆婆要洗衣服啊?"方老师笑着说:"小面瓜的想象力真丰富!天为什么要下雨呢?雨是从云中降落的水滴,陆地和海洋表面的水蒸发变成水蒸气,水蒸气上升到一定高度之后遇冷变成小水滴,这些小水滴组成了云,它们在云里互相碰撞,合并成大水滴,当它大到空气都托不住的时候,就从云中落了下来,形成了雨。"小面瓜听得很认真,但似乎并没有听懂。方老师接着说,"小面瓜,你现在要学好本领,长大后去探究这个神秘的世界,好不好?"

天为什么会下雨?天为什么要打雷?生病了为什么要吃药?端午为什么要吃粽子?诸如此类的问题在幼儿园十分常见,而要准确地回答这些问题就需要相应的文化素养。那么,幼儿园教师需要哪些最基本的文化素养呢?

第一节 文化常识

一、中国文化常识

（一）传统思想

表 4-1 中列举了我国古代不同历史时期的一些主要代表思想及其代表人物。

表 4-1 我国古代的主要代表思想及其代表人物

时期	派别	代表人物	主要思想及政治主张	相关作品	备注
春秋战国	道家	老子	主要思想：① 无为而治、不言之教，物极必反，虚心实腹、不与人争；② 天人合一，道法自然，顺其自然；③ 清净无为，以柔克刚。政治主张：无为而治、小国寡民	《道德经》	老子为道家学派创始人，世称李耳、老聃
		庄子		《庄子》	庄子与老子并称"老庄"
		列子		《列子》	
	儒家	孔子	主要思想：仁、礼 政治思想：为政以德（又称德治或礼治）	修订"六经"（《诗》《书》《礼》《乐》《易》《春秋》）	孔子为儒家学派创始人
		孟子	主要思想：性善论 政治思想：仁政、民贵君轻	《孟子》	孟子被追封为"亚圣"
		荀子	人定胜天、性恶论	《荀子》	—
	墨家	墨子	"兼爱""非攻""尚贤""尚同""天志""明鬼"	《墨子》	—
	法家	韩非、李斯	主要思想：以"法治"代替"礼治"，富国强兵 政治主张："不别亲疏，不殊贵贱，一断于法""君臣上下贵贱皆从法"，依法治国	《韩非子》	—
	兵家	孙武、吴起、孙膑、尉缭、魏无忌、白起	"达于道""知己知彼，百战不殆"	《孙子兵法》《孙膑兵法》	—
战国末年至汉初	阴阳家	邹衍	阴阳说、五行学说	《邹子》	—
西汉	新儒学	董仲舒	"罢黜百家，独尊儒术""君权神授""三纲五常""天人感应"	—	董仲舒使儒学成为中国社会正统思想
宋明	理学（道学）	程颢、程颐、朱熹等	"存天理，灭人欲""人轮者，天理也"	—	
	心学	陆九渊、王阳明	"心外无物""知行合一"	—	为儒学的一个门派

【历年真题】

【4-1】 下列人物中,相传曾整理《诗》《书》等古代典籍,并删修《春秋》的是( )。
A. 孔子　　　　　B. 老子　　　　　C. 孟子　　　　　D. 荀子
【参考答案】 A。解析:孔子晚年致力于教育,整理《诗》《书》等古代典籍,并删修《春秋》。所以,正确选项是A。

【4-2】 下列先秦思想家中,主张施仁政行王道的一位是( )。
A. 管子　　　　　B. 墨子　　　　　C. 荀子　　　　　D. 孟子
【参考答案】 D。解析:孟子,名轲,字子舆,邹国(现山东省邹城市)人。战国时期伟大的思想家、政治家、文学家,儒家的主要代表之一。孟子在政治上主张法先王、行仁政;在学说上推崇孔子,反对杨朱、墨翟。孟子继承并发展了孔子的思想,被后世尊称为亚圣。所以,正确选项是D。

(二) 天文历法

1. 四象

古代人把东、西、南、北每一方的七宿想象为四种形象动物,分别为东宫苍龙、西宫白虎、南宫朱雀、北宫玄武。后人也通俗地称四象为左青龙、右白虎、南朱雀、北玄武。

2. 五更

五更又称五鼓,五夜。一更为19~21点,在戌时,称黄昏,又名日夕、日暮、日晚等。二更为21~23点,在亥时,名人定,又名定昏等。三更为23~次日凌晨1点,在子时,名夜半,又名子夜、中夜等。四更为1~3点,在丑时,名鸡鸣,又名荒鸡,十二时辰的第二个时辰。五更为3~5点,在寅时,称平旦,又称黎明、早晨、日旦等,是夜与日的交替之际。

3. 二十四节气

立春、雨水、惊蛰、春分、清明、谷雨;立夏、小满、芒种、夏至、小暑、大暑;立秋、处暑、白露、秋分、寒露、霜降;立冬、小雪、大雪、冬至、小寒、大寒。在二十四节气中,夏至白昼最长,冬至白昼最短,春分和秋分是昼夜等长。

资料卡片

二十四节气歌

春雨惊春清谷天,夏满芒夏暑相连。秋处露秋寒霜降,冬雪雪冬小大寒。
每月两节不变更,最多相差一两天。上半年来六廿一,下半年是八廿三。

---

4. 四时

天有四时,春秋冬夏。农历以正月、二月、三月为春季,分别称为孟春、仲春、季春;以四月、五月、六月为夏季,分别称为孟夏、仲夏、季夏;秋、冬季依次类推。

5. 干支

天干地支,简称干支。在中国古代的历法中,甲、乙、丙、丁、戊、己、庚、辛、壬、癸被称为"十天干",子、丑、寅、卯、辰、巳、午、未、申、酉、戌、亥叫作十二地支。十天干和十二地支依次相配,组成六十个基本单位,两者按固定的顺序互相配合,组成了干支纪年法。

6. 纪年法

我国古代纪年法主要有四种:(1) 王公即位年次纪年法。以王公在位年数来纪年,如鲁僖公三十三年。(2) 年号纪年法。汉武帝起开始有年号。此后每个皇帝即位都要改元,并以年号纪年,如德祐二年。(3)干支纪年法。以甲、乙、丙、丁、戊、己、庚、辛、壬、癸十天干和子、丑、寅、卯、辰、巳、午、未、申、酉、戌、亥十二地支按顺序组合起来,如辛亥革命。(4)年号干支兼用法。纪年时皇帝年号置前,干支列后,如淳熙丙申至日。

(三) 传统节日

1. 春节

农历正月初一,亦称元日,有祭神、贴桃符的习俗。相传东海度朔山大桃树下有神荼、郁垒二神,能食百鬼。古人用桃木画二神像,悬挂在门口来驱鬼。五代开始在符上写联语,后来演变成春联。王安石的《元日》中有:"千门万户曈曈日,总把新桃换旧符。"

2. 上元节

农历正月十五,亦称元宵节、元夕、元夜。古代习俗在上元夜张灯为戏,所以又称灯节。欧阳修的《生查子·元夕》中有:"去年元夜时,花市灯如昼。"

3. 社日

农家祭土地神的日子,汉以前只有春社,汉以后开始有秋社。春社在春分前后,秋社在秋分前后。社日这一天,乡邻们在土地庙集会,准备酒肉祭神,然后宴饮。王驾的《社日》中有:"桑柘影斜春社散,家家扶得醉人归。"

4. 寒食

清明节前一二日,即冬至后105天,有时是106天。相传起源于晋文公悼念介之推,介之推在绵上之山隐居,晋文公为逼他下山而放火,他抱树而死。晋文公便下令这一天禁火寒食,以后演变为寒食节。每逢寒食节,人们要禁火三日。元稹的《连昌宫词》中有:"初过寒食一百六,店舍无烟宫树绿。"

5. 清明节

清明节的习俗主要是踏青和扫墓。杜牧的《清明》中有:"清明时节雨纷纷,路上行人欲断魂。"

6. 上巳节

上巳节原定于农历三月上旬的一个巳日,所以叫上巳。曹魏以后,这个节日固定在三月三日。早先,人们到水边去游玩采兰,以驱除邪气。后来,演变成水边宴饮,郊外春游的节日。杜甫的《丽人行》中有:"三月三日天气新,长安水边多丽人。"

7. 端午节

端午节在农历五月初五,又称端阳、重五,"端"是"初"的意思。据说屈原在五月初五投江,人们争渡去救屈原,后来演变成划龙舟的传统。人们还投粽子到江里,以保护屈原的遗体,又有了吃粽子的传统。唐以后端午成为大节日,朝廷有赏赐。杜甫的《端午日赐衣》中有:"宫衣亦有名,端午被恩荣。"

8. 七夕节

七夕节在农历七月七日,民间传说此日夜间牛郎织女鹊桥相会,妇女们结彩楼,陈酒脯瓜果于庭中,以乞巧,所以七夕节又称乞巧节。和凝的《宫词》中有:"阑珊星斗缀珠光,七夕宫嫔乞巧忙。"

9. 中秋节

中秋节在农历八月十五日。八月十五在秋季的正中,所以叫中秋。此时秋高气爽,月光最美,为赏月佳节。苏轼的《水调歌头》中有:"明月几时有,把酒问青天。"韦庄的《送秀才归荆溪》中有:"八月中秋月正圆,送君吟上木兰船。"

10. 重阳节

重阳节在农历九月初九,又称重九。古人认为九是阳数,日月都逢九,所以称为重阳。古人认为此日戴茱萸囊登山,饮菊花酒可以免祸,于是便有了这一天登高饮酒的习惯。传承至今,又添加了敬老等内涵。王维的《九月九日忆山东兄弟》中有:"遥知兄弟登高处,遍插茱萸少一人。"

11. 除夕

除夕指农历中一年最后一天的晚上。"除"是除旧布新的意思。除夕人们往往通宵不眠,叫守岁。苏轼的《守岁》中有:"儿童强不睡,相守夜欢哗。"

【历年真题】

【4-3】下列节日中,"江边枫落菊花黄,少长登高一望乡"所描写的是( )。
A. 清明节　　　　B. 端午节　　　　C. 中秋节　　　　D. 重阳节
【参考答案】D。解析:题干中的诗句出自唐朝崔国辅的《九月九日》,意思是江边枫树的叶子已经飘落,菊花也变得枯黄。全家老少在登高节这天一同登上高处,遥望故乡。考生可根据诗中关键词"枫落""菊花""登高"来推出描写的是重阳节。所以,正确选项是D。

(四) 传统艺术

(1) 岁寒三友:松、竹、梅。

(2) 花中四君子:梅、兰、竹、菊。

(3) 文人四友:琴、棋、书、画。

(4) 文房四宝:笔、墨、纸、砚。

(5) 四库全书:经、史、子、集。

(6) 三纲五常:"三纲"指君为臣纲、父为子纲、夫为妻纲;"五常"指仁、义、礼、智、信。

(7) 五金:金、银、铜、铁、锡。

(8) 五彩:青、黄、赤、白、黑。

(9) 五味:酸、甜、苦、辣、咸。

(10) 五行:金、木、水、火、土。

(11) 五声:也称五音,即我国古代五声音阶中的宫、商、角、徵、羽五个音级。

(12) 四大名瓷窑:河北的瓷州窑、浙江的龙泉窑、江西的景德镇窑、福建的德化窑。

(13) 四大石窟:敦煌莫高窟、大同云冈石窟、洛阳龙门石窟、天水麦积山石窟。

(14) 四大名旦:梅兰芳、程砚秋、尚小云、荀慧生。

(15) 四大名绣:湘绣、蜀绣、粤绣、苏绣。

(16) 永字八法:永字八法是说"永"字具有点、横、竖、钩、提、撇、短撇、捺八种笔画。

(17) 阳文阴文:我国古代刻在器物上的文字,笔画凸起的叫阳文,凹下的叫阴文。

(18) 四大民间传说:"牛郎织女""孟姜女""梁山伯与祝英台""白蛇与许仙"。

(19) 四大文化遗产:《明清档案》《殷墟甲骨》《居延汉简》《敦煌经卷》。

(20) 中国戏曲:京剧、越剧、评剧、秦腔、潮剧、昆曲、湘剧、豫剧、二人转、河北梆子、川剧、黄梅戏、粤剧、花鼓戏等。

【历年真题】

【4-4】"梁山伯与祝英台"是我国著名的民间传说,多种地方剧种都表现过相关的内容,其中何占豪、陈刚的小提琴协奏曲《梁祝》的创作,所依据的地方剧种是( )。

A. 粤剧　　　　B. 川剧　　　　C. 豫剧　　　　D. 越剧

【参考答案】D。解析:1959 年,何占豪与陈钢合作创作以越剧音乐为素材的小提琴协奏曲《梁山伯与祝英台》,演出大获成功,一举而为世界名作。所以,正确选项是 D。

(21) 生旦净末丑:生指净、丑以外的男性角色的统称,分为小生、老生、武生;旦指女性角色之统称,分为花旦、刀马旦、老旦、青衣;净,俗称花脸;末指年纪较大男性;丑指丑角,分为文丑、武丑。

(22) 红脸、黑脸、黄脸、白脸、蓝脸:红脸代表忠贞、英勇的人物性格,如关羽;黑脸代表正直、无私、刚直不阿的人物性格,如包公;黄脸代表枭勇、凶猛的人物性格,如宇文成都;白脸代表阴险、多疑、奸诈的人物性格,如曹操;蓝脸表现刚强、骁勇、有心计的人物性格,如窦尔敦。

(23) 古典十大名曲:《高山流水》《梅花三弄》《夕阳箫鼓》《汉宫秋月》《阳春白雪》《渔樵问答》《胡笳十八拍》《广陵散》《平沙落雁》《十面埋伏》。

(五) 古代称谓

1. 常见借代词语

古代常见的借代词语如表 4-2 所示。

表 4-2　古代常见的借代词语

词语	代指	词语	代指	词语	代指
桑梓	家乡	须眉	男子	垂髫	小孩
桃李	学生	婵娟、嫦娥	月亮	三尺	法律
社稷、轩辕	国家	手足	兄弟	函、简、笺、鸿雁、札	书信
南冠	囚犯	汗青	史册	庙堂	朝廷
同窗	同学	伉俪	夫妻	桂冠、鳌头、榜首、问鼎、夺魁	第一
烽烟	战争	白丁、布衣	百姓	杏林	医学界
巾帼	妇女	伛偻、黄发	老人		
丝竹	音乐	桑麻	农事		

2. 别称

(1) 兄弟行辈中长幼排行的次序。伯(孟)是老大,仲是老二,叔是老三,季是老四。

(2) 称呼自己,可用鄙人、不才、小生、在下等。

(3) 对他人称呼自己的亲属时,父母可称家父、家母,哥哥和姐姐可称家兄、家姊,弟弟和妹妹可称舍弟、舍妹,妻子可称贱内、拙荆,儿子可称犬子、小犬,女儿可称小女,等等。

(4) 称呼对方亲属时,对方的父母可称高堂,父亲可称令尊,对方的母亲可称令堂、令慈,对方的妻子可称令妻、令正,对方兄弟可称昆仲、昆玉、令兄(弟),对方的儿子可称令郎、令嗣、公子,对方的女儿可称千金、令爱,等等。

3. 年龄称谓

不同年龄的称谓如表 4-3 所示。

表 4-3 不同年龄的称谓

称谓	年龄	称谓	年龄	称谓	年龄
襁褓	不满周岁	弱冠	二十岁(男)	喜寿	七十岁岁
孩提	两三岁	而立之年	三十岁(男)	伞寿	八十岁
垂髫	三四岁到七(女)、八(男)岁	不惑之年	四十岁	米寿	八十八岁
总角	八九岁到十三四岁	知命之年	五十岁	白寿	九十九岁
豆蔻年华	十三四岁(女)	花甲(耳顺)之年	六十岁	期颐之年	一百岁
束发	十五岁(男)	古稀之年	七十岁		
及笄	十五岁(女)	耄耋之年	八九十岁		

（六）科举制度

1. 古代学校

古代的学校有庠、序、太学等名称，明清时最高学府为国子监。

2. 科举

科举制度是中国古代读书人参加人才选拔考试的制度。自明朝以来，科举考试分为四级：童生试（又称院试）、乡试、会试和殿试，考试内容多为儒家经义，以"四书"文句为题，规定文章格式为八股文，解释必须以朱熹《四书集注》为标准。

3. 功名

乡试的第一名为解元，会试的第一名为会元，殿试的前三名为：状元、榜眼、探花。殿试中考中进士称为"金榜题名"。

4. 连中三元

在乡试、会试和殿试中连续获得第一名，被称为"连中三元"。

【历年真题】

【4-5】我国科举考试中有"连中三元"之说，其中"三元"指的是（   ）。
  A. 秀才、举人、进士　　　　　　B. 状元、榜眼、探花
  C. 解元、会元、状元　　　　　　D. 乡试、会试、殿试

【参考答案】C。解析：我国古代科举考试分乡试、会试、殿试三级。乡试第一名为解元，会试的第一名为会元，殿试的第一名为状元。解元、会元、状元合称"三元"。接连在乡试、会试、殿试中考中了第一名，称"连中三元"。所以，正确选项是C。

（七）古代官职变动

迁：调职、调动，一般指升官；左迁则为降职调动。谪：降职并远调。拜：授给官职。授：授予官职。擢：选拔，提拔。除：免去旧职而任新职。罢：罢免、停职。免：免除官职。黜：废黜，贬退，也用于剥夺王位或太子的继承权。

（八）古代地理

1. 山水阴阳

阴：山北水南；阳：山南水北。

2. 左东右西

左：东为左；右：西为右。

3. 江河

河：黄河；江：长江。

4. 五岳

"五岳"指东岳泰山(山东省)、西岳华山(陕西省)、南岳衡山(湖南省)、北岳恒山(山西省)、中岳嵩山(河南省)。

【历年真题】

【4-6】"五岳"是我国的五大名山，下列不属于"五岳"的一项是(　　)。
A. 泰山　　　　B. 华山　　　　C. 黄山　　　　D. 衡山
【参考答案】C。解析：五岳分别是东岳泰山(山东省)、西岳华山(陕西省)、南岳衡山(湖南省)、北岳恒山(山西省)、中岳嵩山(河南省)。所以，正确选项是C。

5. 佛教四大名山

五台山(山西省)、九华山(安徽省)、峨眉山(四川省)、普陀山(浙江省)。

6. 六合

天、地、东、南、西、北六个方位。

7. 八荒

东、东南、南、西南、西、西北、北、东北八个方向。

8. 中国的古称

九州、神州、赤县、华夏、九土、中华、海内。

9. 江南三大名楼

岳阳楼(湖南省)、黄鹤楼(湖北省)、滕王阁(江西省)。

（九）中国绘画

中国画按内容主要分为人物、花鸟、山水三大类，代表画家及其作品有：

(1) 顾恺之，东晋画家，水墨画鼻祖之一，代表作有《洛神赋图》《女史箴图》。

(2) 阎立本，唐代画家，代表作有《步辇图》《历代帝王图》。

(3) 吴道子，唐代画家，后世尊称为"画圣"，代表作有《送子天王图》《十指钟馗图》。

(4) 张择端，北宋画家，代表作《清明上河图》是世界名画之一。

(5) 黄公望、王蒙、倪瓒、吴镇被称为"元四家"。《富春山居图》为黄公望的传世名作。这幅画如今断为两截，前半截藏于浙江省博物馆，后半截藏于台北"故宫博物院"。

(6) 唐寅，明朝画家、文学家，"明四家"之一，代表作有《落霞孤鹜图》《秋风纨扇图》。

(7) 郑燮，号板桥，清代画家，人称板桥先生。代表作有《修竹新篁图》《兰竹芳馨图》等，著有《郑板桥集》。

(8) 齐白石，近现代中国绘画大师，代表作有《墨轩》《蛙声十里出山泉》。

(9) 张大千，国画大师，代表作有《庐山图》《长江万里图》《四屏大荷花》等。

(10) 徐悲鸿，现代画家，代表作有《群马图》《愚公移山》等。

二、世界文化常识

（一）四大文明古国

四大文明古国指古埃及、古巴比伦、古印度、中国。古埃及文明代表：象形文字，十进位制的计算方法，制定世界上最早的太阳历等。古巴比伦文明代表：楔形文字，制定汉穆拉比法典,用肉眼观测月食等。古印度文明代表:《罗摩衍那》和《摩诃婆罗多》两部世界著名史诗,建筑和雕刻艺术发达。中国文明代表:火药、指南针、印刷术和造纸术四大发明。

(二) 宗教

三大世界宗教:佛教、基督教和伊斯兰教。

(三) 音乐

1. 类别

音乐分为声乐和器乐。声乐包括歌曲、歌剧和戏曲等,器乐包括弦乐、木管乐、铜管乐和打击乐等。

2. 作曲家

(1) 巴赫:被称为"西方音乐之父",代表作有《b小调弥撒曲》《马太受难曲》《勃兰登堡协奏曲》等。

(2) 莫扎特:被称为"音乐神童",首创独奏协作曲的形式,代表作有《费加罗的婚礼》《魔笛》《唐璜》等。

(3) 贝多芬:被称为"乐圣""交响乐之王",代表作有《降E大调第三交响曲》《c小调第五交响曲》《d小调第九交响曲》等。

(4) 舒伯特:被称为"歌曲之王",代表作有《b小调第八交响曲》《魔王》《野玫瑰》等。

(5) 肖邦:被称为"浪漫主义钢琴诗人",代表作有《降E大调辉煌大圆舞曲》《c小调革命练习曲》《降E大调夜曲》等。

(6) 李斯特:首创了交响诗这一音乐体裁,代表作有《前奏曲》《普罗米修斯》《玛捷帕》等。

(7) 约翰·施特劳斯父子:他们都以写维也纳圆舞曲著称。老约翰·施特劳斯被称为"圆舞曲之父",代表作为《拉德茨其进行曲》;小约翰·施特劳斯被称为"圆舞曲之王",代表作为《蓝色多瑙河》等。

(8) 柴可夫斯基:俄罗斯民族主义代表人物,代表作有《天鹅湖》《睡美人》《胡桃夹子》《奥涅金》等。

(9) 狄盖特:《国际歌》的谱曲者。

【历年真题】

【4-7】下列人物中,两耳失聪后仍坚持音乐创作的一位是( )。
A. 舒伯特   B. 莫扎特   C. 贝多芬   D. 门德尔松
【参考答案】C。解析:贝多芬是一位伟大的音乐家,可他在50岁时却失聪了。这对一个酷爱音乐的人来说是一个沉重的打击。但他并没有放弃自己的音乐事业,而是顽强地站了起来,继续谱曲。贝多芬向命运挑战成功了,他在失聪后创作了著名的《第九交响曲》中的《欢乐颂》。所以,正确选项是C。

【4-8】表达贝多芬"亿万人民团结起来,大家相亲相爱"欢乐理想的乐曲是( )。
A. 第九交响曲   B. 第五交响曲   C. 第六交响曲   D. 第三交响曲
【参考答案】A。解析:贝多芬的第九交响曲表达了人类寻求自由的斗争意志,并坚信这个斗争最后一定以人类的胜利而告终,人类必将获得欢乐和团结友爱。所以,正确选项是A。

（四）舞蹈

1. 巴西桑巴舞

桑巴舞作为拉丁舞的一种，被称为巴西的"国舞"。

2. 阿根廷探戈

探戈号称"舞中之王"，被誉为阿根廷的国粹。探戈是阿根廷名副其实的"国舞"，并且迅速风靡世界各国。

3. 芭蕾舞

芭蕾舞又称脚尖舞，起源于文艺复兴时期的意大利，后传入法国获得极大发展。其代表作有《天鹅湖》《胡桃夹子》《仙女》。

（五）绘画

1. "文艺复兴三杰"

（1）达·芬奇，被人们称为古生物学、植物学和建筑学之父，被广泛认为是世界有史以来最伟大的画家之一。许多历史学家和学者仍将达·芬奇视为"环球天才"或"文艺复兴时期的人"的典范。他把科学知识和艺术想象有机地结合起来，把解剖、透视、明暗和构图等零碎的知识整理成系统的理论，使当时绘画的表现水平发展到一个新的阶段，对后来欧洲绘画的发展产生了巨大影响。其代表作有《蒙娜丽莎》《岩间圣母》《最后的晚餐》等。

（2）米开朗琪罗，意大利文艺复兴时期的绘画家、雕塑家、建筑师，文艺复兴时期雕塑艺术最高峰的代笔，其绘画代表作有《创世记》《最后的审判》等，他的雕塑《大卫》成为西方美术史上值得夸耀的男性裸体雕像之一。

（3）拉斐尔，意大利杰出的画家，古典主义者的典范。他笔下的圣母，充满了人文气息。其代表作品有《西斯廷圣母》《雅典学院》等。

2. 19世纪欧洲绘画主要流派的代表人物及作品

（1）古典主义。

古典主义画派偏重理性，注重线条的清晰和严整。法国著名画家普桑是古典主义绘画的奠基人，其代表作有《阿尔卡迪亚的牧人》《圣玛利亚的安眠》《所罗门的判决》等。

（2）新古典主义。

新古典主义画派的杰出代表是大卫和安格尔。大卫的代表作品有《荷加斯兄弟的宣誓》《马拉之死》等。安格尔的代表作有《泉》《大宫女》《土耳其浴室》等。

（3）现实主义。

现实主义画派主要表现的是社会底层平民的生活，绘画的风格客观精细。现实主义画派的代表作有米勒的《拾穗者》《播种者》、库尔贝的《碎石工》等。

（4）浪漫主义。

浪漫主义画派偏重发挥艺术家自己的想象和创造，创作题材取自现实生活、中世纪传说和文学名著等。杰利柯是浪漫主义画派的先驱，他的作品《梅杜萨之筏》被称为"浪漫主义的宣言"。德拉克洛瓦，被称为"浪漫主义的狮子"，代表作为《自由引导人民》。

（5）印象派和新印象派。

印象派反对保守的思想和表现手法，采取在户外阳光下直接描绘景物，追求光色变化中表现对象的整体感和氛围的创作办法。其主要代表人物有马奈、莫奈、德加、雷诺阿等。马奈是法国印象画派的先驱，其代表作品有《草地上的午餐》等。莫奈是印象画派的奠基人，代表作品有《日出·印象》《鲁昂大教堂》《睡莲》等。

新印象派又称点彩排,是继印象派之后在法国出现的美术流派。其代表画家有修拉、西涅克、毕沙罗等。修拉的《大碗岛星期天的下午》是新印象派的经典之作。

(6) 后印象派。

梵·高是后印象派的重要画家。其代表作品有《星夜》《向日葵》《麦田里的乌鸦》等。

塞尚,被尊称为"现代绘画之父""造型之父"。其代表作有《圣维克多山》《坐在红扶手椅里的塞尚夫人》《法黎耶肖像》等。

3. 现代艺术

(1) 马塞尔·杜尚被认为是现代艺术的鼻祖。他的出现改变了西方现代艺术的进程。可以说,西方现代艺术,尤其是第二次世界大战之后的西方艺术,主要是沿着杜尚的思想轨迹行进的。

(2) 毕加索是现代艺术的创始人,西方现代派绘画的主要代表。他被认为是当代西方最有创造性和影响最深远的艺术家,是20世纪最伟大的艺术天才之一。他的绘画风格经历了早年的"蓝色时期""粉红色时期",盛年的"黑人时期""分析和综合立体主义时期",以及后来的"超现实主义时期"等。其代表作有《亚威农少女》《斗牛士》《格尔尼卡》《和平鸽》《梦》《哭泣的女人》等。

【历年真题】

【4-9】下列作品中,不是达·芬奇创作的是(   )。
A.《最后的晚餐》   B.《蒙娜丽莎》   C.《岩间圣母》   D.《向日葵》

【参考答案】D。解析:达·芬奇的代表作有《蒙娜丽莎》《最后的晚餐》《岩间圣母》等作品。《向日葵》是荷兰画家梵·高所绘制的以插在瓶中的向日葵为主要内容的一系列油画作品。所以,正确选项是D。

(六) 世界三大戏剧体系

斯坦尼斯拉夫斯基体系(苏联)、布莱希特体系(德国)、梅兰芳体系(中国)。

第二节 科技发展史知识

一、我国古代科技成就

(一) 四大发明

(1) 造纸术:西汉前期已经有了纸。东汉时期,蔡伦改进了造纸术,使纸张成为人们普遍使用的书写材料。

(2) 印刷术:隋唐时期已经有了雕版印刷的佛经《金刚经》。北宋时期,毕昇发明了活字印刷术。

(3) 火药:唐朝中期的书籍里,已有了制成火药的配方。唐朝末年,火药开始用于军事。火药和火药武器在13世纪传入阿拉伯,后来又由阿拉伯传入欧洲。

(4) 指南针:战国时期,人们根据磁石指示南北的特性制成了司南。北宋时期,人们制成了指南针,并开始将其运用于航海。13世纪,指南针西传至欧洲。

【历年真题】

【4-10】在中国古代四大发明向西方传播的过程中,贡献最大的是(　　)。
A. 意大利的传教士　　　　　　　　B. 中国的航海家
C. 日本的遣唐使　　　　　　　　　D. 阿拉伯商人
【参考答案】D。解析:我国四大发明包括造纸术、印刷术、火药和指南针。在外传过程中中国的航海家、意大利的传教士都起了一定的作用,但四大发明主要是由商人通过丝绸之路传入西方的,而经由丝绸之路经商的主要是阿拉伯商人,所以,阿拉伯商人起了至关重要的作用。因此,正确选项是D。

【4-11】不属于四大发明的是(　　)。
A. 针灸　　　　B. 指南针　　　　C. 造纸　　　　D. 火药
【参考答案】A。解析:我国古代的四大发明是印刷术、造纸术、指南针和火药,不包括针灸。所以,正确选项是A。

【4-12】造纸术是我国的四大发明之一,东汉造纸法有以造纸术发明家命名的蔡侯纸,蔡侯是(　　)。
A. 蔡襄　　　　B. 蔡伦　　　　C. 蔡沈　　　　D. 蔡雯
【参考答案】B。解析:蔡伦(约61—121年),字敬仲,汉族,东汉桂阳郡人。我国四大发明中造纸术的发明者,他用树皮、渔网和竹子等压制成纸,蔡伦曾被封为"龙亭侯",所以,他发明的纸被称为"蔡侯纸"。所以,正确选项是B。

(二) 天文学成就

(1)夏朝开始有历法。商朝出现了最早的日食、月食记录。

(2)《春秋》中曾记载"秋七月,有星孛入于北斗"。这是世界上首次关于哈雷彗星的确切记录,比欧洲早600多年。春秋时期,我国历法已基本确立十九年七闰的原则,比西方早160年。

(3)战国时期,石申用赤道坐标记录了800多颗恒星的位置。石申原书已失传,但其内容在唐代时有所保留,后人据此辑成《石氏星表》,这是世界上现存最早的星表。

(4)汉武帝时,制定出中国第一部历书《太初历》。西汉关于太阳黑子的记录,被世界公认是有关太阳黑子的最早记录。

(5)东汉时期,张衡发明了候风地动仪,这是人类首次使用仪器测报地震。此外,张衡还发明了世界上第一架测量天体位置的水运浑天仪。

(6)唐朝时,僧一行编定的《大衍历》,较准确地反映了太阳运行的规律,他还是世界上用科学方法实测地球子午线的第一人。

(7)元朝时,郭守敬创制了简仪和高表等仪器。他主持编定的《授时历》与现行公历基本相同,但问世比现行公历早约300年。

【历年真题】

【4-13】下图是世界上最早测定地震方位的示意图,创制地动仪的中国古代科学家是(　　)。
A. 祖冲之　　　　B. 宋应星　　　　C. 张衡　　　　D. 蔡伦
【参考答案】C。解析:祖冲之,首次将"圆周率"精算到小数第七位;宋应星,他的作品《天工开物》被称为百科全书式著作;张衡,发明了浑天仪、地动仪;蔡伦,发明造纸术。所以,正确选项是C。

（三）数学成就

（1）《周髀算经》是中国最古老的天文学和数学著作，约成书于公元前1世纪，主要阐明当时的盖天说和四分历法。其中还记载了勾股定理（"勾三股四弦五"）。

（2）《九章算术》约成书于东汉前期，它不仅最早提到分数问题，而且首先记录了盈不足等问题。其中，《方程》章中还阐述了负数及加减运算法则，属世界数学史上首次。它的出现，标志中国古代数学形成了完整的体系。

（3）三国时期，刘徽提出了计算圆周率的方法——割圆术。他利用割圆术科学地求出了圆周率的近似值为3.1416。

（4）唐初数学家王孝通撰写的《缉古算经》是中国现存最早解三次方程的著作。

（5）南宋数学家秦九韶，其代表作为《数学九章》，其中的大衍求一术和正负开方术具有重要意义。

（6）南北朝时期杰出的数学家、天文学家祖冲之，计算出圆周率在3.1415926和3.1415927之间。这是当时世界上最精确的值，直到1100多年后才被阿拉伯和法国的数学家超越。

（四）医学成就

（1）扁鹊，战国时期医学家，被誉为"脉学之宗"，采用望、闻、问、切是其主要成就。

（2）《黄帝内经》是现存最早的中医理论著作，被称为"医之始祖"。

（3）东汉时期的《神农本草经》，是我国第一部完整的药物学著作。华佗被誉为"神医"，擅长外科手术，发明了麻沸散，比西方早1600多年。张仲景被称为"医圣"，他编写的《伤寒杂病论》是后世中医的重要经典。

（4）唐朝的孙思邈被称为"药王"，他编写的《千金方》全面总结历代和当时的医学成果，是我国古代综合性中医临床著作。吐蕃名医云登贡布编写的《四部医典》，在当时的国内外有重要影响。唐高宗时修撰的《新修本草》（又名《唐本草》）是世界上最早的由政府颁布的药典。

（5）明朝的李时珍编写的《本草纲目》，全面地总结了16世纪以前的中国医药学，被誉为"东方医药巨典"。

（五）农业成就

（1）南北朝时期，农学家贾思勰所著的《齐民要术》，是我国现存最早的一部完整的农书，也是世界农学史上最早的专著之一。

（2）北宋时期，科学家、政治家沈括撰写的《梦溪笔谈》，是一部涉及古代中国自然科学、工艺技术及社会历史现象的综合性笔记体著作。该书被英国科学史家李约瑟评价为"中国科学史上的里程碑"。

（3）宋末元初时期的棉纺织专家黄道婆，总结出"错纱、配色、综线、挈花"的织造技术，后人誉之为"衣被天下"的"女纺织技术家"。

（4）《天工开物》是世界上第一部关于农业和手工业生产的综合性著作，是中国古代一部综合性的科学技术著作，其作者是明朝的科学家宋应星。外国学者称它为"中国17世纪的工艺百科全书"。

（5）明朝徐光启创作的农书《农政全书》，介绍了我国传统农业科学成就。书中贯穿了治国治民的"农政"思想，这正是《农政全书》不同于其他大型农书的特色。

【历年真题】

【4-14】下列对古代著作的表示,不正确的是(　　)。
A.《周髀算经》是数学专著　　　　　　B.《农政全书》是农学专著
C.《黄帝内经》是中医学专著　　　　　D.《齐民要术》是天文学专著
【参考答案】D。解析:《齐民要术》中国杰出农学家贾思勰所著的一部综合性农学著作,也是世界农学史上最早的专著之一,是中国现存最早的一部完整的农书。所以,正确选项是 D。

（六）地理成就

1．地理科学

(1)《周易》(又称《易经》)中最早提出了"地理"一词。

(2)马王堆汉墓出土的彩色成邑图为我国现存最早的实测地图,也是目前发现的世界最早的地图。

(3)《禹贡地域图》是我国有文献可考的最早的历史地图集。其序言中提出了绘制地图的六项原则,即著名的"制图六体",为中国传统地图(平面测量绘制的地图)奠定了理论基础,其作者裴秀因此被称为中国传统地图学的奠基人。

(4)北魏地理学家郦道元撰写的《水经注》,介绍了河道流经地区的自然地理和经济地理,是一部综合性地理著作。

(5)明朝徐霞客撰写的《徐霞客游记》,是世界最早介绍喀斯特地貌的著作。

【历年真题】

【4-15】以下哪部是我国古代的地理学巨著(　　)?
A.《太平广记》　　B.《梦溪笔谈》　　C.《天工开物》　　D.《水经注》
【参考答案】D。解析:《太平广记》是我国古代文言纪实小说的第一部总集。《梦溪笔谈》反映了我国古代特别是北宋时期自然科学达到的辉煌成就。《天工开物》是关于农业和手工业生产的综合性著作。据此可知 A、B、C 三项都不是地理学著作。《水经注》是一部历史、地理、文学价值都很高的综合性地理著作。所以,正确选项是 D。

二、我国近现代科技成就

（一）空间科学

(1)1964年10月16日,我国第一颗原子弹试爆成功,我国成为世界上第五个拥有原子弹的国家。

(2)1967年,我国第一颗氢弹空爆试验成功。

(3)1970年,"长征一号"航天运载火箭顺利地将我国第一颗人造卫星"东方红一号"送入太空轨道。

(4)1999年,我国第一艘无人试验飞船"神舟一号"在酒泉起飞。

(5)2003年,"神舟五号"飞船载着我国第一位宇航员杨利伟进入太空。

(6)2005年,我国航天员费俊龙、聂海胜乘坐"神舟六号"载人飞船成功进入太空。

(7)2007年,我国成功发射了第一颗北斗导航卫星。

(8) 2008年,我国第三艘载人飞船"神舟七号"成功发射,三名航天员翟志刚、刘伯明、景海鹏顺利升空。翟志刚身着我国研制的"飞天"舱外航天服进行了 19 分 35 秒的出舱活动,实现了我国历史上宇航员的第一次太空漫步。我国随之成为世界上第三个掌握空间出舱活动技术的国家。

(9) 2012年,我国第四艘载人飞船"神舟九号"成功发射,三名航天员景海鹏、刘洋、刘旺顺利升空,展开对接"天宫一号"的工作。这是我国实施的首次载人空间交会对接。

(10) 2013年,我国自主研发的运-20大型运输机首次试飞取得圆满成功。"神舟十号"载人飞船进入太空,航天员王亚平担任主讲实现太空授课。

(11) 2016年,"神舟十一号"载人飞船成功发射,与"天宫二号"自动交会对接成功。我国在酒泉卫星发射中心成功将世界上首颗量子科学实验卫星"墨子号"发射升空,人类首次完成卫星和地面之间的量子通信。

(12) 2019年1月,"嫦娥四号"探测器成功着陆在月球背面冯·卡门撞击坑的预选着陆区,并取了世界第一张近距离拍摄的月背影像图。这是人类航天器首次在月球背面软着陆。

(13) 2020年7月31日,北斗三号全球卫星导航系统正式开通。北斗卫星导航系统是我国自行研制的全球卫星导航系统,也是继美国全球定位系统(GPS)、俄罗斯格罗纳斯(GLONASS)卫星导航系统、欧盟伽利略(GALILEO)卫星导航系统之后的第四个成熟的卫星导航系统。

(14) 2021年5月15日,"天河一号"火星探测器成功着陆火星,标志着中国首次火星探测任务取得了圆满成功。

(15) 2021年6月17日,搭载"神舟十二号"载人飞船的"长征二号"F遥十二运载火箭,顺利将聂海胜、刘伯明、汤洪波3名航天员送入太空,飞行乘组状态良好,发射取得圆满成功。

【历年真题】

【4-16】下列飞船中,与"天宫一号"完成首次载人对接任务的是(　　)。
A. 神舟八号　　　B. 神舟七号　　　C. 神舟九号　　　D. 神舟六号
【参考答案】C。解析:2012年6月18日,神舟九号飞船与"天宫一号"实施自动交会对接,这是中国实施的首次载人空间交会对接。所以,正确选项是C。

(二) 计算机科学

1. 信息技术

(1) 1983年12月,国防科技大学计算机研究所研制的中国第一台运算速度每秒亿次的巨型计算机——"银河-Ⅰ"诞生。

(2) 1997年,每秒运算130亿次的"银河-Ⅲ"巨型计算机研制成功。

(3) 2010年11月14日,国际TOP500组织在其网站上公布了最新全球超级计算机前500强排行榜,中国首台千万亿次超级计算机系统"天河一号"排名全球第一。

(4) 2016年6月20日,在法兰克福世界超算大会上,国际TOP500组织发布的榜单显示,"神威·太湖之光"超级计算机登顶榜单之首。

2. 机器人技术

(1) 1980年,沈阳自动化所研制成功我国第一台工业机器人样机。

(2) 1985年,我国第一台水下机器人"海人一号"首航成功。

(3) 1988年,我国第一台中型水下机器人"瑞康4号"投入使用。

(4) 1994年,我国第一台五自由度高压水切割机器人投入使用;我国第一台1000米水下机器人"探索者"海试成功。

(5) 1995年,我国第一台6000米水下机器人"CR-01"海试成功;首台四自由度点焊机器人开发成功。

(6) 1997年,具有自主知识产权的高性能机器人控制器小批量生产;自主开发的国内第一条机器人冲压自动化线用于一汽大众生产线。

(7) 2007年,我国首次在南极科考中应用极地冰雪面移动机器人和低空飞行机器人,完成了测量、科考等任务。

(8) 2013年RoboCup机器人世界杯足球赛上,代表中国出战的北京信息科技大学"水之队"在中型组决赛中以3:2击败东道主荷兰的埃因霍温科技大学队夺冠。

(9) 2020年11月10日,"奋斗者"号顺利下潜至地球海洋最深处,在太平洋马里亚纳海沟成功坐底,坐底深度10909米,创造了中国载人深潜的新纪录。

(三) 生物科学

(1) 1965年9月17日,人工合成结晶牛胰岛素在我国首次实现,我国成为世界上第一个人工合成蛋白质的国家。

(2) 1984年3月9日,我国青年学者旭日干与日本学者合作,培育出世界上第一胎"试管山羊"。

(3) 1988年,我国研制成功乙型肝炎基因工程疫苗;1992年又研制成功治疗甲肝和丙肝有特殊疗效的合成人工干扰素等一批基因工程药物。

(4) 1989年3月10日,在旭日干博士主持下,我国第一胎"试管绵羊"降生;8月15日,中国第一胎"试管牛"降生。这标志着我国在该领域的研究已跨入世界先进行列。

(5) 1998年,我国成功研制出具有自主知识产权的基因重组人胰岛素。

(6) 2015年,屠呦呦因发现了可以有效降低疟疾患者的死亡率的青蒿素,成为第一位获诺贝尔科学奖项的中国本土科学家,也是第一位获得诺贝尔生理学或医学奖的华人科学家。

(四) 农业

(1) 1956年,广东省的农民育种专家培育出我国第一个大面积推广的矮秆籼良种。

(2) 有"杂交水稻之父"之称的袁隆平于1973年在世界上首次育成籼型杂交水稻。

(3) 1995年,世界上第一株抗大麦黄矮病毒的转基因小麦,由中国农业科学院植物保护研究所病虫害生物学国家重点实验室成卓敏率领的课题组培育成功。

(4) 1997年10月,中国农业科学院生物技术中心郭三堆研制成功我国第一个双价抗虫棉。

(5) 1998年9月,浙江农业大学原子核农业科学研究所教授高明尉等带领课题组利用农杆菌介导法,在世界上首次培育成功转基因抗螟虫品系克螟稻。

(6) 2017年,袁隆平的耐盐碱水稻测产成功。

【历年真题】

【4-17】杂交水稻被称为"东方魔稻",其发明者被国际农学界誉为"杂交水稻之父",这位发明者是( )。
A. 邓稼先　　　　B. 焦裕禄　　　　C. 贾思勰　　　　D. 袁隆平
【参考答案】D。解析:邓稼先,两弹元勋;焦裕禄,干部楷模;贾思勰,农学家著有《齐民要术》;袁隆平,杂交水稻之父。所以,正确选项是D。

（五）航海科考

（1）"远望一号"测量船是我国自行设计制造的第一代综合性航天远洋测量船，圆满完成远程运载火箭、气象卫星、载人飞船等57次国家级重大科研试验任务，被誉为"航天功勋船"，享有"海上科学城"的美誉。

（2）"向阳红10号"是中国自行设计制造的第一艘万吨级远洋科学考察船。1984年11月，"向阳红10号"参加中国首次南极考察队，开赴南冰洋、南极洲执行科学考察任务。

（3）"大洋一号"是一艘5600吨级远洋科学考察船，是我国第一艘现代化的综合性远洋科学考察船，也是我国远洋科学调查的主力船舶。

（4）"蛟龙号"载人潜水器是一艘由我国自行设计、自主集成研制的载人潜水器。2010年5月至7月，蛟龙号载人潜水器在我国南海中进行了多次下潜任务，最大下潜深度达到了7020米。下潜至7000米，说明蛟龙号载人潜水器集成技术的成熟，标志着我国深海潜水器成为海洋科学考察的前沿与制高点之一。

（5）"雪龙2号"极地考察船是我国第一艘自主建造的极地科学考察破冰船，于2019年7月交付使用。它是全球第一艘采用船艏、船艉双向破冰技术的极地科考破冰船，能够在1.5米厚冰环境中连续破冰航行，填补了我国在极地科考重大装备领域的空白。2019年10月，"雪龙2号"首次穿越赤道进入南半球。2020年4月，我国第36次南极考察的"雪龙2号"已返回上海国内基地码头，标志着我国南极考察暨首次"双龙探极"圆满完成。

（6）2021年6月26日，我国最大海洋综合科考实习船"中山大学"号交付。

三、国外的科技成就

（一）古代科学成就（16世纪以前）

国外古代自然科学的成就众多。例如，亚里士多德发表了《动物志》《论动物的结构》《动物的繁殖》及《论灵魂》等书，记载了500多种动物，并对其中50种进行了解剖研究。欧几里得是古希腊数学家，被誉为"几何之父"，著有《几何原本》。阿基米德是古希腊哲学家、数学家、物理学家，他以阿基米德浮力定理、杠杆原理著称，发明了阿基米德式螺旋抽水机，享有"力学之父"的美誉。

（二）近代科学成就（16—19世纪）

世界近代自然科学的发展，大体经历了三个阶段，下面列举一些国外具有代表性的科技成就。

1. 第一阶段：近代科学的兴起

（1）1543年，波兰科学家哥白尼发表了《天体运行论》，开创性地提出了"太阳中心说"（"日心说"），批判了天主教会的"地球中心说"（"地心说"），标志着近代自然科学的兴起。

（2）德国的天文学家、物理学家开普勒提出太阳系行星运动的轨迹是椭圆形的，进一步证实了哥白尼学说的正确，并归纳出著名的行星运动三大定律。

（3）17世纪初期，意大利天文学家和物理学家伽利略用自制天文望远镜观察天体，证明并进一步发展了哥白尼的学说，并且在物理学上取得了重大成就。

【历年真题】

【4-18】历史上第一位使用望远镜进行科学观察的学者是（　　）。
A．亚里士多德　　　B．伽利略　　　C．开普勒　　　D．布鲁诺
【参考答案】B。解析：伽利略，意大利物理学家、数学家、天文学家及哲学家，其成就包括改进望远镜和其所带来的天文观测，以及支持哥白尼的日心说。伽利略被誉为"现代观测天文学之父""现代物理学之父"及"现代科学之父"。1609年，伽利略展示了人类历史上第一架按照科学原理制造出来的望远镜。所以，正确选项是B。

2．第二阶段：近代科学的飞速发展

17—19世纪末国外近代自然科学的主要成就如表4-4所示。

表4-4　17—19世纪末国外自然科学主要成就

学科	人物	成就	时间	备注
数学	笛卡儿	解析几何学	17世纪	"解析几何之父"
	牛顿、莱布尼茨	微积分学	17世纪	—
	柯西	发展了微积分，建立了极限论	19世纪	
物理	牛顿	万有引力定律，牛顿三大定律	17世纪	"近代物理学之父"
	奥斯特	发现电流磁效应	19世纪	
	法拉第	证明电磁感应现象	19世纪	发明了世界上第一台发电机
	麦克斯韦	创立了经典电动力学，预言了电磁波的存在	19世纪	—
	赫兹	用实验证明电磁波存在	19世纪	
	伦琴	发现X射线	1895年	
	居里夫妇	发现了放射性元素镭和钋	1897年	
化学	波义耳	代表作《怀疑派化学家》为近代化学开始的标志	17世纪	恩格斯誉称"波义耳把化学确立为科学"
	拉瓦锡	将实验方法引入化学推翻"燃素论"，发表第一个现代化学元素列表	18世纪	"现代化学之父"
	道尔顿	提出原子论	19世纪	
	阿伏伽德罗	提出分子的概念	19世纪	
	李比希	创立了有机化学，发现了氮对于植物营养的重要性	19世纪	"有机化学之父"
	凯库勒	发现了苯的结构简式，建立了有机分子结构理论	19世纪	—
	诺贝尔	在炸药方面取得了卓越成就，设立了诺贝尔奖	19世纪	为了纪念诺贝尔做出的贡献，人造元素锘以诺贝尔命名
	门捷列夫	发明元素周期表	19世纪	
生物	哈维	血液循环学说	17世纪	
	林奈	开创生物学新的分类系统	18世纪	
	施莱登、施旺	细胞学说	19世纪	
	达尔文	出版《物种起源》，提出生物进化论	19世纪	恩格斯将生物进化论、细胞学说、能量守恒转化定律列为19世纪自然科学的"三大发现"
	巴斯德	开创了微生物生理学，发明了巴氏消毒法，研制出鸡霍乱疫苗、狂犬病疫苗	19世纪	近代微生物学奠基人
	巴甫洛夫	创立条件反射学说	19世纪	

【历年真题】

【4-19】创立元素周期表的科学家是（　　）。
A. 门捷列夫　　　　B. 波义耳　　　　C. 居里夫人　　　　D. 玻尔
【参考答案】A。解析：门捷列夫是俄国化学家，元素周期律的发现者，著有著作《化学原理》。波义耳是英国化学家，恩格斯赞誉他说"波义耳把化学确立为科学"。居里夫人是"放射元素镭"的发现者。玻尔被称为"量子力学之父"。所以，正确选项是 A。

【4-20】达尔文在《物种起源》中阐述的主要内容是（　　）。
A. 基因理论　　　　B. 条件反射　　　　C. 进化论　　　　D. 细胞学说
【参考答案】C。解析：基因理论是摩尔根提出的，条件反射是巴甫洛夫提出的，进化论是达尔文提出的，细胞学说是施莱登和施旺提出的。所以，正确选项是 C。

（三）现代科学成就（20世纪以来）

1. 狭义相对论和广义相对论

1905年，爱因斯坦创立了狭义相对论，提出了不同于经典物理学的崭新的时空观和质能方程 $E=mc^2$（此处光速 $c=3\times10^8$ 米/秒）。

1915年，爱因斯坦又创立了广义相对论，深刻揭示了时间、空间和物质、运动之间的内在联系——空间和时间是随着物质分布和运动速度的变化而变化的。它成了现代物理学的基础理论之一。

2. 量子力学

1900年，普朗克创立了量子论，提出能量并非无限可分、能量的变化是不连续的新观念。1905年，爱因斯坦提出了光量子论，揭示了光的波粒二象性。1913年，玻尔把量子化概念引进原子结构理论。1924年，德布罗意提出物质波理论。1925年，海森堡建立矩阵力学。1926年，薛定谔创立了波动力学。1928年，狄拉克提出电磁场中相对论性电子运动方程和最初形式的量子场论，使包括矩阵力学和波动力学在内的量子力学取得了重大的进展。

3. 20世纪中后期五大科学成就

（1）物质的基本结构。

直到19世纪末，人们都认为物质共同的基元就是原子。1911年，卢瑟福发现原子是由原子核和核外电子结合而成。1913年，玻尔指出放射性变化发生在原子核内部。1932年，查德威克发现了中子。从此，人们认识到各种原子都是由电子、质子和中子组成的，于是把这三种粒子和光子称为基本粒子。20世纪60年代以来，出现了基本粒子结构的"夸克模型""层子模型"等，诞生了一门新的独立学科——基本粒子物理学（又称高能物理学）。

（2）宇宙大爆炸理论。

1922年，弗里德曼提出的非静态宇宙模型，认为宇宙是可能膨胀的。1927年，勒梅特首次提出了宇宙大爆炸假说。1929年，哈勃提出星系的红移量与星系间的距离成正比的哈勃定律，证实了宇宙膨胀理论。1940年代，伽莫夫把核物理学的知识同宇宙膨胀理论结合起来，发展了大爆炸宇宙论，并用它来说明化学元素的起源。

（3）DNA分子双螺旋模型。

1909年至1928年，摩尔根通过果蝇实验，证明了坐落在细胞核内染色体上的基因决定着生物性状，从而创立了染色体遗传理论。1944年，艾弗里等人通过实验证明了遗传载体不是蛋白质，而是DNA。1953年，英国科学家沃森和克里克合作研究出DNA双螺旋结构的分子模型,这一成就和相对论、量子力学一起被誉为"20世纪最重要的三大科学发现",也被认为是分子遗传学诞生的标志。

20世纪60年代,尼伦柏格等人破译了遗传密码,提出"DNA是生命的后台指挥者",生命的一切性状通过受DNA决定的蛋白质来表现。

(4)板块构造学说。

1912年,魏格纳提出"大陆漂移说"。20世纪60年代,赫斯和迪茨提出"海底扩张说"。1968年,勒·皮雄等人在"大陆漂移说"的基础上,提出了"板块构造学说"。

(5)信息论、控制论、系统论。

20世纪四五十年代,香农的《通讯的数学理论》和《噪声下的通信》、维纳的《控制论》、贝塔朗菲的《一般系统论》的发表和出版,标志着交叉科学信息论、控制论、一般系统论的诞生。

4. 20世纪的五大尖端技术成果

(1)核能与核技术。

1938年,科学家哈恩用中子轰击铀原子时发现铀原子核分裂的现象,被称为核裂变。1942年,美国建成了世界上第一座原子反应堆,首次实现了人工控制的链式核裂变反应。1945年,世界第一颗原子弹爆炸成功。1952年,世界第一颗轻核聚变的氢弹爆炸成功。1954年,苏联建成世界上第一座原子能发电站。

(2)航天和空间技术。

1903年,莱特兄弟在美国北卡罗来纳州完成了人类历史上第一次动力飞行,飞机开始成为交通工具。1919年,戈达德提出火箭飞行的数学原理,并于1926年成功地发射了世界上第一枚液体燃料的火箭。1937年,美国无线电工程师雷伯建成世界上第一架射电望远镜。1957年,苏联用洲际导弹的火箭装置发射了世界上第一颗人造地球卫星,揭开了太空技术的序幕。

1961年,苏联宇航员加加林搭载"东方1号"宇宙飞船,实现了人类第一次载人宇宙飞行。

1969年,美国"阿波罗11号"飞船登月,人类在月球上留下了第一个脚印。1971年,苏联建造空间站,人类首次在太空中有了活动基地。1981年,美国发射航天飞机成功,从此人类可以自由进出太空。1997年,美国的"火星探路者号"登上火星。

(3)信息技术。

1906年,三极电子管的发明使电信号放大,从而使远程无线电通信成为可能。1946年,世界上第一台通用计算机"ENIAC"问世,发明者是美国人莫克利和艾克特。1998年,作为电子工业基础的微芯片已应用于DNA测序和诊断等生物医学领域。

(4)激光技术。

美国科学家肖洛和汤斯提出了"激光原理"。1960年,查尔斯·托尼斯和同事们成功发射出亮度比太阳光高出100倍的激光。美国物理学家希尔多·梅曼发明了世界上第一台激光器。

(5)生物技术。

1928年,英国细菌学家弗莱明从青霉菌中发现了世界上第一种抗生素——青霉素(盘尼西林),用于治疗传染性疾病。1967年,南非进行了第一例人体心脏移植手术,患者在移植手术后存活了18天。20世纪60年代末至70年代初,阿尔伯和史密斯发现细胞中有两种"工具酶",能对DNA进行"剪切"和"连接";内森斯则使用工具酶首次实现了DNA切割和组合。1973年,科恩、博耶建立基因重组技术,标志着遗传工程的开始。1978年,世界上第一个试管婴儿在英国降生。1996年,英国科学家维尔穆特用成年母羊的乳腺细胞克隆出了"多利"羊。

5. 其他

(1) 电话。

电话是一种可以传送与接收声音的远程通信设备,发明者为美国的亚历山大·格拉汉姆·贝尔。

(2) 手机。

1938年,美国贝尔实验室为美国军方研制成了世界上第一部"移动"电话。1973年,美国摩托罗拉公司的工程员马丁·库帕发明了世界上第一部民用手机。

(3) 机器人。

1959年,美国的恩格尔伯格和德沃尔制造出世界上第一台工业机器人,被称为"机器人之父"。

(4) 纳米技术。

就像毫米、微米一样,纳米是一个尺度概念,是一米的十亿分之一,并没有物理内涵。纳米技术是一种在纳米尺度空间内的生产方式和工作方式,并在纳米空间认识自然、创造一种新的技能。

【历年真题】

【4-21】下列选项中,由美国发明家亚历山大·格拉汉姆·贝尔发明的是( )。
A. 天文望远镜　　　B. 互联网　　　C. 电子计算机　　　D. 电话
【参考答案】D。解析:伽利略第一个发明天文望远镜;蒂姆·伯纳斯·李、文特·瑟夫、罗伯特·卡恩等发明互联网;莫克利和艾克特发明世界上第一台通用计算机;亚历山大·格拉汉姆·贝尔发明电话。所以,正确选项是D。

第三节　科 学 常 识

一、常见的科普读物

1.《小聪仔》(半月刊)

《小聪仔》2001年创刊,分为"婴儿版""幼儿版""科普版"。其中"科普版"分为科普知识、科普童话、活动制作三个版块,其定位为让孩子拥有探索世界的能力和发现美的眼睛。该期刊内容专题化,图片精美、丰富,让孩子们能够获取丰富的科普知识。

2.《中国儿童百科全书》

中国大百科全书出版社的《中国儿童百科全书》,包括《太空气象》《身边的数理化》《科学技术》《动物植物》《话说历史》《世界风貌》《地球家园》《文化艺术》《日常生活》和《军事体育》,共10册。该书凸显新、特、全的特性,用图说知识的方式,既保留了传统百科全书的百科性,又突破了传统百科的工具性。

3.《幼儿版十万个为什么》

天津人民出版社出版的《幼儿版十万个为什么》,共8册,包括《哺乳动物》《虫虫世界》《地球的奥秘》《好玩儿的科学》《可爱的人体》《鸟和海洋动物》《奇趣大自然》《身边的世界》。

该书根据幼儿的心理和年龄特点,用亲子互动的形式,通过一个个生动的故事来解答和讲述知识。

4. 《我的第一套百科全书》

《我的第一套百科全书》是美国迪士尼公司专门为3~8岁的幼儿编写的启蒙百科读物,由人民邮电出版社2009年出版,分为动物卷、地球卷和自然卷。该书按照幼儿的思维能力和阅读习惯进行编排,采用清晰的图片、柔和的色调、简单易懂的讲解,带领儿童领略神奇的世界。

5. 《简单的科学》

北京科学技术出版社出版的《简单的科学》分为"2岁以上"和"4岁以上"两个版本,是一套专为幼儿阶段的小朋友创作的儿童科普读物。"2岁以上"版本有关于"妈妈和宝宝""小生命如何成长""动物怎样保护自己""人和动物的身体""人类的建筑""卫生和健康""生命的繁衍""动物怎样吃东西"等主题;"4岁以上"版本包括"从地球到太空""食物链""珍稀动物""世界各地的时间""生活中的水""从地面到地核""时间的概念""原始人类""轮子的发展和社会的进步""废物利用"等主题。

6. 《小小牛顿幼儿馆》

《小小牛顿幼儿馆》是台湾牛顿出版公司的著名原创科普品牌,共60册,专为学龄前儿童设计(专注于0~7岁儿童),围绕"幼儿生活中的科学"展开。该书旨在培养儿童"长于用眼观察、乐于用手操作、精于用脑思考、善于用心感受大自然"的习惯。

7. 《亲亲自然》

《亲亲自然》是一套真实、美丽和充满了大自然气息的自然观察摄影绘本。图片皆为摄影作品,或微观近拍,或宏观远景,无一不表现了大自然中小昆虫的灵动。该书有近20个主题,40册图书,内容涵盖动物、植物、地理、科学、天文等方面。

8. 《你好!科学》

《你好!科学》由湖北少年儿童出版社2012年出版,共18册,涵盖物理、化学、生物、人体、环境、地球科学六个领域。书中既有科学原理的描述,又包含游戏版块,让孩子们不仅了解科学现象,还知道科学原理,积极参与科学实践。

二、科学常识

(一)天文地理

1. 河外星系

河外星系简称星系,是位于银河系之外、由几十亿至几千亿颗恒星、星云和星际物质组成的天体系统。目前已发现大约10亿个河外星系,也被称为"宇宙岛"。

2. 银河系

银河系由恒星和星系物质组成的巨大的盘状系统,太阳系是该系统中的一员。银河系中的众多繁星的光形成了银河,成为环绕夜空的外形不规则的发光带。银河系的主体称为银盘。

3. 太阳系

太阳系是太阳和以太阳为中心、受它的引力支配而环绕它运动的天体所构成的系统,由太阳、行星及其卫星、小行星、彗星、流星体和行星际物质等构成。太阳系有八大行星,按照距离太阳由近到远的顺序,分别为:水星、金星、地球、火星、木星、土星、天王星和海王星。其中,体积和质量最大、自转速度最快的是木星。

【历年真题】

【4-22】下列太阳系行星中,已证实体积最大的是( )。
A. 地球　　　　B. 木星　　　　C. 水星　　　　D. 火星
【参考答案】B。解析:木星是太阳系中体积和质量最大、自转速度最快的行星。所以,正确选项是B。

4. 太阳

太阳是太阳系中唯一的恒星和会发光的天体,是太阳系的中心天体,太阳系99.86%的质量都集中在太阳上。太阳系中的八大行星、小行星、流星、彗星、外海王星天体以及星际尘埃等,都围绕着太阳运行(公转),而太阳则围绕着银河系的中心运行。

5. 行星

行星是指必须围绕恒星运转的天体,其质量足够大,能依靠自身引力使天体呈圆球状,此外,其公转轨道内没有比自身大的天体。

6. 流星

流星是指运行在星际空间的流星体(通常包括宇宙尘粒和固体块等空间物质)在接近地球时由于受到地球引力的摄动而被地球吸引,从而进入地球大气层,并与大气摩擦燃烧所产生的光迹。流星有单个流星、火流星、流星雨几种。

7. 彗星

彗星,俗称"扫帚星",又称"哈雷彗星"(为纪念发现第一颗彗星,并计算彗星轨迹的天文学家哈雷)。是一种质量较小的云雾状小天体,它在扁长的轨道上绕太阳运行。当它靠近太阳时即为可见,彗尾总是指向背离太阳的方向。

【历年真题】

【4-23】下列科学家中,第一个计算出彗星运行轨迹的是( )。
A. 哈雷　　　　B. 牛顿　　　　C. 伽利略　　　　D. 布鲁诺
【参考答案】A。解析:哈雷是英国天文学家、数学家。他是发现第一颗彗星,并且第一个从事彗星轨道计算的人。所以,正确选项是A。

8. 地球

地球是太阳系八大行星之一,地球上71%为海洋,29%为陆地。地球内部有核、幔、壳结构,地球外部有水圈、大气圈,还有磁层,形成了围绕固态地球的外套。

地球自西向东自转,同时围绕太阳公转。地球自转产生的影响有:(1)昼夜变化;(2)产生时差;(3)地球表面水平运动的物体方向发生偏转,等等。地球公转产生的影响有:(1)昼夜长短的变化;(2)四季的变化;(3)地球五带的划分;(4)正午太阳高度的变化;(5)日食与月食的产生,等等。

9. 月球

月球,俗称月亮,古称太阴,是环绕地球运行的唯一一颗天然卫星。它是离地球最近的天体(与地球之间的平均距离是39万千米)。月球的年龄大约有46亿年。月球与地球一样有壳、幔、核等分层结构。

10. 日食和月食

日食形成的原理是当月球在地球和太阳之间,且三者正好或接近排成一条直线时,月球挡住了太阳光的中间部分。日食发生的时间为农历初一。

月食形成的原理是当地球在月球和太阳之间,且三者正好或接近排成一条直线时,月球进入地球的阴影区而发生月食。月食发生的时间为农历十五前后。

11. 经线和纬线

在地球仪上,连接南北两极并同纬线垂直相交的线是经线。在地球仪上,沿着东西方向,环绕地球仪一周的圆圈是纬线。

12. 东西半球和南北半球的划分

以西经20°,东经160°为界,地球分为东西半球。自西往东(即越往右),经度数升高的为东经;自东往西(即越往左),经度数升高的是西经。

以赤道为界,分为南北半球。赤道是南北纬线的起点,赤道向南为南纬,到南极点为南纬90°;向北为北纬,到北极点为北纬90°。

13. 大气层

地球被很厚的大气层包围着。大气层的成分主要有:氮气占78.1%,氧气占20.9%,氩气占0.93%,还有少量的二氧化碳、稀有气体(氦气、氖气、氩气、氪气、氙气、氡气)和水蒸气。

(二)化学

1. 人体的化学元素

人体中的化学元素根据含量可分为常量元素和微量元素。常量元素包括氧、碳、氢、氮、钙、钾、硫、镁等。微量元素包括铁、碘、锌、硒、氟、铜、钴、镉、汞、铅、铝、钨、钡等。例如,如果人体缺乏碘元素,则会患我们常说的"大脖子病"(甲状腺肿)、"呆小病"(克汀病);如果人体缺铁元素,则容易患上缺铁性贫血。

【历年真题】

【4-24】人体中含有50多种元素,其中含量占体重0.01%以上的元素被称为常量元素,含量占体重0.01%以下的元素被称为微量元素。下列元素在人体中含量最高的是(　　)。

A. 钾　　　　B. 钙　　　　C. 钠　　　　D. 碳

【参考答案】D。解析:人体中的常量元素按照从多到少的顺序依次为氧、碳、氢、氮、钙、钾、硫等。所以,正确答案是D。

2. 食品添加剂

食品添加剂是为改善食品色、香、味等品质,以及为防腐和加工工艺的需要而加入食品中的化合物质或者天然物质。常见的食品添加剂如下。

防腐剂:苯甲酸钠、山梨酸钾、丙酸钙、乳酸等。

着色剂:胭脂红、苋菜红、柠檬黄、靛蓝等。

膨松剂:碳酸氢钠、碳酸氢铵、复合膨松剂等。

甜味剂:天然甜味剂,如甘草、木糖醇等;人工合成甜味剂,如糖精钠、甜蜜素、环己基氨基磺酸钠等。

3. 苏丹红

"苏丹红"是一种化学染色剂,并非食品添加剂。它的化学成分中含有一种叫萘的化合物,具有致癌性,对人体的肝肾器官具有明显的毒性作用。

4．三大合成材料

三大合成材料是指塑料、合成橡胶和合成纤维。它们是用人工方法,由低分子化合物合成的高分子化合物,又叫高聚物。

5．酶

酶是指具有生物催化功能的高分子物质。几乎所有的细胞活动进程都需要酶的参与以提高效率。没有酶的参与,新陈代谢几乎不能完成,生命活动无法维持。

6．干冰

干冰是固态的二氧化碳。当干冰直接变成气态时会吸收周围的热量。干冰可用于人工降雨。

7．分子和原子

分子是保持物质化学性质的最小粒子。原子是化学变化中的最小粒子。

8．硬水

硬水是指含有较多可溶性钙镁化合物的水。水中钙、镁离子的总量称为水的硬度。平时家里的毛巾老化、热水器结垢都是硬水惹的祸。太硬或太软的水都不利于身体健康。

9．PM2.5

PM2.5又称细颗粒物、细粒、细颗粒,是指环境空气中空气动力学当量直径小于等于2.5微米的颗粒物。

10．不锈钢

不锈钢是不锈耐酸钢的简称。通常将耐空气、蒸汽、水等弱腐蚀介质或具有不锈性的钢种称为不锈钢,而将耐化学介质腐蚀(酸、碱、盐等化学侵蚀)的钢种称为耐酸钢。

（三）生物

1．遗传与变异

遗传是指生物体通过生殖产生子代,子代和亲代、子代和子代之间的性状都很相似,这种现象称为遗传,如"种瓜得瓜,种豆得豆""龙生龙、凤生凤、老鼠生儿打地洞"。

变异是指子代与亲代及子代不同个体间的性状差异,如"一母生九子,连母十个样"。

2．染色体、DNA、基因

染色体是遗传物质的主要载体,是位于细胞核内的物质,由DNA(脱氧核糖核酸)和蛋白质组成。DNA是主要的遗传物质,DNA分子具有双螺旋结构。起遗传作用的DNA片段就是基因。

3．新陈代谢

生物体与外界环境之间的物质和能量交换以及生物体内物质和能量的转变过程叫作新陈代谢。新陈代谢包括物质代谢和能量代谢两个方面。

4．生态系统

生态系统简称ECO,是ecosystem的缩写,是指在自然界的一定的空间内,生物与环境构成的统一整体。在这个统一整体中,生物与环境之间相互影响、相互制约、不断演变,并在一定时期内处于相对稳定的动态平衡状态。

5．生物圈

生物圈是指地球上凡是出现并感受到生命活动影响的地区,是地表有机体包括微生物及其自下而上环境的总称,是行星地球特有的圈层。

6. 微生物

微生物是个体难以用肉眼观察的一切微小生物的统称。微生物包括细菌、真菌、病毒以及一些小型的原生物、显微藻类等。

细菌属于原核细胞型的单核微生物,形体微小,结构简单,无典型细胞核,日常生活中常见的细菌有乳酸菌(可制作酸奶)、醋酸杆菌(可酿醋)和大肠杆菌等;真菌属于单细胞或多细胞的真核型微生物,具有成型的细胞核,常见的真菌有酵母菌(可酿酒)、蘑菇和木耳等;病毒是由核酸和蛋白质组成的微生物,非细胞结构,但有遗传、复制等生命特征,常见的由病毒引起的疾病有流行性感冒、禽流感、狂犬病等。

(四)物理

1. 月晕而风,础润而雨

大风来临时,高空中气温迅速下降,水蒸气凝结成小水滴,这些小水滴相当于许多三棱镜,月光通过这些三棱镜发生色散,形成彩色的月晕,故有"月晕而风"之说。"础润"即地面反潮,大雨来临之前,空气湿度较大,地面温度较低,靠近地面的水汽遇冷凝聚为小水珠。另外,地面含有的盐分容易吸附潮湿的水汽,故地面反潮预示大雨将至。

2. 长啸一声,山鸣谷应

人在崇山峻岭中长啸一声,声音通过多次反射,可以形成洪亮的回音,经久不息,似乎山在狂呼,谷在回音。

3. 但闻其声,不见其人

波在传播的过程中,当障碍物的尺寸小于波长时,可以发生明显的衍射。一般围墙的高度为几米,声波的波长比围墙的高度要大,所以它能绕过高墙,使墙外的人听到;而光波的波长较短,远小于高墙尺寸,所以人身上发出的光线不能衍射到墙外,墙外的人就无法看到墙内人。

4. 开水不响,响水不开

水沸腾之前,由于对流,水内气泡一边上升,一边上下振动,大部分气泡在水内压力下破裂,其破裂声和振动声又与容器产生共鸣,所以声音很大。水沸腾后,上下等温,气泡体积增大,在浮力作用下一直升到水面才破裂开来,因而响声比较小。

5. 水火不相容

物质燃烧,温度必须达到燃点(着火点)。由于水的比热大,水与火接触可大量吸收热量,致使着燃烧物温度降低;同时,汽化后的水蒸气包围在燃烧物外面,使得物体不能和空气接触,而没有了空气,燃烧就不能进行。

6. 坐地日行八万里

"坐地日行八万里"是毛泽东吟出的诗词,它还科学地揭示了运动和静止的关系:运动是绝对的,静止总是相对参照物而言的。由于地球的半径为6371千米,地球每自转一圈,其表面上的物体"走"的路程约为40 000多千米,约8万里。

7. 霜前冷,雪后寒

在深秋的夜晚,地面附近的空气温度骤然变冷(温度低于0℃以下),空气中的水蒸气凝华成小冰晶,附着在地面上形成霜,所以有"霜前冷"的感觉。雪融化时要吸收热量,使空气的温度降低,所以我们有"雪后寒"的感觉。

8. 冰冻三尺,非一日之寒

水的温度在4℃时的密度最大。当整个水温都降到4℃时,水的对流停止。气温继续下降时,上层水温降到4℃以下,密度减小不再下沉,底层水温仍保持4℃,上层水温降到0℃并继续放热时,水面开始结冰。由于水和冰是热的不良导体,光滑明亮的冰面又能防止辐射,因此,冰下的水放热极为缓慢。所以结成厚厚的冰,需要很长时间的天寒。

9. 早虹雨滴滴,晚虹晒脸皮

我国的降雨云大都是由西向东移动的,早晨看到的虹,是东方射来的太阳光照在西方的天空降雨层的水滴上形成的西虹,显然,西虹是本地天气将要降雨的预示。相反,傍晚看到的虹是西方射来的阳光照在东方天空降雨层的水滴上而形成的东虹,它预示着西方天空已没有降雨云了,天气必然是晴朗的。

10. 万有引力定律

牛顿在前人研究的基础上,在1687年于《自然哲学的数学原理》上发表了万有引力定律。内容如下:任意两个质点通过连心线方向上的力相互吸引。该引力的大小与它们的质量乘积成正比,与它们距离的平方成反比,与两物体的化学本质或物理状态以及中介物质无关。

11. 牛顿三大定律

牛顿三大定律即牛顿运动定律。第一定律:任何一个物体在不受外力或受平衡力的作用时,总是保持静止状态或匀速直线运动状态,直到有作用在它上面的外力迫使它改变这种状态为止。第一定律又称为"惯性定律"。第二定律:物体的加速度跟物体所受的外力的合力成正比,跟物体的质量成反比,加速度的方向跟合外力的方向相同。第三定律:相互作用的两个质点之间的作用力和反作用力总是大小相等,方向相反,作用在同一直线上。

12. 电磁感应现象

电磁感应现象是指放在变化磁通量中的导体,会产生电动势。迈克尔·法拉第于1831年发现了电磁感应。

【历年真题】

【4-25】20世纪上半叶,发生了以(　　)为核心的物理学革命,加上其后的宇宙大爆炸模型、DNA双螺旋结构、板块构造理论、计算机科学,这六大科学理论的突破,共同确立了现代科学体系的基本结构。

A. 相对论光学　　B. 相对论电磁学　　C. 光学电磁学　　D. 相对论量子力学

【参考答案】D。解析:20世纪上半叶,相对论量子力学、宇宙大爆炸模型、DNA双螺旋结构、板块构造理论、计算机科学,这六大科学理论的突破,共同确立了现代科学体系的基本结构。光学和电磁学产生于19世纪。所以,正确选项是D。

(五) 医学

1. 血常规

血常规是最基本的血液检验。血液由液体和有形细胞两大部分组成,血常规检验的是血液的细胞部分。血液有三种不同功能的细胞——红细胞(俗称红血球)、白细胞(俗称白血球)、血小板。

2. 红细胞

红细胞(RBC),俗称红血球,是血液中数量最多的一种血细胞,同时也是脊椎动物体内通过血液运送氧气的最主要的媒介,同时还具有免疫功能。

3. 白细胞

白细胞(WBC),俗称白血球,是血液中的一类细胞。白细胞通常也被称为免疫细胞,其主要作用是吞噬细菌、防御疾病。

4. 淋巴细胞

淋巴细胞是白细胞的一种。由淋巴器官产生,是机体免疫应答功能的重要细胞成分。

5. 血小板

血小板是只存在于哺乳动物血液中的有形成分之一。血小板具有特定的形态结构和生化组成,在止血、伤口愈合、炎症反应、血栓形成及器官移植排斥等生理和病理过程中有重要作用。

6. 血型

血型是指血液成分(包括红细胞、白细胞、血小板)表面的抗原类型。常见的血型一般常分 A、B、AB 和 O 四种,另外还有 Rh 血型、MNSSU 血型、P 型血和 D 缺失型血等极为稀少的十余种血型系统。

7. 指纹

人的皮肤由表皮、真皮和皮下组织三部分组成。指纹就是手指表皮上突起的纹线,虽然指纹人人皆有,但每个人的指纹是独一无二的。

8. 梦与睡眠

人入睡后,一小部分脑细胞仍在活动,这就是梦形成的基础。据研究,人们的睡眠由正相睡眠和异相睡眠两种形式交替进行,在异相睡眠中被唤醒的人有 80% 正在做梦,在正相睡眠中被唤醒的人有 7% 正在做梦。一个人每晚的梦境可间断持续 1.5 个小时左右。

第四节 文 学 常 识

一、中国文学

(一) 古代神话

代表作有"女娲补天""后羿射日""精卫填海""盘古开天辟地""黄帝战蚩尤"等。

(二) 先秦文学

(1)《诗经》:是我国最早的一部诗歌总集,一共 311 篇(其中 6 篇为笙诗),古称《诗》或《诗三百》。其内容有"风""雅""颂"三部分,这是从音乐角度上分的;表现手法有"赋""比""兴"三种。因此,前人把"风""雅""颂"和"赋""比""兴"称作《诗经》的六义。在语言的句法上,《诗经》基本上是四个字一句。其著名篇目有《关雎》《七月》《蒹葭》《桃夭》《子衿》《硕鼠》等。

【历年真题】

【4-26】下列关于《诗经》的表述,不正确的是( )。
A. 我国古代第一部诗歌总集　　B. 作品在当时可以配乐歌唱
C. 表现爱情的诗占绝大多数　　D. 主要艺术手法有赋、比、兴

【参考答案】C。解析:《诗经》是中国古代诗歌的开端,最早的一部诗歌总集,收集了西周初年至春秋中叶共311篇诗歌。其主要艺术手法可以分为赋、比、兴,这种手法既是《诗经》艺术特征的重要标志,也开启了中国古代创作的基本手法。所以,正确选项是C。

(2)"四书":《大学》《中庸》《论语》《孟子》。

(3)"五经":《诗经》《尚书》《礼记》《易经》《春秋》。尚书是我国古老的历史文献汇编。《春秋》是我国现存最早的编年体史书。

【历年真题】

【4-27】"四书"是封建社会科举取士的初级标准书。它所指的是下列哪四本书?(   )。
　　A.《史记》《春秋》《汉书》《诗经》　　B.《大学》《中庸》《论语》《孟子》
　　C.《史记》《论语》《诗经》《汉书》　　D.《论语》《春秋》《诗经》《中庸》

【参考答案】B。解析:"四书"是《大学》《中庸》《论语》《孟子》四本儒家经典的合称。"四书"蕴含了儒家思想的核心内容,是儒学认识论和方法论的集中体现,在中华思想史上产生深远影响。所以,正确选项是B。

(4)"六经":在"五经"后增加《乐经》。

(5)《左传》:我国第一部叙事较为完整的编年体史书,开创了文史结合的传统。

(6)《战国策》:西汉刘向编订的一部国别体史书,主要记叙了战国时期的纵横家的政治主张和策略,是研究战国历史的重要典籍。

(7)《楚辞》:继《诗经》之后,公元前4世纪,在楚国出现了一种新的诗体,叫楚辞,其主要作者为屈原。汉朝人把屈原、宋玉等人写的作品编成一书,叫《楚辞》。《楚辞》是我国文学史上第一部浪漫主义诗歌总集,收录了屈原的《离骚》《九歌》《九章》《天问》等名篇。它突破了《诗经》的四字句,发展为五言句、七言句。其中,《离骚》是我国古代最长的抒情诗,表现出积极的浪漫主义精神,并开创了我国文学史上的"骚体"诗歌形式。

(8)《吕氏春秋》:又名《吕览》,是在秦国丞相吕不韦的主持下,集合他的门客编撰的一部黄老道家名著。成语"一字千金""刻舟求剑"出于此书。

【历年真题】

【4-28】下列关于《离骚》的表述,不正确的是(   )。
　　A. 战国时诗人屈原的代表作　　B. 我国古代最长的爱情诗
　　C. 运用了"香草美人"的比兴手法　　D. 具有积极的浪漫主义精神

【参考答案】B。解析:《离骚》是战国时期著名诗人屈原的代表作,是中国古代诗歌史上最长的一首浪漫主义的抒情诗。所以,正确选项是B。

(三)两汉文学

1.《史记》

《史记》最初称为《太史公书》或《太史公记》《太史记》,是西汉史学家司马迁撰写的纪传体史书,是中国历史上第一部纪传体通史,记载了上至上古传说中的黄帝时代,下至汉武帝太初四年间共3000多年的历史。《史记》被列为"二十四史"之首,与《汉书》《后汉书》《三国志》合称"前四史"。其首创的纪传体编史方法为后来历代"正史"所传承。《史记》被鲁迅誉为"史家之绝唱,无韵之《离骚》"。

2.《汉书》

《汉书》,又称《前汉书》,是中国第一部纪传体断代史,"二十四史"之一,由东汉史学家班固编撰。《汉书》是继《史记》之后中国古代又一部重要史书。

3. 汉乐府诗

"乐府"本是汉武帝设立的音乐机构,它搜集整理的诗歌,后世就叫"乐府诗",或简称"乐府"。乐府诗有四言、五言、杂言,但多是五言。其名篇有《孔雀东南飞》《陌上桑》《东门行》《上邪》等;其中,《孔雀东南飞》是中国文学史上第一首长篇叙事诗。

4. 汉赋四大家

"汉赋四大家"是指司马相如、扬雄、班固、张衡。

(1) 司马相如是汉赋的代表作家,后世称之为"赋圣"和"辞宗",代表作《子虚赋》《上林赋》《大人赋》《长门赋》。

(2) 扬雄被后世学者誉为"汉代的孔子",代表作有《甘泉赋》《河东赋》。

(3) 班固出身儒学世家,代表作有《两都赋》。

(4) 张衡是东汉时期的天文学家、地理学家、文学家,代表作有《二京赋》《归田赋》。

5. 其他

(1) 贾谊:世称贾生,其散文被鲁迅称为"西汉鸿文",代表作有《过秦论》《论积贮疏》;其辞赋是汉赋发展的先声,代表作有《吊屈原赋》《鹏鸟赋》。

(2) 刘安:西汉淮南王,代表作为《淮南子》(又名《淮南鸿烈》《刘安子》),"后羿射日""嫦娥奔月"等故事出于此书。他还是我国豆腐的创始人。

【历年真题】

【4-29】我国文学史上第一部长篇叙事诗是( )。

A.《天问》　　　　B.《离骚》　　　　C.《孔雀东南飞》　　　　D.《九章》

【参考答案】C。解析:《离骚》是战国时期著名诗人屈原的代表作,是中国古代诗歌史上最长的一首浪漫主义的政治抒情诗。《天问》是屈原创作的一首长诗。《孔雀东南飞》是中国文学史上第一部长篇叙事诗。《九章》是短篇抒情诗集。所以,正确选项是C。

(四) 魏晋南北朝文学

1. 建安文学

建安文学,由于创作时间主要在建安年间而得名。它以"三曹"为领袖,"建安七子"和蔡琰为代表。

(1) "三曹":即曹氏父子曹操、曹丕、曹植。曹操的《观沧海》、曹丕的《燕歌行》、曹植的《名都篇》《白马篇》《洛神赋》均为名作。

(2) "建安七子":即孔融、陈琳、王粲、徐干、阮瑀、应玚、刘桢。

2. 竹林七贤

"竹林七贤"即阮籍、嵇康、山涛、刘伶、王戎、向秀、阮咸。其中,嵇康和阮籍是"正始体"的代表作家。

3. 南北朝民歌

南北朝民歌是中国诗歌史上又一新的发展。南朝民歌清丽缠绵，更多地反映了人民真挚纯洁的爱情生活，代表作为《西洲曲》；北朝民歌粗犷豪放，广泛地反映了北方动乱不安的社会现实和人民的生活风习，代表作有《木兰诗》。《木兰诗》与汉乐府诗《孔雀东南飞》合称"乐府双璧"。

4. 其他

(1) 诸葛亮：字孔明，别号卧龙，代表作有《出师表》。

【历年真题】

【4-30】"两表酬三顾，一对足千秋"中描述的历史人物是（　　）。

　　A. 辛弃疾　　　　B. 诸葛亮　　　　C. 李白　　　　D. 陶潜

【参考答案】B。解析："两表酬三顾，一对足千秋"，是明代文人游俊题在"三顾堂"正门的对联。"两表"指《前出师表》和《后出师表》；"三顾"指刘备"三顾茅庐"；"一对"指当年刘备三顾茅庐时诸葛亮所作的《隆中对》，在文中诸葛亮有"三分天下"的精辟分析。所以，正确选项是 B。

(2)《搜神记》：由干宝所著，被称作"中国志怪小说的鼻祖"，是我国最早的短篇小说集之一，《干将莫邪》《韩凭夫妇》出于此书。

(3)《后汉书》："二十四史"之一，是一部记载东汉历史的纪传史书，由范晔编撰。

(4)《世说新语》：又名《世说》，是我国最早的一部文言志人小说集，一般认为由南朝宋临川王刘义庆所撰写，也有称是由刘义庆组织门客编写。它是魏晋南北朝时期"笔记小说"的代表作。

(5)《文心雕龙》：是我国南朝文学理论家刘勰创作的一部理论系统、结构严密、论述细致的文学理论专著。它是中国文学理论批评史上第一部有严密体系的、"体大而虑周"的文学理论专著。

(6) 陶渊明：名潜，字元亮，字号"五柳先生"，是我国第一位杰出的田园诗人，代表作有《桃花源记》《归去来兮辞》《归园田居》《饮酒》等。

【历年真题】

【4-31】下列选项中，不属于东晋文学家陶渊明的作品是（　　）。

　　A.《岳阳楼记》　　　　　　　　B.《桃花源记》
　　C.《归去来兮辞》　　　　　　　D.《归园田居》

【参考答案】A。解析：陶渊明，字元亮，名潜，东晋末至南朝宋初期伟大的诗人、辞赋家。他是中国第一位田园诗人，其代表作有《归去来兮辞》《桃花源记》《归园田居》。《岳阳楼记》是范仲淹的作品。所以，正确选项是 A。

（五）唐代文学

1. 唐诗

唐代诗歌可分为两类：一是古体诗，也叫古风，是指模仿唐代以前的传统诗体，没有一定格律，篇幅可长可短，用韵平仄都比较自由，主要分五言古体和七言古体两种。二是近体诗，也叫今体诗。近体诗不像古体诗那样自由，在篇幅、用韵、平仄、对仗等方面都有严格要求。近体诗又可分为律诗和绝句。律诗和绝句都分五言和七言，绝句每首四句，律诗每首八句，十句以上称排律或长律。

2. 代表文学家及其作品

(1) 陈子昂：字伯玉，初唐诗文革新人物之一，代表作为《登幽州台歌》和组诗《感遇诗三十八首》。

(2) 王勃：字子安，与骆宾王、卢照邻、杨炯合称为"初唐四杰"。其代表作有《送杜少府之任蜀州》《滕王阁序》。王勃是"初唐四杰"中成就最高者。

(3) 贺知章：字季真，自号"四明狂客"，主要作品有《咏柳》《回乡偶书》。

(4) 王之涣：字季凌，代表作有《凉州词二首》《登鹳雀楼》。《凉州词二首》被誉为"唐代绝句压卷之作"。王之涣与王昌龄、高适、岑参合称"边塞四诗人"。

(5) 孟浩然：名浩，字浩然，代表作《过故人庄》《春晓》《宿建德江》。

(6) 王昌龄：字少伯，有"七绝圣手""诗家夫子"之称，代表作有《出塞》《从军行七首》《芙蓉楼送辛渐》《长信宫词》。

(7) 王维：字摩诘，号摩诘居士，诗人兼画家，有"诗佛"之称，后人推其为南宗山水画之祖。其代表作有《送元二使安西》《送别》《九月九日忆山东兄弟》《相思》。苏轼赞其作品为"诗中有画""画中有诗"。

【历年真题】

【4-32】下列人物中，既是诗人也是画家的是（　　）。
A. 李白　　　　B. 王维　　　　C. 白居易　　　　D. 李商隐
【参考答案】B。解析：王维，唐朝著名诗人、画家，字摩诘，号摩诘居士，世称"王右丞"。其代表诗作有《送元二使安西》《送别》《九月九日忆山东兄弟》等。王维参禅悟理，学庄信道，精通诗、书、画、音乐等，与孟浩然合称"王孟"。苏轼评价其："味摩诘之诗，诗中有画；观摩诘之画，画中有诗。"所以，正确选项是 B。

(8) 高适：字达夫，与岑参齐名，同为盛唐边塞诗派的代表，并称"高岑"。其主要作品有《燕歌行》《蓟门行五首》《塞上》《塞下曲》等，后人辑有《高常侍集》。

(9) 李白：字太白，号青莲居士，唐代伟大的浪漫主义诗人，被后人誉为"诗仙"，与杜甫合称"李杜"。李白创造了古代浪漫主义文学高峰，歌行体和七言绝句达到后人难及的高度。其代表作有《梦游天姥吟留别》《蜀道难》《静夜思》《望天门山》《将进酒》《宣州谢朓楼饯别校书叔云》等，结为《李太白集》。

(10) 杜甫：字子美，自号少陵野老，被后人称为"诗圣"。其主要作品有《望岳》《登高》《春望》、"三吏"（《新安吏》《石壕吏》《潼关吏》）、"三别"（《新婚别》《垂老别》《无家别》），结为《杜工部集》。其作品为现实主义诗歌艺术的高峰，被称为"诗史"。

(11) 岑参：边塞诗派的重要代表，代表作有《白雪歌送武判官归京》《逢入京使》等。

(12) 孟郊：字东野，有"诗囚"之称，与贾岛并称"郊寒岛瘦"，著名苦吟诗人，代表作有《游子吟》《劝学》《登科后》等。

(13) 韩愈：字退之，世称"韩昌黎"，唐代古文运动倡导者，"唐宋八大家"之首，与柳宗元并称"韩柳"，有"文章巨公"和"百代文宗"之名。其代表作有《师说》《马说》《进学解》《祭十二郎文》等。

(14) 刘禹锡：字梦得，曾任太子宾客，世称"刘宾客"，与柳宗元合称"刘柳"，与白居易合称"刘白"。其主要作品有《陋室铭》《乌衣巷》《竹枝词》等，结为《刘宾客文集》《刘梦得文集》。

(15) 白居易：字乐天，号香山居士，唐代伟大的现实主义诗人，唐代三大诗人之一，与元稹合称"元白"。其代表作有《长恨歌》《卖炭翁》《琵琶行》等。

(16) 柳宗元：字子厚，人称"柳河东"，唐代古文运动的领导者之一，"唐宋八大家"之一，与韩愈并称"韩柳"。其主要作品有《捕蛇者说》《三戒》《永州八记》等散文，《江雪》《渔翁》等诗。

【历年真题】

【4-33】下列关于韩愈、柳宗元的表述，不正确的是（　　）。
A. 韩愈、柳宗元都是唐代文学家　　B. 他们倡导了著名的"古文运动"
C. 他们力倡内容充实，形式严整的散文　　D. 他们都是"唐宋八大家"的重要成员
【参考答案】C。解析：韩愈、柳宗元都是唐代诗人，且都是"唐宋八大家"的重要成员，都倡导古文运动。所以，正确选项是C。

(17) 李贺：字长吉，后人誉为"诗鬼"，与李白、李商隐称为"唐代三李"。其代表作有《神弦曲》《雁门太守行》《金铜仙人辞汉歌》等。

(18) 杜牧：字牧之，别称"小杜"，与李商隐并称"小李杜"，代表作有《阿房宫赋》《江南春》《清明》《泊秦淮》《赤壁》等。

(19) 李商隐：字义山，号玉溪（谿）生，又号樊南生，代表作有《锦瑟》、《乐游原》、《夜雨寄北》、"无题"诗等。

（六）宋代文学

1. 宋词

在唐代中期，由诗派生出了一种新的体裁，这种体裁到了宋代最为发达，这就是词。由于词是由诗派生出来的，所以词又被称为诗余；另外，由于词的句子字数长短不一，古人也称为长短句。宋词的代表人物主要有豪放派的辛弃疾、苏轼、陆游和婉约派的柳永、晏殊、秦观、李清照等。

2. 代表文学家及其作品

(1) 范仲淹：字希文，代表作有《岳阳楼记》《渔家傲·秋思》等。

(2) 柳永：原名三变，字景庄、耆卿，代表作有《雨霖铃·寒蝉凄切》《八声甘州·对潇潇暮雨洒江天》等。

(3) 晏殊：字同叔，谥元献，代表作有《浣溪沙·一曲新词酒一杯》《蝶恋花·槛菊愁烟兰泣露》等。晏殊尤擅小令，风调娴雅，气象富贵。

(4) 欧阳修：字永叔，号醉翁、六一居士，北宋文坛领袖，"唐宋八大家"之一。他曾主修《新唐书》，独撰《新五代史》，代表作有《醉翁亭记》《秋声赋》《六一词》等。

(5) 苏洵：字明允，号老泉，"唐宋八大家"之一，与苏轼、苏辙合称"三苏"。其主要作品有《六国论》《辨奸论》《心术》《几策》。

(6) 曾巩：字子固，"唐宋八大家"之一，世称"南丰先生"。其代表作有《醉心亭记》《游山记》等。

(7) 王安石：字介甫，号半山，"唐宋八大家"之一。其诗在北宋诗坛自成一家，世称"王荆公体"。其代表作有《游褒禅山记》《伤仲永》《元日》《泊船瓜州》等。

(8) 司马光：字君实，世称"涑水先生"，史界"两司马"之一。其主要作品《资治通鉴》，是我国第一部编年体通史，记载上自战国下至五代共1362年的历史。

(9) 沈括：字存中，号"梦溪丈人"，代表作有《梦溪笔谈》，《采草药》《雁荡山》《活板》出于此。

(10)苏轼：字子瞻，号东坡居士，苏洵之子，"唐宋八大家"之一。苏轼在书法上与蔡襄、黄庭坚、米芾并称"宋四家"；擅长文人画，尤擅墨竹、怪石、枯木等。其主要作品有《赤壁赋》《石钟山记》《题西林壁》《水调歌头·明月几时有》《念奴娇·赤壁怀古》等。

(11)苏辙：字子由，"唐宋八大家"之一，苏轼之弟，擅长政论和史论，苏轼称其散文"汪洋澹泊，有一唱三叹之声，而其秀杰之气终不可没"。其代表作品有《巢谷传》《老子解》等。

(12)李清照：号易安居士，主要作品有《武陵春·春晚》《如梦令·昨夜雨疏风骤》《声声慢·寻寻觅觅》《夏日绝句》等。李清照是古代著名女词人，有"千古第一才女"之称，在宋代婉约词派中成就最高。

(13)陆游：字务观，号放翁，南宋爱国诗人。其主要作品有《卜算子·咏梅》《示儿》《钗头凤·红酥手》等。陆游为我国古代最高产的诗人，有诗9000多首。

(14)辛弃疾：字幼安，号稼轩居士，与苏轼并称"苏辛"，有"词中之龙"之称。其作品集为《稼轩长短句》，名篇有《青玉案·元夕》《永遇乐·京口北固亭怀古》《清平乐·村居》等。

(15)姜夔：字尧章，号白石道人，主要作品有《扬州慢·淮左名都》《暗香·旧时月色》《疏影·苔枝缀玉》等。

(16)文天祥：字宋瑞、履善，号文山，爱国诗人。其主要作品有《正气歌》《过零丁洋》。

(17)岳飞：字鹏举，抗金名将。他的《满江红·写怀》表现了热烈的爱国情感和崇高的民族气节。

(18)杨万里：字廷秀，号诚斋，代表作品有《小池》《晓出净慈寺送林子方》等。

3．唐宋八大家

唐代的韩愈、柳宗元，宋代的欧阳修、曾巩、王安石、苏洵、苏轼、苏辙。

（七）元代文学

1．元曲

元曲，是盛行于元代的一种文艺形式，包括杂剧和散曲。曲可以说是词的另一体，但咏唱时的伴奏乐器不同，语言上更加接近口语，最突出的特点是可以加衬字。

2．代表文学家及其作品

(1)元曲四大家。

关汉卿：字汉卿，号已斋(又作一斋)，主要作品有《窦娥冤》《救风尘》《望江亭》《单刀会》等。关汉卿位于"元曲四大家"之首，被称为"东方的莎士比亚"。

郑光祖：字德辉，主要作品有《倩女离魂》《三战吕布》等。

白朴：原名恒，字仁甫，主要作品有《墙头马上》《梧桐雨》《东墙记》等。

马致远：字千里，号东篱，主要作品有杂剧《汉宫秋》，散曲《天净沙·秋思》等，是元散曲作者中成就最高者。

(2)王实甫：名德信，主要作品有《西厢记》，是元杂剧中最成功的作品之一。

3．"元杂剧"四大悲剧

关汉卿的《窦娥冤》、马致远的《汉宫秋》、白朴的《梧桐雨》和纪君祥的《赵氏孤儿》。

（八）明清文学

1．"四大名著"

"四大名著"全称中国古典长篇小说四大名著，是指《水浒传》(施耐庵)、《三国演义》(罗贯中)、《西游记》(吴承恩)、《红楼梦》(曹雪芹)这四部巨著。

【历年真题】

【4-34】下列选项中,作家和作品对应正确的是( )。
A. 罗贯中《西游记》　　　　　　　　B. 施耐庵《三国演义》
C. 蒲松龄《水浒传》　　　　　　　　D. 曹雪芹《红楼梦》
【参考答案】D。解析:罗贯中著《三国演义》,吴承恩著《西游记》,蒲松龄著《聊斋志异》,施耐庵著《水浒传》,曹雪芹著《红楼梦》。所以,正确选项是D。

【4-35】下列古典小说中人物与故事,对应不正确的是( )。
A. 贾宝玉——怒摔通灵宝　　　　　B. 诸葛亮——巧设空城计
C. 鲁智深——醉打蒋门神　　　　　D. 孙悟空——三借芭蕉扇
【参考答案】C。解析:鲁智深——拳打镇关西,武松——醉打蒋门神。所以,正确选项是C。

2."三言二拍"

"三言",是明代冯梦龙纂辑的三个短篇小说集《喻世明言》《警世通言》《醒世恒言》的合称,是明代通俗小说的代表作。

"二拍",是明代凌濛初的拟话本小说集《初刻拍案惊奇》和《二刻拍案惊奇》的合称,以揭露官府的黑暗、抨击贪官污吏的罪行为主题。

3."明代四大奇书"

"明代四大奇书"又称"中国古代小说四大奇书",是指《三国演义》《西游记》《水浒传》《金瓶梅》。

4."临川四梦"

"临川四梦",又称玉茗堂四梦,是指明代剧作家江西临川(今江西抚州)人汤显祖的《牡丹亭》《紫钗记》《邯郸记》《南柯记》四部戏剧。

5."晚清四大谴责小说"

"晚清四大谴责小说",分别为李伯元(李宝嘉)的《官场现形记》、吴趼人(吴沃尧)的《二十年目睹之怪现状》、刘鹗的《老残游记》和曾朴的《孽海花》。其中,《官场现形记》是我国第一部在报刊上连载、直面社会而取得轰动效应的长篇章回小说,也是谴责小说的代表作,首开近代小说批判社会现实的风气。

6.其他代表文学家及其作品

(1)顾炎武:原名绛,字忠清、宁人,与黄宗羲、王夫子并称明末清初"三大儒"。其代表作有《日知录》《天下郡国利病书》《肇域志》等。

(2)洪昇:字昉思,号稗畦,代表作《长生殿》描写了唐明皇与杨贵妃的爱情故事。

(3)孔尚任:字聘之,自称云亭山人与洪昇并称"南洪北孔"。其代表作《桃花扇》以侯方域、李香君的悲欢离合为主线,展现了明末南京的社会现实;同时也揭露了弘光政权衰亡的原因,展现了明朝遗民的亡国之痛。

(4)蒲松龄:字留仙,号柳泉居士,世称聊斋先生。其代表作《聊斋志异》为我国古代文言短篇小说中成就最高。

(5)吴敬梓:字敏轩,代表作为《儒林外史》。《儒林外史》代表着我国古代讽刺小说的高峰,开创了以小说直接评价现实生活的范例。鲁迅认为该书思想内容"秉持公心,指摘时弊"。

(6)姚鼐:字姬传,世称惜抱先生,桐城派奠基人之一。他主张"义理、考证、文章"三者合一,主要作品有《惜抱轩文集》。

(7)李汝珍:字松石,代表作品为《镜花缘》。

(8)袁枚：字子才，号简斋，倡导"性灵说"，与赵翼、蒋士铨合称"乾嘉三大家"（或称"江石三大家"）。其主要作品有《小仓山房集》《随园诗话》《祭妹文》等。

(9)龚自珍：字璱人，主要作品有《病梅馆记》《己亥杂诗》，被称为近代文学的开山作家。

(10)梁启超：字卓如，号饮冰室主人，维新派代表人物之一，与康有为合称"康梁"。其主要作品有《中国近三百年学术史》《少年中国说》等。

 资料卡片

中国古代文化记忆口诀

民间歌谣出《诗经》（风雅颂里显风格），楚国屈原唱《离骚》（端午江边祭屈平）。

要属绚丽汉代赋（半诗文半综合体），早熟唐诗繁似锦（诗仙诗圣寓意境）。

宋词两派有奇人（词坛作家数千人），散曲元剧称元曲（关马创作最为高）。

明清小说达顶峰（四大名著今为宝），至今未有相比者（无穷财富书中藏）。

（九）现当代文学

(1)鲁迅：原名周树人，字豫才，中国现代文化的开拓者和奠基人。其代表作有：① 小说集《呐喊》（包括《狂人日记》《阿Q正传》《药》《孔乙己》等）、《彷徨》（包括《祝福》《伤逝》等）、《故事新编》；② 散文集《朝花夕拾》（包括《藤野先生》《范爱农》《从百草园到三味书屋》等）；③ 杂文集《准风月谈》《且介亭杂文末编》《二心集》《南腔北调集》《花边文学》等；④ 散文诗集《野草》。

【历年真题】

【4-36】鲁迅的第一篇白话文是（　　）。
　　A.《祝福》　　　B.《阿Q正传》　　　C.《故乡》　　　D.《狂人日记》
【参考答案】D。解析：《狂人日记》是鲁迅创作的第一篇短篇白话日记体小说，也是中国第一部现代白话文小说，写于1918年4月，首发于《新青年》月刊，后收入《呐喊》。所以，正确选项是D。

(2)郭沫若：原名开贞，号尚武，是我国无产阶级历史学家和古文字学家，我国新诗的奠基人之一。其代表作品有诗集《女神》《天狗》《星空》，历史剧《屈原》《虎符》《高渐离》《孔雀胆》《蔡文姬》《棠棣之花》等。《女神》是一部杰出的浪漫主义诗集，奠定了新诗运动的基础。

(3)叶圣陶：现代作家、教育家，有"优秀的语言艺术家"之称。其主要作品有长篇小说《倪焕之》，短篇小说有《多收了三五斗》《夜》等，童话集有《稻草人》《古代英雄的石像》。他是我国现代童话创作的拓荒者。

【历年真题】

【4-37】中国现代第一部现实主义长篇童话是（　　）。
　　A.《稻草人》　　　　　　　　　B.《古代英雄的石像》
　　C.《大林和小林》　　　　　　　D.《秃秃大王》
【参考答案】A。解析：中国现代第一部现实主义长篇童话是叶圣陶的《稻草人》。这篇童话通过一个富有同情心而又无能为力的稻草人的所见所思，真实地描写了20世纪20年代中国农村风雨飘摇的人间百态。所以，正确选项是A。

(4) 茅盾：原名沈德鸿，现代杰出作家，新文学运动的先驱之一。其主要作品有《蚀》三部曲(《幻灭》《动摇》《追求》)，"农村三部曲"(《春蚕》《秋收》《残冬》)，散文《风景谈》《白杨礼赞》。《子夜》是我国现代文学史上第一部现实主义长篇杰作。

(5) 郁达夫：现代作家，革命烈士。其主要作品有《沉沦》《春风沉醉的晚上》《薄奠》等。

(6) 徐志摩：现代诗人。其主要作品有诗集《志摩的诗》《猛虎集》等，著名篇目《再别康桥》《雪花的快乐》《我不知道风是在哪一个方向吹》《偶然》等，是新月派代表诗人。

(7) 田汉：戏剧家，中国现代戏剧三大奠基人之一。其主要剧作有《咖啡店之一夜》《名优之死》《丽人行》《关汉卿》《文成公主》，京剧《白蛇传》《谢瑶环》等。他是"五四"以后最有成就的剧作家之一。他创作了中华人民共和国的国歌《义勇军进行曲》的歌词。

(8) 朱自清：现代作家，主要作品有诗文集《踪迹》，散文集《背影》《欧游杂记》《你我》，学术著作《经典常谈》，著名篇目有《背影》《绿》《荷塘月色》《桨声灯影里的秦淮河》《生命的价格——七毛钱》等。

【历年真题】

【4-38】《荷塘月色》的作者是( )。
A. 郁达夫　　　　B. 朱自清　　　　C. 鲁迅　　　　D. 郭沫若
【参考答案】B。解析：《荷塘月色》是中国文学家朱自清任教清华大学时所写的一篇散文，因收入中学语文教材而广为人知，是现代抒情散文的名篇。所以，正确选项是B。

(9) 闻一多：著名爱国诗人、学者。其主要作品有诗集《红烛》《死水》，著名篇目有《太阳吟》《洗衣歌》《发现》《一句话》《七子之歌》等。

(10) 老舍：原名舒庆春，字舍予，新中国第一位获"人民艺术家"称号的作家。其主要作品有《骆驼祥子》《四世同堂》《茶馆》《龙须沟》《西望长安》等，是京味小说的开创者。

(11) 冰心：原名谢婉莹，我国著名女作家。其主要作品有诗集《繁星》《春水》，散文集《寄小读者》《往事》等，被誉为"美文"的代表。

(12) 夏衍：原名沈乃熙，字端先，著名剧作家。其主要作品有剧本《秋瑾传》《上海屋檐下》《法西斯细菌》，改编的电影剧本有《祝福》《林家铺子》《我的一家》等，报告文学《包身工》。夏衍创作了我国最早的电影文学剧本《狂流》。

(13) 巴金：原名李尧棠，主要作品有长篇小说"激流三部曲"(《家》《春》《秋》)和"爱情三部曲"(《雾》《雨》《电》)，中篇小说《寒夜》《憩园》等，散文集《保卫和平的人们》《随想录》等。《家》等为我国现代文学史上描写封建家庭历史的最成功的作品。1982年获意大利"但丁国际奖"。

【历年真题】

【4-39】下列分别是鲁迅、巴金、老舍的作品，正确的是( )。
A. 《孔乙己》《春》《龙须沟》　　　　B. 《茶馆》《日出》《屈原》
C. 《祥林嫂》《林家铺子》《秋》　　　　D. 《龙须沟》《孙乙己》《春》
【参考答案】A。解析：鲁迅—《孔乙己》、巴金—《春》、老舍—《龙须沟》。所以，正确选项是A。

(14) 赵树理：现代小说家，"山药蛋派"文学的创始人。其主要作品有小说《小二黑结婚》《李有才板话》《李家庄的变迁》等。《小二黑结婚》被茅盾誉为"解放区文艺的代表作之一"；《李有才板话》被茅盾誉为"走向民族形式的里程碑"，是"山药蛋派"的代表作。

(15) 曹禺：原名万家宝，杰出的现代话剧剧作家。其主要作品有剧本《雷雨》《日出》《原野》《北京人》等。

（16）艾青：原名蒋正涵，著名诗人。其主要作品有《大堰河——我的保姆》《黎明的通知》《雪落在中国的土地上》《北方》《手推车》《光的赞歌》等。他的作品标志着"五四"以后自由体诗发展的一个重要阶段，又给以后的新诗创作带来很大影响。

（17）周立波：我国现代著名作家，主要作品有《暴风骤雨》《山乡巨变》。《暴风骤雨》是我国解放战争时期出现的最成功的文学作品之一。

（18）孙犁：原名孙树勋，是"荷花淀派"创始人。其主要作品有《风云初记》《芦花荡》等。孙犁的作品充满诗情画意，有"诗体小说"之称。

（19）杜鹏程：主要作品《保卫延安》，是我国第一部大规模正面描写解放战争的长篇小说。

（20）杨沫：原名杨成业，当代女作家。其主要作品长篇小说《青春之歌》，反映了20世纪30年代我国知识分子的历史命运和成长道路。

（21）曲波：当代作家，主要作品有长篇小说《林海雪原》，京剧《智取威虎山》根据此小说改编而成。

（22）沈从文：现代著名作家，被称为"乡土文学之父"。其代表作有《长河》《边城》《中国丝绸图案》《唐宋铜镜》《龙凤艺术》等。

（23）钱锺书：现代著名作家、文学研究家。其主要代表作有长篇小说《围城》，短篇小说集《人·兽·鬼》，散文集《写在人生边上》。

（24）莫言：当代作家，2012年凭借长篇小说《蛙》获得诺贝尔文学奖，是首位中国籍诺贝尔文学奖获得者。其代表作有《红高粱家族》《檀香刑》《丰乳肥臀》《生死疲劳》等。

（25）余华：当代作家，先锋派小说代表人物。其代表作有《活着》《许三观卖血记》《十八岁出门远行》《鲜血梅花》《世事如烟》《兄弟》等。

二、外国文学

（一）古典文学

1. 古希腊文学

（1）荷马：古希腊诗人，代表作为《伊利亚特》和《奥德赛》，合称"荷马史诗"。《伊利亚特》叙述了十年特洛伊战争。《奥德赛》写特洛伊战争结束后，希腊英雄奥德修斯历险回乡的故事。

（2）柏拉图：古希腊伟大的哲学家，与其老师苏格拉底和其学生亚里士多德并称为"古希腊三大哲学家"。著有《理想国》《对话录》。

（3）"三大悲剧家"：① 埃斯库罗斯，希腊悲剧的创始人，被人们誉为"悲剧之父"，著有《普罗米修斯》三部曲（《被缚的普罗米修斯》《被释的普罗米修斯》《带火的普罗米修斯》）；② 索福克勒斯，代表作有《俄狄浦斯王》《安提格涅》；③ 欧里庇得斯，代表作有《美狄亚》《特洛伊妇女》。

（4）阿里斯托芬：被誉为"戏剧之父"。他的喜剧属现实主义，表现手法极其夸张。其代表作有《骑士》《和平》。

（5）伊索：著有文学名著《伊索寓言》。这是古希腊第一部寓言集，奠定了欧洲寓言的基础。

2. 文艺复兴时期的文学

（1）但丁：欧洲伟大的诗人，其代表作为《神曲》。《神曲》分为三部：《地狱》《炼狱》《天堂》。

（2）薄伽丘：意大利作家，代表作《十日谈》是欧洲文学史上第一部现实主义作品。

(3) 乔叟:"英国诗歌之父",代表作有《坎特伯雷故事集》。

(4) 莫尔:英国空想社会主义作家,著有《乌托邦》。

(5) 莎士比亚:文艺复兴时期英国剧作家和诗人,是伟大的戏剧天才。其代表作有"四大悲剧"《哈姆雷特》《奥赛罗》《麦克白》《李尔王》,"四大喜剧"《仲夏夜之梦》《威尼斯商人》《第十二夜》《皆大欢喜》,历史剧《理查二世》《亨利四世》等。

(6) 培根:英国散文家、哲学家,代表作有《伟大的复兴新工具论》《论说随笔文集》《论古人的智慧》等。他是第一个提出"知识就是力量的人"。

(7) 塞万提斯:西班牙文艺复兴时期最杰出的现实主义小说家,代表作为《堂吉诃德》。

3. 启蒙运动时期的文学

(1) 笛福:被称为"英国现实主义小说之父",代表作有《鲁滨孙漂流记》和《杰克上校》。

(2) 斯威夫特:爱尔兰人,他的《格列佛游记》享誉世界。

(3) 菲尔丁:英国小说家中成就最高者,代表作《汤姆·琼斯》是18世纪英国文学中最具启蒙特征的小说。

(4) 伏尔泰:法国启蒙运动中最具领袖威望的作家,代表作有哲理小说《天真汉》《老实人》,史诗《亨利亚德》,悲剧《欧第伯》,喜剧《放荡的儿子》等。

(5) 狄德罗:法国启蒙文学的中坚,也是百科全书派的领袖人物。其代表作有名剧《私生子》《当好人还是坏人》,小说《拉摩的侄儿》和《雅克和他的主人》等。他主持编纂了《科学、美术与工艺百科全书》。

(6) 卢梭:法国杰出的思想家和文学家,代表作有《爱弥儿》《忏悔录》《新爱洛绮丝》等。

(7) 歌德:德国伟大的文学家、思想家,代表作有《少年维特之烦恼》《浮士德》。

(8) 席勒:德国著名作家,代表作有《强盗》《阴谋与爱情》《唐·卡洛斯》等。

(二) 近代文学

1. 浪漫主义文学

浪漫主义文学产生于18世纪末,在19世纪上半叶达到繁荣,是西方近代文学最重要的思潮之一。

(1) 拜伦:英国诗人,代表作为《唐璜》《东方叙事诗》等。

(2) 雪莱:英国浪漫主义诗人,代表作为《解放了的普罗米修斯》《西风颂》《云雀颂》《自由颂》等。

(3) 彭斯:苏格兰诗人,擅长抒情和讽刺,语言通俗,代表作有《友谊地久天长》《两只狗》。

(4) 简·奥斯汀:现实主义小说女作家。她一共留下了6部长篇小说:《傲慢与偏见》《爱玛》《理性与感性》《诺桑觉寺》《曼斯菲尔德庄园》《劝导》。

(5) 华兹华斯:湖畔派诗人中成就最高者,他与湖畔派另一诗人塞缪尔·柯勒律治共同出版的《抒情歌谣集》,成为英国浪漫主义文学的奠基之作。

(6) 雨果:法国著名作家,代表作有《巴黎圣母院》《九三年》《悲惨世界》《笑面人》等。

(7) 大仲马(亚历山大·仲马):法国小说家,代表作《三个火枪手》和《基督山伯爵》将通俗小说的发展推向极致。

(8) 小仲马(亚历山大·仲马):法国小说家,大仲马的儿子,代表作有《茶花女》《放荡的父亲》《私生子》等。

(9) 普希金:俄国诗人,代表作有《自由颂》《青铜骑士》《叶甫盖尼·奥涅金》《渔夫和金鱼的故事》《上尉的女儿》等。

(10) 裴多菲：匈牙利浪漫主义诗人，代表作为《自由与爱情》《私奔》《民族之歌》等，"生命诚可贵，爱情价更高"即出于《民族之歌》。

(11) 梭罗：美国作家，其作品《瓦尔登湖》是美国浪漫主义文学的奠基之作。

(12) 惠特曼：美国诗人，代表作《草叶集》歌颂了美利坚民族意识的觉醒，成为美国现代文学的鼻祖。

【历年真题】

【4-40】《巴黎圣母院》是（　　）作品。
A. 莫泊桑　　　　B. 巴尔扎克　　　　C. 雨果　　　　D. 托尔斯泰
【参考答案】C。解析：《巴黎圣母院》是法国文学家维克多·雨果创作的长篇小说。所以，正确选项是C。

2. 批判现实主义文学

(1) 司汤达：法国批判现实主义作家，代表作《红与黑》。

(2) 巴尔扎克：法国批判现实主义文学的杰出代表，代表作《人间喜剧》被誉为法国社会的"百科全书"，其中包括《高老头》《欧也妮·葛朗台》《贝姨》《邦斯舅舅》《幻灭》等。

【历年真题】

【4-41】巴尔扎克是19世纪法国批判现实主义文学的代表作家。他的代表作（　　）为人们展现了法国社会特别是巴黎上流社会的现实主义历史。
A.《双城记》　　B.《人间喜剧》　　C.《寒灰集》　　D.《悲惨世界》
【参考答案】B。解析：《双城记》是英国作家查尔斯·狄更斯所著的一部以法国大革命为背景所写成的长篇历史小说。《人间喜剧》是巴尔扎克所著的长篇小说，展示了法国社会的整个面貌，其社会历史内容可以归纳为——贵族衰亡、资产者发迹、金钱罪恶。《寒灰集》是中国近代作家郁达夫的小说集。《悲惨世界》是法国作家维克多·雨果所著的一部长篇小说。所以，正确选项是B。

(3) 福楼拜：法国著名作家，代表作为《包利法夫人》。

(4) 梅里美：法国现实主义作家，代表作为《卡门》。

(5) 莫泊桑：法国批判现实主义作家，与俄国的契诃夫和美国的欧·亨利并称为"世界三大短篇小说巨匠"。其代表作有《羊脂球》《一生》《漂亮朋友》《我的叔叔于勒》《项链》等。

【历年真题】

【4-42】下列作家中，以短篇小说创作而著称于世的一位是（　　）。
A. 莫泊桑　　　　B. 巴尔扎克　　　　C. 托尔斯泰　　　　D. 普希金
【参考答案】A。解析：莫泊桑为19世纪后半叶法国批判现实主义作家，与俄国的契诃夫和美国的欧·亨利并称为"世界三大短篇小说巨匠"。其代表作品有《项链》《漂亮朋友》《羊脂球》《我的叔叔于勒》等。所以，正确选项是A。

(6) 狄更斯：英国批判现实主义作家，代表作有《大卫·科波菲尔》《艰难时世》《荒凉山庄》《双城记》等。

(7) 夏洛蒂·勃朗特：英国作家，代表作《简·爱》。

(8) 艾米莉·勃朗特：英国作家，代表作《呼啸山庄》。她与《简·爱》作者夏洛蒂·勃朗特和《艾格妮斯·格雷》的作者安妮·勃朗特，世称"勃朗特三姐妹"。

(9) 果戈理：俄国优秀的讽刺作家，批判现实主义文学的奠基人。其主要作品有《钦差大臣》《死魂灵》。

(10) 托尔斯泰：俄国最伟大的现实主义小说家，代表作为《战争与和平》《安娜·卡列尼娜》《复活》等。列宁称其为"俄国革命的一面镜子"。

(11) 陀思妥耶夫斯基：俄国作家，代表作为《罪与罚》《白夜》《卡拉马佐夫兄弟》。

(12) 契诃夫：世界短篇小说三大巨匠之一，代表作有《小公务员之死》《变色龙》《套中人》《第六病室》等，是俄国唯一以短篇小说创作登上世界文坛高峰的作家。

(13) 马克·吐温：美国作家，代表作有《竞选州长》《百万英镑》《败坏了赫德莱堡的人》《镀金时代》《汤姆·索亚历险记》等。

(14) 欧·亨利：美国短篇小说家，世界短篇小说三大巨匠之一，主要作品有《麦琪的礼物》《警察与赞美诗》《最后一片藤叶》等，被誉为"美国生活的百科全书"。

(15) 比切·斯托夫人：美国作家，代表作《汤姆叔叔的小屋》反映了美国蓄奴制度时期的社会生活。

（三）20 世纪文学

(1) 高尔基：苏联著名作家，代表作有"自传体三部曲"(《童年》《在人间》《我的大学》)、《母亲》《海燕》等。

【历年真题】

【4-43】下列作品中，不属于高尔基"自传体三部曲"的是（　　）。
A.《童年》　　B.《在人间》　　C.《母亲》　　D.《我的大学》
【参考答案】C。解析：高尔基自传三部曲是《童年》《在人间》《我的大学》。所以，正确选项是 C。

(2) 奥斯特洛夫斯基：苏联作家，代表作有《钢铁是怎样炼成的》《暴风雨所诞生的》等。

(3) 肖洛霍夫：苏联著名作家，诺贝尔文学奖获得者，代表作有《静静的顿河》《一个人的遭遇》等。

(4) 鲍狄埃：法国诗人，主要作品有《自由万岁》《该拆掉的老房子》《自由吧，巴黎》《铁匠的梦》《起义者》等。他于 1871 年写下了雄壮宏伟、载入史册的无产阶级《国际歌》，成为全世界"无产阶级联合起来"的战斗诗歌。

(5) 海明威：美国作家，诺贝尔文学奖获得者，代表作有《老人与海》《太阳照常升起》《永别了，武器》《丧钟为谁而鸣》等。

(6) 玛格丽特·米切尔：美国女作家，代表作为《飘》。

(7) 杰克·伦敦：美国作家，代表作有《野性的呼唤》《海狼》《白牙》《马丁·伊登》等，曾被称为"美国无产阶级文学之父"。

(8) 德莱塞：美国作家，代表作有《嘉莉妹妹》《美国的悲剧》《珍妮姑娘》和"欲望三部曲"(《金融家》《巨人》《禁欲者》)。

(9) 罗曼·罗兰：法国作家，诺贝尔文学奖获得者，代表作《约翰·克利斯朵夫》被高尔基称为"长篇叙事诗"，被誉为"20 世纪最伟大的小说"。

（10）泰戈尔：印度诗人，诺贝尔文学奖获得者，代表作有《吉檀迦利》《飞鸟集》《新月集》等。

（11）加西亚·马尔克斯：哥伦比亚作家，诺贝尔文学奖获得者，代表作有《百年孤独》《霍乱时期的爱情》。

（12）劳伦斯：英国小说家和诗人，代表作有《儿子与情人》《查泰莱夫人的情人》《虹》。

（13）昆德拉：捷克裔小说家，代表作有《不能承受的生命之轻》。

（14）卡夫卡：奥地利作家，代表作有《审判》《变形记》《城堡》。

（15）斯蒂芬·茨威格：奥地利作家，代表作有《一个陌生女人的来信》《心灵的焦灼》等。

资料卡片

记忆文学常识常见的记忆方法

1. 纵横结合法

古今作家的生活时代不同，从而形成纵的联系；同一时期不同作品又有各自的特点，从而又形成了横的联系。将这些纵横联系的知识点组合起来，在脑中形成几条线或几个面，是一种快速而牢固的记忆方法。如能据此自己动手制作几张图表，印象就更加深刻了。

2. 特征记忆法

即抓住文学常识在外部的共同特征进行快速记忆。（1）关于"最"或"第一"的，如第一部诗歌总集《诗经》，俄国最伟大的现实主义小说家列夫·托尔斯泰等。（2）关于"数字"的，如"二拍""三言""四书""五经""六书""建安七子""唐宋八大家""十三经""二十四史"等。

3. 归纳记忆法

即在分类的基础上把某些有相同点的知识按一定顺序集中在一起强化记忆。（1）按标题归纳，如有"记"字的文章按时间先后可归纳为：《桃花源记》《小石潭记》《岳阳楼记》《醉翁亭记》等。（2）按题材归纳，如《范进中举》《孔乙己》都取材于受封建科举制度迫害愚弄的旧知识分子。（3）按文体归纳，把同一体裁的作品，不管古今中外，全部集中在一起复习，既有利于文体知识考试，又有利于进一步了解各类文体的写作特点。（4）按流派归纳，如现实主义和浪漫主义，而在现实主义的基础又发展出了批判现实主义（代表作家如高尔基、鲁迅等）。另外，中国古代作家中也分为山水田园诗派、边塞诗派、婉约派、豪放派等。（5）按作家字号、别称、官职归纳，如白香山、柳河东、杜拾遗、诗仙、诗圣、太史公、异史氏等。

4. 修辞记忆法

常用的修辞手法有谐音、双关、对比、押韵等。如比较《秋声赋》和《秋色赋》，一篇写"声"，使人想起欧阳修与小童夜里听秋声之情景；另一篇绘"色"，使人想到峻青对所看到的美景的描述。比较葛朗台、泼留希金、夏洛克等，会让人发现许多有趣的东西，还何愁记不住他们呢？

5. 重点记忆法

有的文学常识关键在某一要点，抓住要点，其他问题就迎刃而解了。例如，教材中所选鲁迅的若干篇小说，要记住每篇出自何处比较困难，若记除《祝福》出自《彷徨》外，其余都出自《呐喊》，便省时易记、事半功倍。

6. 联想记忆法

如提到荀子，就联想到韩非子、孟子、墨子、庄子、老子、孙子和列子；由《战国策》的国别体联想到《史记》的纪传体和《资治通鉴》的编年体。

三、儿童文学

(一)外国儿童文学作品

1.《一千零一夜》

《一千零一夜》又名《天方夜谭》,是著名的古代阿拉伯民间故事集,被高尔基誉为世界民间文学史上"最壮丽的一座纪念碑"。其中的经典故事有《阿里巴巴和四十大盗》《阿拉丁和神灯》《辛巴达航海旅行》《渔翁的故事》等。

2.《格林童话》

《格林童话》是由德国语言学家雅可布·格林和威廉·格林兄弟收集、整理、加工完成的德国民间故事集,是世界童话的经典之作。其中的《灰姑娘》《白雪公主》《小红帽》《青蛙王子》等童话故事较为闻名。

3.《安徒生童话》

本书由丹麦安徒生著,是一部世界文学名著,书中的经典故事有《皇帝的新装》《海的女儿》《拇指姑娘》《卖火柴的小女孩》《丑小鸭》等。安徒生有"现代童话之父"的美誉。

《一千零一夜》《格林童话》《安徒生童话》被称为"世界童话三大宝库"。

【历年真题】

【4-44】《卖火柴的小女孩》的作者及国别是( )。
A. 莎士比亚,英国   B. 安徒生,丹麦
C. 格林,德国   D. 略加丘,西班牙
【参考答案】B。解析:《卖火柴的小女孩》是丹麦作家安徒生的一篇的童话故事。所以,正确选项是B。

4.《伊索寓言》

《伊索寓言》相传为公元前六世纪被释放的古希腊奴隶伊索所著的寓言集,里面收录有300多则寓言,内容大多与动物有关。书中讲述的故事简短精练,刻画出来的形象鲜明生动,每则故事都蕴含哲理,或揭露和批判社会矛盾,或抒发对人生的领悟,或总结日常生活经验。《伊索寓言》对后代欧洲寓言的创作产生了重大的影响,不仅是西方寓言文学的典范之作,也是世界上传播最多的经典作品之一。其中著名的故事有《狼与小羊》《狐狸和葡萄》《农夫和蛇》《龟兔赛跑》《乌鸦喝水》等。

【历年真题】

【4-45】下列作品中,不是选自《伊索寓言》的是( )。
A.《蚊子和狮子》   B.《伊利亚特》   C.《龟兔赛跑》   D.《农夫和蛇》
【参考答案】B。解析:《伊利亚特》,又译《伊利昂记》,相传是由诗人荷马所作。所以,正确选项是B。

5.《爱丽丝梦游仙境》

《爱丽丝梦游仙境》由英国作家刘易斯·卡罗尔所著,是英国魔幻文学的代表作,讲述了一个名叫爱丽丝的小女孩为了追逐一只揣着怀表、会说话的兔子而不慎掉入兔子洞,从而进入一个神奇的国度并经历了一系列奇幻冒险的故事。

6.《木偶奇遇记》

《木偶奇遇记》是意大利作家卡洛·科洛迪创作的童话。它描述了木偶匹诺曹从一个任性、淘气、懒惰、爱说谎、不关心他人、不爱学习、整天只想着玩的小木偶，变成一个懂礼貌、爱学习、勤奋干活、孝敬长辈、关爱他人的好孩子的过程，以及他所经历的一连串的奇遇，充满了童趣与想象。

7.《绿野仙踪》

《绿野仙踪》为美国"童话之父"莱曼·弗兰克·鲍姆的代表作，是美国最伟大的儿童文学作品之一。它讲述了一个名为多萝茜的小女孩在奥兹国和狮子、机器人、稻草人追寻勇气、善心和智慧的历险故事。

8.《彼得·潘》

《彼得·潘》由英国作家詹姆斯·巴里所创作，1904年在伦敦首演，并于1911年正式出版。

9.《汤姆·索亚历险记》

《汤姆·索亚历险记》由美国作家马克·吐温所著，是马克·吐温所著的最受欢迎和喜爱的儿童小说之一，也是史上最经典的历险记之一。

10.《骑鹅旅行记》

《骑鹅旅行记》由瑞典作家塞尔玛·拉格洛芙所著，是目前唯一一部荣获诺贝尔文学奖的优秀儿童文学作品。

11.《霍比特人》

《霍比特人》由英国作家约翰·罗纳德·瑞尔·托尔金所著，最初是托尔金写给自己孩子的炉边故事，由于其瑰丽的想象和动人的情节，被誉为20世纪最伟大的文学经典之一。

12.《小王子》

《小王子》是法国作家安托万·德·圣·埃克苏佩里于1942年写成的儿童文学短篇小说。书中以一位飞行员作为故事叙述者，讲述了小王子从自己星球出发前往地球的过程中所经历的各种危险。

13.《纳尼亚传奇》

《纳尼亚传奇》是由英国作家C.S.刘易斯创作的七本系列魔幻故事，分别为《魔法师的外甥》《狮子、女巫和魔衣柜》《能言马与男孩》《凯斯宾王子》《黎明踏浪号》《银椅》《最后一战》。它是一部儿童游历冒险小说，其最大的特点是将神话奇幻巧妙地融入其中。

14.《查理和巧克力工厂》

《查理和巧克力工厂》是由英国作家罗尔德·达尔所著的儿童文学作品。这部书被誉为"20世纪最受欢迎的儿童文学"之一，曾多次被改编成电影。

15.《哈利·波特》

《哈利·波特》是由英国作家J.K.罗琳创作的魔幻文学系列小说，讲述了哈利·波特在霍格沃茨魔法学校的学习生活和冒险故事。它是世界上最畅销小说之一，根据小说拍摄的电影成为全球史上最卖座的电影系列之一。

16.《爱的教育》

《爱的教育》由意大利作家埃迪蒙托·德·亚米契斯所著，是世界公认的文学名著，更是一部富有爱心及教育性的读物，被赞誉为一部人生成长中的必读书。

17.《海底两万里》

《海底两万里》是法国作家儒勒·凡尔纳创作的长篇小说，书中展现了海底的奇妙世界，让人阅读后产生流连忘返的感觉,是"凡尔纳三部曲"(另两部为《格兰特船长的儿女》和《神秘岛》)的第二部。儒勒·凡尔纳被誉为"科幻和探险小说之父"、科幻小说的开创者之一。

18.《小淘气尼古拉的故事》

《小淘气尼古拉的故事》是法国著名作家勒内·戈西尼和著名漫画家让-雅克·桑贝于1959年以小尼古拉的形象创作的系列漫画故事,在法国几乎是家喻户晓。

（二）中国儿童文学作品

中国儿童文学作品如表 4-5 所示。

表 4-5　中国主要儿童文学作品

作品名	作者
《稻草人》	叶圣陶
《阿丽思中国游记》	沈从文
《大林和小林》《奇怪的地方》《宝葫芦的秘密》《罗文应的故事》	张天翼
《南南和胡子伯伯》《丁丁的一次奇怪旅行》《下次开船港》	严文井
《木偶戏》《红菇们的旅行》	郭风
《三毛流浪记》	张乐平
《虾球传》	黄谷柳
《小英雄雨来》	管桦
《小燕子万里飞行记》	秦兆阳
《我们的土壤妈妈》	高士其
《海滨的孩子》	肖平
《金色的海螺》	阮章竞
《一只想飞的猫》《飞虎队和野猪队》《阿丽思小姐》《骆驼寻宝记》	陈伯吹
《野葡萄》	葛翠琳
《"小兵"的故事》	柯岩
《小公鸡历险记》	贺宜
《神笔马良》	洪汛涛
《小兵张嘎》	徐光耀
《小橘灯》《寄小读者》	冰心
《小蝌蚪找妈妈》	方惠珍、盛璐德
《小布头奇遇记》《小狗的小房子》	孙幼军
《小灵通漫游未来》	叶永烈
《闪闪的红星》	李心田
《小白杨要接班》	金近
《珊瑚岛上的死光》	童恩正
《云海探奇》《千鸟谷追踪》	刘先平
《第七条猎狗》	沈石溪
《一百个中国孩子的梦》《十四岁的森林》	董宏猷
《舒克和贝塔历险记》《皮皮鲁总动员》《童话大王讲经典》	郑渊洁
《青春口哨》	金曾豪
《花季·雨季》	郁秀
《草房子》《青铜葵花》《蜻蜓眼》	曹文轩
《非法智慧》	张之路
《女生日记》《男生日记》《淘气包马小跳》	杨红樱
《阿莲》《笨狼的故事》《阁楼精灵》	汤素兰

本章知识结构

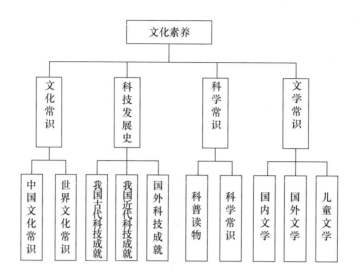

本章备考小结

（一）本章主要内容

本章内容包括文化常识、科技发展史、科学常识和文学常识几个部分。

（二）本章的重点、难点

本章的重点是文学家及其代表作、传统文化，众多的科技发明是记忆的难点。

（三）学习时要注意的问题

本章学习时要注意下列几个方面：

1. 尽可能和同伴一起学习，这样记忆效果会更好。
2. 特别要注意平时知识的积累，做到在生活中去记忆一些接触到的事件，如遇到春节，就顺便把所有的国内外重大节日理清楚。

备考指南

文化素养一章涉及大量的基础知识，主要靠平时的积累。考生在复习时要注意从文化常识、科技发明、科学常识、文学常识几个维度去分类整理，并根据自己的记忆习惯进行逻辑排列，这样可以提高记忆的效率。本章内容一般以选择题为主，所以复习时要注意一些容易出现干扰的事件与人物，理清它们之间的关系，强化记忆。

考前自测训练

一、单项选择题

1. 下列选项中被誉为"中国航天之父"的中国科学家是（　　）。

　　A. 杨振宁　　　　B. 袁隆平　　　　C. 王淦昌　　　　D. 钱学森

2. 下列画家中,以画马著称的是( )。
   A. 黄宾虹　　　B. 徐悲鸿　　　C. 齐白石　　　D. 吴冠中
3. 下列不属于第二次工业革命时期发明的产品是( )。
   A. 飞机　　　　B. 灯泡　　　　C. 蒸汽轮船　　D. 电钻
4. 最早发明地动仪的科学家是( )。
   A. 张仲景　　　B. 墨子　　　　C. 毕昇　　　　D. 张衡
5. 火药用于军事最早出现在( )。
   A. 魏晋时期　　B. 唐朝末年　　C. 北宋初期　　D. 南宋末年
6. 第一次工业革命的标志是运用了( )。
   A. 纺织机　　　B. 蒸汽机　　　C. 电气化　　　D. 微电子技术
7. 下列著作中不属于我国古代医学典籍的是( )。
   A.《黄帝内经》　B.《千金方》　　C.《唐本草》　　D.《齐民要术》
8. 被称为我国最大的古典艺术宝库的石窟是( )。
   A. 敦煌莫高窟　　　　　　　　B. 洛阳龙门石窟
   C. 大同云冈石窟　　　　　　　D. 天水麦积山石窟
9. 以下不属于古代中国别称的是( )。
   A. 中华　　　　B. 九州　　　　C. 赤县神州　　D. 中原
10. 下列选项中对民族乐器琵琶归类正确的是( )。
    A. 弹拨乐器　　B. 吹奏乐器　　C. 拉弦乐器　　D. 打击乐器
11. 折子戏《苏三起解》节选自下列选项中的( )。
    A.《玉堂春》　　B.《牡丹亭》　　C.《望江亭》　　D.《窦娥冤》
12. 下列人物中,与"乌江自刎"密切相关的是( )。
    A. 陈胜　　　　B. 项羽　　　　C. 刘备　　　　D. 秦始皇
13. 下列先秦思想家中,主张"施仁政、行王道"的是( )。
    A. 管子　　　　B. 墨子　　　　C. 荀子　　　　D. 孟子
14. 下列人物中,被后人誉为"诗仙"的是( )。
    A. 李白　　　　B. 杜甫　　　　C. 王维　　　　D. 贺知章
15. 明朝四大奇书不包括( )。
    A.《三国演义》　B.《西游记》　　C.《儒林外史》　D.《金瓶梅》

第五章 基本能力

考纲内容

1. 阅读理解能力
(1) 理解阅读材料中重要概念和重要句子的含义。
(2) 筛选并整合图表、文字、视频等阅读材料的主要信息及重要细节。
(3) 分析文章结构,把握文章思路。
(4) 归纳内容要点,概括中心思想。
(5) 分析概括作者在文中的观点态度。

2. 逻辑思维能力
(1) 了解一定的逻辑知识,熟悉分析、综合、概括的一般方法。
(2) 掌握比较、演绎、归纳的基本方法,准确判断、分析各种事物之间的关系。
(3) 准确而有条理地进行推理、论证。

3. 信息处理能力
(1) 具有运用工具书检索信息、资料的能力。
(2) 具有运用网络检索、交流信息的能力。
(3) 具有对信息进行筛选、分类、管理和应用的能力。
(4) 具有运用教育测量知识进行数据分析与处理的能力。
(5) 具有根据教育教学的需要,设计、制作课件的能力。

4. 写作能力
(1) 掌握文体知识,能根据需要按照选定的文体写作。
(2) 能够根据文章中心组织、剪裁材料。
(3) 具有布局谋篇、安排文章结构的能力。
(4) 语言表达准确、鲜明、生动,能够运用多种修辞手法增强表达效果。

考纲解读

教师能力有基本能力与专业能力之分。基本能力是每个教师都必须具备的、作为教育教学基础的能力,专业能力更多的是指学科教育教学能力。基本能力亦即教师的一般能力,是从事教师职业的基础,它直接影响教育教学实践效果。教师的基本能力一般包括阅读理解能力、逻辑思维能力、信息处理能力和写作能力。其中阅读理解能力特别强调对字、词、句的理解和中心思想的概括等方面;逻辑思维能力则重点考查分类、归纳、推理等能力;信息处理能力是现代教师的必备素质,主要是考查利用现代网络技术搜索资料,并进行筛选、分类与运用的能力,特别是课件制作的能力;写作能力是任何一个优秀教师的必备技能,教师不仅要求会说,还需要会写。所以,本模块试图考查教师的基本能力,特别是阅读理解能力与写作能力,尤其是根据材料进行写作的能力。

引 子

专业知识能力强还不够吗?

从小我就梦想成为一名教师,从小我也表现出做教师的天赋。记得还没有上学的时候,我就喜欢在墙壁上写写画画,左右邻居经常夸我聪明,还说我很像个小老师。那时的我,对教师的概念非常模糊,只是隐约觉得教师应该算是这个世界上很聪明的一类人吧!上小学以后,我学习刻苦认真,很快就获得了老师的喜欢和信任,也成为他们的得力助手。那时的我,最得意的就是组织同学们每天的早读,同学们都听我的指挥,我真有一种做小老师的感觉,这种感觉真好。那时的我,对教师的理解清晰了一些。我发觉,教师其实是权威的代言人之一,因为很多学生听教师的话甚至超过了听家长的话。那时的我,很羡慕这种权威的感觉,所以立志当一名受学生尊敬的教师。

从此,我就一直认真学习,立志要成为一名教师。我每天花大量的时间在图书馆学习,不像其他人参加社团活动,参加兴趣班,考计算机等级等。因为我觉得当教师最重要的是自身专业知识能力够强,让学生都觉得你是最聪明的就可以了。可是,毕业找工作时,身边语言表达能力强、讲课好,但专业知识水平不如我的同学都找到了教师的工作,我却因为在试讲的过程中,出现无法很好地和学生交流、语言表达能力差等问题被学校拒之门外。[①]

为什么专业能力很强的人却被学校拒之门外?因为他"无法很好地和学生交流、语言表达能力差"。所以,要成为一名合格的教师,除了扎实的专业知识能力外,还需要一些基本的能力素养。那么,教师的基本能力素养包括哪些?又有什么具体的要求?

第一节 阅读理解能力

所谓阅读理解能力,就是指阅读的悟意明理能力,是由认字识词的感性阶段到理解内容的理性阶段的深化。阅读中的理解消化能力,要求在了解一字一词表面意思的基础上,进而理解语言文字之间的内在意义及内部联系,理解文章的思想内容、篇章结构、写作方法等。

阅读理解能力具体表现在以下六个方面。

一、理解概念

对于一般论述类和说明类文章中要解说的某个概念,要找出这个概念的本质属性或特征。通常人们对于重要概念的理解从以下几个方面来进行:

---

① 郭艳彪. 如何成为一名好教师[EB/OL]. (2014-04-20)[2015-06-13]. http://www.pep.com.cn/xgjy/jiaoshi/ztyj/jszyh/201112/t20111202_1086756.htm.

（一）判断本质属性

对概念的理解要以准确判断的本质属性为基础,通过筛选文章有关重要信息,选取揭示概念特征的信息组织答案。

一般来说,要理解的概念在材料中会用一定的篇幅进行说明。解题的关键是要弄清楚概念的内涵,对照选项,找出选项中与材料具体内容的区别,把握住概念的本质属性。

【例】"蓝牙"（Bluetooth）本是10世纪统一了丹麦的国王的名字,现取其"统一"的含义,以此命名意在统一无线局域网通信标准的蓝牙技术。1998年5月,爱立信、诺基亚、东芝、IBM和英特尔五家著名厂商在联合开展短程无线通信技术的标准化活动时提出了"蓝牙技术"这一概念,蓝牙技术是一种提供短距离无线传输的应用技术。这五家厂商力图使蓝牙技术成为未来的无线通信标准。这种全球统一的标准带来了无穷无尽的创造力。

蓝牙技术像一种无处不在的数字化神经末梢一样,把各种网络终端设备、各种信息化设备,都无线地连接起来。利用蓝牙技术,能够有效地将移动电话与笔记本电脑、掌上电脑以及各种数字化的信息设备连接起来,从而甩掉常用的有线通信电缆,同时形成一种个人身边的网络,使得身边的各种信息化的移动便携设备都能无缝地实现资源共享。

下列对蓝牙技术的解释最准确的一项是(　　)。

A. 蓝牙技术是以丹麦国王名字命名,意在统一无线局域网通信标准的无线传输应用技术
B. 蓝牙技术是由爱立信、诺基亚、东芝、IBM和英特尔联合提出的未来的无线通信标准
C. 蓝牙技术是信息设备间及信息设备与网络间的一种短距离无线化通信传输应用技术
D. 蓝牙技术是一种能把各种网络终端设备、各种信息化设备连接起来的无线通信标准

这道题实际考查对阅读材料中重要概念的理解。显然,题干中"蓝牙技术"就是要求理解的核心概念。A选项说明的是蓝牙命名的由来和提出蓝牙技术的目的;B选项说明的是"蓝牙技术"这个概念提出的背景;D选项"短距离"这个关键词缺失。因此,此题正确答案是C。这一选项的表述是"蓝牙技术"这一概念的准确定义,凸显的是它区别于其他概念的本质属性。

（二）联系具体语境理解

一个词语在语言中不是孤立存在的,总是与其他词语组成句子表达某种意思;反过来看,上下文中总是或多或少、或隐或显地包含这个词语的意思,或制约这个词语的含义。解题时要有整体观念,认真理解语境,把握上下文的意思。

【例】鲁迅说:"只因为涂饰太厚,废话太多,所以很不容易察出底细来。正如通过密叶投射在莓苔上面的月光,只看见点点的碎影。"所以要从书中获得真正的教益和可靠的知识,就必须能够拨开遮掩月光的密叶,使"碎影"成为普照的清辉。对文学作品也是这样,他既充分地肯定了如《儒林外史》的"秉持公心,指摘时弊",如《红楼梦》的"正因写实,转成新鲜"的杰出成就,也尖锐地指出了许多旧小说掩盖矛盾、粉饰现实的"瞒"和"骗"的实质。鲁迅强调要"睁了眼看",就是细心观察历史和社会的实际,认真思索,看这些文艺作品究竟是否正视和反映了现实和人生。

问题:"拨开遮掩月光的密叶,使'碎影'成为普照的清辉"这一句子中"密叶"是什么含义?

要还原"密叶"的本意,必须联系上下文的具体意境进行解读。首先,要找到文中首次出现"密叶"的比喻句"只因为涂饰太厚,废话太多,所以很不容易察出底细来。正如通过

密叶投射在莓苔上面的月光,只看见点点的碎影"。从这一句话中就可以看出,"叶"是"涂饰""废话"的意思,"密"是"太厚""太多"的意思;再联系上文,就可以得出"拨开遮掩月光的密叶,使'碎影'成为普照的清辉"这一比喻中的"密叶"的含义是"书中太厚的涂饰和太多的废话"。

【历年真题】

【5-1】据说泰山是古代名匠鲁班的弟子,天资聪颖,心灵手巧,干活总是( ),但往往耽误了鲁班的事,于是惹恼了鲁班,被撵出了"班门"。填入括号部分最恰当的是( )。
 A. 巧夺天工　　B. 别出心裁　　C. 尽善尽美　　D. 任劳任怨
【参考答案】B。解析:本题考查的是联系语境理解词语意思的能力,所以必须结合上下文来确定正确选项。泰山天资聪颖,心灵手巧,但最后被鲁班撵出"班门",原因是泰山往往耽误鲁班的事。据此,可以推断泰山干活应该是喜欢自说自话,不听别人意见,最后耽误了鲁班的事。四个选项中,"巧夺天工"是指技艺极其精湛;"别出心裁"是指想出的办法与众不同且不管别人的想法;"尽善尽美"是指完美到没有一点缺点;"任劳任怨"是比喻做事不辞辛苦,不怕别人埋怨。可见,别出心裁与题意最为符合,所以,正确选项是B。

【5-2】句中画线词语含贬义色彩的一项是( )。
 A. 若使后之学者都<u>墨守</u>前人的旧说,那就没有新问题,没有新发明……
 B. 海燕像黑色的闪电,在<u>高傲</u>地飞翔
 C. 我喜欢海,<u>溺爱</u>着海,尤其是潮来的时候
 D. 徐悲鸿在画室里挂了一副自书的对联:"独持偏见,<u>一意孤行</u>",以表示他坚决的反抗
【参考答案】A。解析:"墨守""高傲""溺爱""一意孤行"四个词语都含有贬义的色彩,但结合题目中的语境分析"墨守"有贬义的色彩,因为后文中有"那就没有新问题,没有新发明……";"高傲"是对海燕的勇敢精神的赞美,属于褒义词;"溺爱"在句子中表达的是非常喜欢,属于褒义词;"一意孤行"表示坚持自己的观点,属于褒义词。所以,正确选项是A。

【5-3】《拾穗者》本来描写的是农村夏收劳动的一个极其( )的场面,可是它在当时产生的艺术效果却远不是画家所能( )的。填入括号部分最恰当的一项是( )。
 A. 热闹、设想　　B. 平凡、意料　　C. 火热、控制　　D. 忙碌、想象
【参考答案】B。解析:破解此题的前提是对《拾穗者》这幅画有个大致的了解。此画是法国巴比松派画家让·弗朗索瓦·米勒于1857年创作的一幅布面油画,描绘了农村秋季收获后,人们从地里拣拾剩余麦穗的情景,是现实主义艺术风格的典型代表作。画中只有三个妇女在淡定地拾麦穗,既谈不上"热闹",也谈不上"忙碌",更谈不上"火热",所以,只能是"平凡"。因此,正确选项是B。

【5-4】有人说,凡是知识都是科学的,凡是科学都是无颜色的,并且在追求知识时,应当保持没有颜色的态度。假使这种说法不随意扩大,我也认同。但我们要知道,只要是一个活生生的人,便必然有颜色。对无颜色的知识的追求,必定潜伏着一种有颜色的力量,在后面或底层加以推动。这一推动力量不仅决定一个人追求知识的方向与成果,也决定一个人对知识是否真诚。这段文字中"有颜色的力量"指的是( )。
 A. 研究态度　　B. 价值取向　　C. 道德水准　　D. 兴趣爱好
【参考答案】B。解析:首先,找到题目中首次出现"颜色"的地方,"凡是科学都是无颜色的",这里"颜色"的意思是"价值中立""不持立场"。然后,根据下文中出现的"这一推动力量不仅决定一个人追求知识的方向与成果,也决定一个人对知识是否真诚"就可以断定"有颜色的力量"是一种价值取向,即价值取向是一种强大的推动力。所以,正确选项是B。

【5-5】"月落乌啼霜满天,江枫渔火对愁眠。姑苏城外寒山寺,夜半钟声到客船。"这首诗歌中的"愁"字是指(　　)。

A. 仕途失意　　　B. 思乡之苦　　　C. 贫病交加　　　D. 寒意袭人

【参考答案】B。解析：此诗的大意是：月亮已落下,乌鸦啼叫,寒气满天,对着江边枫树和渔火忧愁而眠。姑苏城外那寂寞清静寒山古寺,半夜里敲钟的声音传到了客船。此诗是张继到江南避乱时所作,诗人泊舟苏州城外的枫桥时,江南水乡秋夜幽美的景色,吸引着这位怀着旅愁的客子,使他领略到一种情味隽永的诗意美,写下了这首意境清远的小诗。可以说这是一首乡愁的诗。所以,本题的正确选项是B。

(三) 规范名词术语

自然科学类文章中的名词术语,其含义必须准确而严密。理解重要概念的思维操作步骤是：首先,明确筛选区间,进而明确哪些语句、段落含有对概念的解释；其次,筛选、提取出解释概念本质特征的词句,并组合成最准确的解释。

【例】 浩瀚无垠的海洋似乎是永远也不会干涸的。大海中的水是怎么来的呢？

有学者认为,这些水是地球本身固有的。在地球形成之初,地球水就以蒸汽的形式存在于炽热的地心中,或者以结构水、结晶水等形式存于地下岩石中。那时,地表的温度较高,大气层中以气体形式存在的水分也较多。地球在最初的5亿年,火山众多且活动频繁,大量的水蒸气通过火山喷发出来,冷却之后便渐渐形成河流、湖泊和海洋,即所谓的"初生水"。

为了探寻地球水的渊源,人们还把目光投向了宇宙。科学家托维利提出假说：地球上的水是太阳风的杰作。太阳风即太阳刮起的风,但它不是流动的空气,而是一种微粒流或带电质子流。根据托维利的计算,从地球形成至今,地球已从太阳风中吸收了17亿吨的氢,若把这些氢和地球的氧结合,就可产生153亿吨水。

科学家路易斯·弗兰克也提出了一个新理论：地球上的水有可能来自迄今为止还未观测到的由冰组成的小彗星。他在分析卫星图片时发现了一些黑色小斑点,而这些黑斑是高层大气中大量分子聚集而形成的气体水云。他认为,许多小彗星不断地把水从高层注入大气,形成彗星云团,而后化作雨降至地面。不久,在600多千米上空,他又发现了带状发光物,即含水破碎物留下的"尾流"。而这一高度恰好是此类彗星可能徘徊的地带。1990年,一块冰体从天而降,落在中国无锡梅村乡。我国专家潜心研究后认为,此冰块来自彗星。弗兰克理论还为一些未解之谜提供了解释。例如可能是大量的小彗星倾泻而下,造成地球气候剧变,才使恐龙及其他一些物种灭绝。1998年美国科学家打开了一块来自彗星的陨石,结果竟在里面发现了少量的盐水水泡！不久又发现另一块陨石里布满了奇怪的紫色晶体,这些晶体里竟然有水！

对于小彗星是否为地球带来过大量降水,科学家们正在不断地观察、不断地试验。

问题：请对"初生水"概念进行定义。

这类自然科学类文章往往篇幅长、专业术语多、要点零散,阅读者筛选和把握文章内容和要点的难度较大。题目要求考生对"初生水"这一概念进行定义,考查对材料中这一核心概念的理解。因此,考生在进行解答时首先要进行文段的定位,明确"初生水"这一概念所在的区间。显然,"初生水"这一概念的表述集中在文章的第二段。其次,在确认文段区间之后,则要在这一区间内进行筛选,提取关于"初生水"关键属性和特征的词语。最后,将要点整合最终形成核心概念的准确定义。从具体表述来看,文段中"以蒸汽的形式存在于炽热的

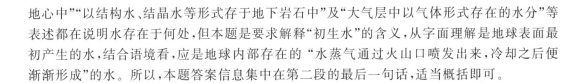

地心中""以结构水、结晶水等形式存于地下岩石中"及"大气层中以气体形式存在的水分"等表述都在说明水存在于何处,但本题是要求解释"初生水"的含义,从字面理解是地球表面最初产生的水,结合语境看,应是地球内部存在的"水蒸气通过火山口喷发出来,冷却之后便渐渐形成"的水。所以,本题答案信息集中在第二段的最后一句话,适当概括即可。

二、理解句子

文中重要的句子,或体现了文章的中心、主旨,或体现了文章的结构层次,或蕴含着极为丰富、深刻的含义……如果对这些把握不准,就不能准确理解整篇文章。因此,在阅读能力中,必然包含着准确把握句子含义的能力,尤其是把握关键句子含义的能力。所谓"重要句子",是指对理解文章具有重要作用的句子。

(一)理清句子主干或句间关系

句子分为单句和复句两种。对于较为复杂的单句,可先分析主干,搞清句意范围,再抓关键的修饰、限制或补充成分,就可较准确地把握句意。若是倒装句,则强调的重点与一般顺序的句子不同。

对于复句,可先分析复句的第一层关系(最主要的关系),再考虑复句的类型。复句大致可分为两类。转折、因果、条件、假设复句等属偏正类,正句一般是句意主旨所在,抓住正句,兼顾偏句就能较准确地理解句意。并列、承接、选择、递进复句等属联合类,这类复句前后分句可以并重,也可有主次。前后分句并重的应全面考虑,前后分句有主次的应抓住主句,这样能较准确地理解句意。

【例】 ① 这种书比起竹简来,轻便多了,② 但它成本太高,③ 不容易被普遍采用。

短短的一句话实际上却是成分复杂的复句,内部隐含分句之间的逻辑关系。首先,①②两个分句之间是转折关系,"但"就是表示句子与句子之间转折关系的关键词。而②③两个分句之间是并列关系。

【例】 ① 我赞美白杨树,② 就因为它不但象征了北方的农民,③ 尤其象征了今天我们民族解放斗争中不可缺少的朴质、坚强、力求上进的精神。

①②两个分句由"因为"连接,二者之间是因果关系。前者"我赞美白杨树"是后者强调的结果。而②③两个分句之间用"不但……尤其……"连接,表示前后的递进关系,程度由浅至深推进。

【历年真题】

【5-6】鲁迅先生在民国十四年曾经说过:"我觉得革命以前,我是做奴隶,革命以后不多久,就受了奴隶的骗,变成他们的奴隶了……我觉得仿佛就没有所谓中华民国。"对此理解正确的是(　　)。

　　A. 中华民国不只是一个空招牌
　　B. 国民革命之后社会并没有多少真实的进步
　　C. 国民革命之后,君主专制制度依然存在
　　D. 老百姓被奴役的命运是无法改变的

【参考答案】B。解析:这是一个并列句,即革命前和革命后构成了一个并列句,说明不管革命前或是革命后,"我"终究是"奴隶"。再加上最后的"我觉得仿佛就没有所谓中华民国",说明革命前后根本就没有变化或进步。最符合上述意思的选项是B。

（二）抓住句子中的关键词

对于一些含蓄而复杂的语句，以关键词作为突破口，就能正确把握句意。一个句子中常有一个或几个关键词，理解了这类关键词，整个句意就容易把握了。

【例】 曾经有很长的一段时间，我孤零零一个人住在一个很深的大院子里。从外面走进去，越走越静，自己的脚步越听越清楚，仿佛从闹市走向深山。等到脚步声成为空谷足音的时候，我住的地方就到了。

问题：解释后两句话的含义。

理解后两句话要抓住关键词"空谷足音"进行理解。孤独的脚步声既表明作者一步步走进自己的住处，更表明了作者此时此刻孤寂的心绪。此外，"空谷足音"一词营造出一种脚步声回响的氛围，同时暗示了作者居住环境的幽深。

【历年真题】

【5-7】阅读下面文段，回答问题。
子曰："学而不思则罔①，思而不学则殆②。"（《论语·为政》）
【注释】① 罔：迷惑、糊涂。② 殆：疑惑、危险。
下列对孔子这段话的理解，不正确的一项是（　　）。
A. 在孔子看来，学和思二者不能偏废，主张学与思相结合
B. 孔子指出了学而不思的局限，也道出了思而不学的弊端
C. 光学习不思考会越学越危险，光思考不学习会越来越糊涂
D. 孔子学与思相结合的思想，在今天仍有其值得肯定的价值

【参考答案】C。解析：此题只要抓住"罔"和"殆"两个关键字就可以解决了。"罔"是指迷惑、糊涂，"殆"是指疑惑、危险。整句话的意思是：光学习而不思考则会越学越糊涂，光思而不学习则会越来越危险。选项C正好与此相反，因此，正确选项是C。**注意：遇到题目是否定的，一定要牢记反向思维。**

（三）联系上下文来理解

有些句子的理解，关涉段意，甚至文意，这就必须借助文章语境加以分析，才能达到理解文句意思的目的。在具体的语言环境中，往往可以在上下文中找到理解句意的潜在信息，因此抓住上下文中词句之间的内在联系能够比较准确地理解句意。

【例】 鲁迅《故乡》一文中的结尾"其实地上本没有路，走的人多了，也便成了路"。
问题：结合课文内容，说说这句话的内涵。

这个结尾深化了《故乡》的主题，给人以深思，因而必须结合文章的语境进行理解，更要把握鲁迅所谓的"路"指代的内容及整句话的深层内涵。我们结合上下文的脉络及作者所传递出的情感进行理解，作者将希望比作地上的路。这句话的意思是说希望是本无所谓有，无所谓无的。正如地上的路，其实地上本没有路，走的人多了，也便成了路。只空有希望而不去奋斗，不去践行，希望便"无所谓有"；而有了希望并坚持不懈地奋斗，希望便"无所谓无"。只要人们都满怀希望，坚持奋斗，就会实现自己的理想，迎来新生活。

（四）对用典句的理解要借助于典故

运用典故可顺其意而用，也可反其意而用；可直接用，也可间接用。理解用典句关键是弄清典故，借助典故就可顺利地理解句意。

【例】 沛公已出,项王使都尉陈平召沛公。沛公曰:"今者出,未辞也,为之奈何?"樊哙曰:"大行不顾细谨,大礼不辞小让。如今人方为刀俎,我为鱼肉,何辞为?"于是遂去。

问题: 如何理解"人为刀俎,我为鱼肉"这句话。

这句话必须结合相应的历史典故加以理解。故事背景是"鸿门宴"这一历史典故,项羽设鸿门宴招待刘邦,意欲谋杀刘邦,宴上樊哙劝告刘邦时说了这句话。"刀""俎"分别指刀和砧板,是宰割的工具。这句话比喻生杀大权掌握在别人手里,自己处在被宰割的地位,性命危在旦夕,形象地揭示了鸿门宴前和鸿门宴上刘邦与项羽实力的悬殊。

(五) 结合修辞手法或艺术表现手法来理解

有言外之意的句子常会运用反语、双关、避讳、比喻、借代等修辞手法,常表现为象征句、暗示句、影射句、委婉句等,要抓住修辞手法或艺术表现手法的特点,结合上下文理解。理解这些句子时,必须注意结合它所运用的修辞方法分析句子所包含的深层意思。

【例】 一场色彩与线条的盛会:灵动的肢体,飘飞的衣带,蘸着宝石的颜色自如地流转。吹拂的风,沙丘的弧面线,大地与人身的起伏,全都来到这里,来到这些衣带舞动的飞天身上。是飞天把人间带到了天上。在古中国的历史上,漫漫黄沙下,原来掩藏着这般自由的灵魂,这般高扬飘逸,这般酣畅淋漓,这般辉煌壮丽! <u>当一个美丽的飞天曳着长长的衣带绕楼穿窗而过时,我们的灵魂也跟着飘飘悠悠,仿佛鱼鳝从水中一滑而过。人怎么可以把一根带子舞成这样,像一条河,像一道绵长的波浪线,像沙丘上飞舞的风。一个民族用它的灵魂在这根带子上舞过千年!</u> 洞窟外面,风把沙丘牵动过一轮又一轮,一千多年的风一直在上面吹拂,河水跟着它在流淌。<u>桑叶上的阳光在上面闪烁,生命在上面歌唱。</u>从绸带的飘飞里,我听到一股强劲的音乐。那是生命的狂欢。生命在洞壁上奔涌了一千年。①

问题: 理解并赏析画线的句子。

画线句子采用了比喻、排比等手法,因而在分析画线句子之前必须整体把握文章的情感基调,并明确这些修辞手法下的概念与句子所代表的意象。这里使用比喻句和排比句将敦煌洞窟内美轮美奂的飞天壁画比作一条条舞动飞曳的河、波浪等,将静谧而孤寂的荒漠的静态画面赋予动态美,黄沙漫漫舞动的、张扬的是历史沉淀下来的生命痕迹,表现了对生命的赞扬和对自由的渴望。

【历年真题】

【5-8】阅读下面文段,回答问题。

玉不琢,不成器;人不学,不知道。——《学记》

下列选项中对上文理解不正确的一项是( )。

A. 说明学习的重要性
B. 比喻人不经过培养、锻炼,不能成材
C. 玉石不经雕琢,就不能变成好的器物;人不经过学习,就不会明白道理
D. 说明磨难的重要作用

【参考答案】D。解析:"玉不琢,不成器;人不学,不知道"的意思是:玉石不经过琢磨,就不能用来做器物;人不通过学习,就不懂得道理。这句话说明了学习的重要性。选项 A、B、C 对上文的理解是正确的。所以,正确选项是 D。

---

① 学群. 敦煌[EB/OL]. (2011-09-01)[2015-06-15]. http://www.mofangge.com/htemal/datai/201109/1kphg301124835.

备考要诀

字、词、句理解十六字诀

1. 字不离词。在理解词语中某个字的意思的时候，必须把它放到这个词语中去考察，即字不离词，这样才能准确地理解这个字的意思。

2. 词不离句。根据具体的语言环境，即从句子推断词的意思，就是词不离句。至于某个词在句中的表达作用，更要根据具体的语言环境去理解，而不能离开句子作单独解释。

3. 句不离段。也就是说，对句子的分析理解不能离开具体的语段，不能离开具体的语言环境。

4. 段不离文。段落是文章的有机组成部分，体现了作者的写作思路。因此，对语段的阅读理解不能离开文章的主要意思，不能偏离文章的中心。否则，对语段内容或作用的理解就会发生偏差。需要指出的是，命题人常用编制迷惑项的方法来混淆考生的思路，迷惑项的编制往往是通过对原文关键词的增、删、改等完成的。

三、根据材料筛选整合信息

所谓"筛选"，是指按照考题设定的阅读目的对材料进行分析，准确、快速、有效地辨别并获取命题所要求的信息。所谓"整合"，是指对筛选所得的信息做出正确的认知，把握各信息材料之间的关系，并能按照命题要求进行分类集中、重新整合、粗略概括。

筛选信息题主要考查以下几个方面：（1）从名词概念出发，要求考生提取由名词概念生发的信息或包含概念的关键语句；（2）抓住重要的知识概念或重要语句，要求考生提取对其阐释的信息，其中包括体现概念和语句内容的若干要点（形成的条件、原因或相关因素）；（3）从文章主旨、作者写作意图、观点和情感的角度出发，要求考生寻找有关的词语或句子，或者是按提供的例句去寻找同类的语句；（4）抓住寓意含蓄的句子或在结构层次中起重要作用的语句，要求考生从上下文提取有关信息并转换，使这些语句的寓意具体化和明朗化。

（一）筛选信息的途径

筛选信息有以下几种途径：

1. 从文章的基本概念中筛选信息

文章基本概念的含义是文章的重要信息所在。以考查筛选、提取信息为主要目的的自然科学类文章的阅读，几乎都要考查对文章基本概念的理解。

2. 从重要的句子中筛选信息

重要句子主要是指集中表达作者观点、态度，介绍某种情况或集中反映文章主旨的句子，也指那些结构复杂、信息量大的句子。这些重要句子往往带有重要信息，是判断文意或作者观点的关键句。

3. 从运用的材料中筛选信息

写文章总是要运用材料的。材料总是明示着或隐含着一定的信息，把它提取出来，是阅读应该完成的任务之一，自然也是获取信息的有效途径。从材料中提取信息，要注意其中作者对材料所作的评述，注意表述作者观点的语句。

4. 从多种阅读材料中筛选信息

阅读材料具有多种类型,不仅有传统的文字材料,还有图表材料、视频材料等。

筛选多种阅读材料的要求如下。

(1) 审视图表信息。

对于图表信息,我们需要仔细观察、全面审视,整体了解其画面、图表的寓意和关系等,把握好大主题或大方向。

(2) 重视数据变化。

图表上的数据变化往往隐藏着重要信息,应引起足够的重视,要从数据之间的变化、异同来把握其趋势或揭示问题。

(二) 整合信息的方法

整合信息有助于把分散的信息集中起来,把零碎的信息加以条理化、系统化,这样才能对阅读材料有更深一层的理解,获得更有价值的东西。

首先,要把文中相关的材料、语句提取出来,然后加以分析、归纳,即进行整合。其次,要根据题目的要求进行作答,表达的内容应围绕题目中提示的"陈述的内容"。最后,在整合信息时,要注意加工清晰准确的语言表达结构。

【例】 某地区外出农民工的住宿情况如表 5-1 所示。

表 5-1 某地区外出农民工的住宿情况[①]　　　　　　　　单位:%

住宿情况	时间				
	2008 年	2009 年	2010 年	2011 年	2012 年
单位宿舍	35.1	33.9	33.8	32.4	32.3
工地工棚	10.0	10.3	10.7	10.2	10.4
生产经营场所	6.8	7.6	7.5	5.9	6.1
与他人合租住房	16.7	17.5	18.0	19.3	19.7
独立租赁住房	18.8	17.1	16.0	14.3	13.5
务工地自购房	0.9	0.8	0.9	0.7	0.6
乡外从业回家居住	8.5	9.3	9.6	13.2	13.8
其他	3.2	3.5	3.5	4.0	3.6

问题:请概述表格的主要信息。

此题考查考生的图文转换能力,解题思路主要分两步走:首先从表 5-1 中提取重要的数据信息,然后将数据隐含的材料信息转换并概括为完整的文字表述。从表 5-1 中 2012 年度的数据可以看出,以受雇形式从业的农民工,在单位宿舍中居住的占 32.3%,在工地工棚居住的占 10.4%,在生产经营场所居住的占 6.1%,与他人合租住房的占 19.7%,独立租赁住房的占 13.5%,有 13.8% 的农民工乡外从业回家居住,仅有 0.6% 的外出农民工在务工地自购房。结合 2008 年至 2012 年的数据对比可以获取近几年外出农民工居住情况的变化:整体上,农民工居住情况呈现出与他人合租住房比重上升、独立租赁住房比重下降的趋势;另一明显变化态势是农民工在务工地自购房的比重下降,乡外从业回家居住的比重上升。总体而言,外出农民工仍是以雇主或单位提供住宿为主。

[①] 选自国家统计局发布的《2012 年全国农民工监测调查报告》。

四、分析文章结构与思路

无论什么文体的文章,作者总是要根据表达的需要,将掌握的材料加以剪裁,按照一定的思路去安排材料,这就是布局。给文章划分层次,理清段与段以及一段之内句群或句子之间的层次关系,是把握文章思路脉络的手段,也是了解作者的写作意图、观点态度的手段。

【例】 ① 今天的改革要求我们这一代人为民族的振兴付出代价。② 这个代价就是艰苦奋斗,要打算过一段苦日子。③ 经济学上讲投入产出,没有投入就没有产出。④ 我们今天吃点苦,就是在为子孙后代投入。⑤ 有人看改革只顾眼前利益,这是很浅薄的。⑥ 在世界历史上,任何一个转折时期都是充满动荡和艰苦的。⑦ 现代人看欧洲的文艺复兴,以为是太平盛世,其实那时的人很艰苦,是在苦难中开创新纪元的。⑧ 未来的人看我们今天的改革,也会跟当代人不同。⑨ 只有历史地看我们所处的大变革时代,才能树立起民族的责任感和历史的责任感。

问题:请对文段中的9个句子进行结构划分,并阐明作者的思路。

细读这个议论性的文段,就能体会出它围绕改革对我们的要求及其原因展开论述。分析作者的思路与文章结构,首先要明确文体。议论文常由提出问题、分析问题及解决问题三大结构构成。作者的思路是先提出观点后论述理由,符合议论文的基本特征。①②两个句子明确提出了作者的观点,而②句是对①句的解说,阐明"代价"的具体内容。③~⑨句就观点进行分析论证,说明缘由。整体上看,①②句为一部分,提出问题;③~⑨句为一部分,说明道理。因此,这两部分之间是总分的关系。而作者在阐明道理时,又将第二部分以"经济学上"和"在世界历史上"两个短语进行分割,将其划分为两个层次,分别从理论与事实两个方面进行阐述。因此,这一部分又可划分为③④⑤句一个部分,⑥⑦⑧⑨句一个部分,二者形成并列关系。

总体来说,分析文章结构与思路需要注意以下几点。

(1) 从整体上把握全文。

(2) 把握不同文体的结构特点。掌握文章因文体不同而具有的不同的结构规律:记叙文常以时间推移、空间转换、情景变化、思维逻辑顺序等来安排层次;议论文常采用提出问题、分析问题、解决问题的结构来论证事理,结构体式主要有并列式、对照式、层进式和总分式四种;说明文常采用总分总式或并列式结构来说明问题。

(3) 注意语言的标志。重视具有前后衔接、勾连、照应作用的语言标志。重视有区分层次作用的标点符号。

(4) 注意找出中心句。抓住了中心句,就意味着大致弄清了段落的层次结构。此外,文章中过渡句、总结句和提挈下文的句子也是解答问题、分析段内层次之间相并、相承、相属关系时的重要依据,因而要充分利用。

五、归纳内容要点与概括中心思想

归纳内容要点与概括中心思想是指能用自己的话来概括语句、语段乃至整篇文章的中心要点。对阅读材料的内容要点和中心思想进行归纳和概括必须以理解语句、把握文意为前提。

归纳内容要点首先需要弄懂句与句之间的关系,段与段、层与层之间的关系;其次要通过分析,抓住各部分里最主要、最本质的信息,准确地加以概括,提炼出它的核心,利用具体的材料或经验做出解释,并结合具体语境对含蓄的语句进行分析,用自己的表述概括文段的中心思想,将语句的深层含义和言外之意呈现出来,以便更好地把握作者的思想,准确理解作品。

【例】"不过也说不定是将军家的狗……"巡警把他的想法说出来,"它的脸上又没有写着……前几天我在将军家院子里看见过这样一条狗"。

"没错儿,将军家的!"人群里有人说。

"哦,……叶尔德林老弟,给我穿上大衣吧……好像起风了,挺冷……你把这条狗带到将军家里去,问问清楚。就说这条狗是我找着,派人送上的。告诉他们别再把狗放到街上来了。说不定这是条名贵的狗;可要是每个猪崽子都拿烟卷戳到它的鼻子上去,那它早就毁了。狗是娇贵的动物……你这混蛋,把手放下来!不用把你那蠢手指头伸出来!怪你自己不好!"

"将军家的厨师来了,问他好了——喂,普洛何尔!过来吧,老兄,上这儿来!瞧瞧这条狗,是你们家的吗?"

"瞎猜!我们那儿从来没有这样的狗!"

"那就用不着白费工夫再上那儿去问了,"奥楚蔑洛夫说,"这是条野狗!用不着白费工夫说空话了。既然普洛何尔说这是野狗,那它就是野狗。弄死它算了"。

"这不是我们的狗,"普洛何尔接着说,"这是将军的哥哥的狗。他哥哥是前几天才到这儿来的。我们将军不喜欢这种小猎狗,他哥哥却喜欢"。

"他哥哥来啦?是乌拉吉米尔·伊凡尼奇吗?"奥楚蔑洛夫问,整个脸上洋溢着含笑的温情,"哎呀,天!我还不知道呢!他是上这儿来住一阵就走吗?"

"是来住一阵的。"

"哎呀,天!他是惦记他的兄弟了……可我还不知道呢!这么说,这是他老人家的狗?高兴得很……把它带走吧。这小狗还不赖,怪伶俐的,一口就咬破了这家伙的手指头!哈哈哈……得了,你干什么发抖呀!呜呜……呜呜……这坏蛋生气了……好一条小狗……"①

问题:以"变色龙"作为小说题目,体现了作者怎样的写作意图?

这道题考查作者撰写这篇小说的意图,实际上就是要求读者回答文章中心思想这一问题。作者的意图很大程度上直接决定了文章的走向,因此,解题时必须首先明确这一点。"变色龙"无疑是本文非常直白的关键词,直接指明了文章的主题。把握这一关键词并结合文本便不难理解作者塑造奥楚蔑洛夫这一"变色龙"形象的深刻意图。通过对话的呈现,我们发现,奥楚蔑洛夫之所以几次变色,是因为他不敢得罪权贵,哪怕仅仅是权贵家的一条狗。这样的一个小官僚,面对一般群众的时候摆出一副官架子,如他一出场,穿着新的军大衣,在众人面前表现出"严厉"的表情,而面对权贵,却是一副奴颜婢膝的样子。作者通过这段对话的描写,刻画了主人公奥楚蔑洛夫这样一个"变色龙"的角色,而这样的人物呈现恰恰是作者写作意图的关键点。从契诃夫创作这篇小说的背景来看,这样的人物绝不是偶然,而是社会的必然产物。当时沙皇统治的俄国,经济落后,思想保守,实行残酷的专制统治,而作为这样一个国家机器上的小零件,像奥楚蔑洛夫这样的小官僚,为了生存,不得不用丧失人格和尊严来换取生存空间。作者以极端憎恶的感情,用尖锐辛辣的笔触揭露了这些官僚的丑态和肮脏的灵魂。从更深层的意义来说,作者的写作意图就在于直面与批判当时的社会环境,将批判的锋芒指向当时沙皇统治下腐朽专制的社会,指向孕育这种奴性人格的土壤。

总体来说,归纳内容要点与概括中心思想要注意以下几点。

---

① 节选自契诃夫《变色龙》。

第一,带着题目,通读全文,把握大意。带着题目阅读有利于我们更快更好地筛选出相关信息。阅读时,要重视标题、起始段、结尾段及各段落的首尾句的相关内容,理清全文的脉络。阅读时既要弄清字面上的意思,又要力图获取字里行间隐含的信息;既要注意文中隐含情感的文字、传递知识的语段、阐释观点的段落,又要特别注意超出常规的新思维。

第二,对照考题,找到答题区间,筛选出相关的语言材料,选好答题的角度,组织好答题的语言。具体方法有摘录法、浓缩法、拼接法、改写法、仿写法等。

第三,快速浏览全文,拟出答案。

(1) 注意理清段与段之间的逻辑关系,抓准核心句子——起始句、重点句、归纳句,这些句子常常是提炼文段(或全文)内容要点(或中心思想)的依据。概括中心要点时,要注意保持概念的一致。对于文中比较长的句子,要注意把握住其要点。

(2) 要注意文段中多次出现的词语、意义相近的词语,这些词语是内容要点、中心思想的外在表现,不可忽视。

(3) 概括时,要注意保持角度一致,概括的层次要恰当,内容要涵盖得全面正确,概念要限制准确,表达要精练确切。

(4) 注意弄清作品的社会背景,揣摩作者的写作意图,知人论世。

(5) 充分利用题干所提供的信息。题干常能显示命题意图,显示答题的方向、区间和方法。

(6) 借助归纳概括内容要点、中心思想的常用方法:标题法(从标题理解中心来作答)、开篇法(抓住首段中心句作答)、结尾法(用画龙点睛的语句的意思作答)、摘录关键句法(利用文中议论、抒情的关键文字作答)、自拟法(根据理解,抓住写作目的作答)。

【历年真题】

【5-9】古希腊、古罗马是西方文明的摇篮,西方哲学、美学及各种艺术形式始于此,西方的音乐文化也由此开始。这个时期出现过最早基于口头传唱的希腊长诗,如《伊利亚特》和《奥德赛》;数学家毕达哥拉斯揭示了音乐与数学之间的关系;著名的三大悲剧家埃斯库罗斯、欧里庇得斯、索福克勒斯既是戏剧家也是音乐家,在他们的戏剧中,音乐发挥了奇妙的作用。从这段文字可以看出,古希腊、古罗马时期音乐文化的特点是( )。

A. 含义比现在更为狭窄   B. 内容主要涉及数学和戏剧
C. 与其他艺术及科学联系密切   D. 与艺术和哲学有严格的区分

【参考答案】C。解析:从第一句"古希腊、古罗马是西方文明的摇篮,西方哲学、美学及各种艺术形式始于此,西方的音乐文化也由此开始"可以推断西方的音乐起源于古希腊和古罗马,与哲学、美学同一起源。后文讨论的诗歌与音乐、数学与音乐、戏剧与音乐,说明音乐与诗歌、科学、戏剧的关系,说明古希腊、古罗马时期的音乐与其他艺术形式和科学密切联系。所以,正确选项是C。

【5-10】中国近代人物都比较复杂。它的意识形态方面的代表更是如此。社会解体的迅速,政治斗争的剧烈,新旧观念的交错,使人们思想经常处在动荡、变化和不平衡的状态中。先进者已接受或迈向社会主义思想,落后者仍抱住"子曰诗云""正心诚意"不放。同一人物、思想或行为的这一部分已经很开通、很进步了,另一方面或另一部分却很保守、很落后。政治思想是先进的,世界观可能仍是唯心主义;文艺学术观点可能是资产阶级的,而政治主张却依旧是封建主义。如此等等,不一而足,构成了中国近代思想一幅极为错杂矛盾的图景。这段话支持了这样一个观点( )。

A. 中国近代思想总体上还没有现代思想元素

B. 中国近代人物或者是保守落后的,或者是开放进步的
C. 中国近代思想的发展是错综复杂、充满矛盾的
D. 中国近代思想的复杂性源于西方列强的侵略与经济发展的落后

【参考答案】C。解析:中国近代思想中存在现代思想元素,所以选项 A 不合题意;中国的近代人物中,有些人的思想和行为既存在开通进步的方面,又存在保守落后的方面,所以选项 B 不合题意;文段并未提及选项 D 表述的内容。所以,正确选项是 C。

> ☆ 知识要点 ☆
>
> 概括内容要点的基本要求:不遗漏文段要点与题目规定的要点,要点应齐全;要点表述与题目的具体要求一致,忌答非所问;表述语言要准确、精练,字数符合规定,形式合乎题目要求。

六、分析概括作者的观点与态度

分析概括作者的观点和态度是在归纳文章内容要点的基础上进一步提出的要求。从某种意义上讲,它是一切阅读活动的出发点和归宿。分析概括作者的观点和态度,就是理解作者赞成什么反对什么,对文中描写的事物、人物是歌颂赞扬还是批评讽刺,是喜爱同情还是厌恶憎恨。了解文章中作者的观点、态度有助于对文章主旨的深入理解。作者在文中的观点、态度,是通过语言、材料及阐释过程传达的,因此可以通过辨析关键词、主旨句或通过提取、整理潜在的信息,来把握作者的看法、倾向。

【例】

生命 生命

夜晚,我在灯下写稿,一只飞蛾不停地在我头顶上方飞来旋去,骚扰着我。趁它停在眼前小憩时,我一伸手捉住了它,我原想弄死它,但它鼓动双翅,极力挣扎,我感到一股生命的力量在我手中跃动,那样强烈!那样鲜明!这样一只小小的飞蛾,只要我的手指稍一用力,它就不能再动了,可是那双翅膀在我手中挣扎,那种生之欲望令我震惊,使我忍不住放了它!

我常常想,生命是什么呢?墙角的砖缝中掉进一粒香瓜子,隔了几天,竟然冒出了一截小瓜苗。那小小的种子里,包含了一种怎样的力量,竟使它可以冲破坚硬的外壳,在没有阳光、没有泥土的砖缝中,不屈地向上,茁壮生长,昂然挺立。它仅仅活了几天,但是,那一股足以擎天撼地的生命力,令我肃然起敬!

许多年前,有一次,我借来医生的听诊器,静听自己的心跳,那一声声沉稳而有规律的跳动,给我极大的震撼,这就是我的生命,单单属于我的。我可以好好地使用它,也可以白白糟蹋它;我可以使它度过一个有意义的人生,也可以任它荒废,庸碌一生。一切全在我一念之间,我必须对自己负责。

虽然肉体的生命短暂,生老病死也往往令人无法捉摸,但是,让有限的生命发挥出无限的价值,使我们活得更为光彩有力,却在于我们自己掌握。

从那一刻起,我应许自己,绝不辜负生命,绝不让它从我手中白白流失。不论未来的命运如何,遇福遇祸,或喜或忧,我都愿意为它奋斗,勇敢地活下去。①

---

① 节选自杏林子《生命 生命》。

问题：文章体现了作者怎样的人生态度？

在作者眼中，生命就是飞蛾鼓动的双翅，生命就是香瓜子顽强的生命力。在感受到了飞蛾的生之欲望，香瓜子强烈的生命力之后，作者感受了自己的生命，发出了自己对生命的感悟。文章标题"生命，生命"意味着对生命的呼唤与渴求，表达作者强烈的生命意识和积极的人生态度，愿每个人珍视生命，坚强勇敢，让有限的生命发挥出无限的价值，让人生更有意义，更有光彩。

【历年真题】

【5-11】当喝酒的"老习惯"与驾车的"新方式"遭遇的时候，有的人想"鱼与熊掌兼得"，既喝酒又驾车。因此，如果不从社会传统和社会心理的角度，对刚刚走进汽车社会的人们进行引导教育，而只靠疾风暴雨的执法运动，很难根治酒后驾车的顽疾。当然，我们也看到，随着社会舆论的深入讨论和专项行动的持续展开，"喝酒不驾车，驾车不喝酒"的基本理念正在逐步深入人们的生活。这段文字的主要观点是（　　）。

A. 根治酒后驾车顽疾不一定要开展专项行动
B. 社会习惯的转变往往需要一个漫长的过程
C. 转变生活理念是解决酒后驾车问题的根本途径
D. 专项行动对于解决酒后驾车问题治标不治本

【参考答案】C。解析：文段首先提出人们存在既想喝酒又想驾车的生活理念；接着指出，如果不从社会传统和社会心理的角度进行引导，仅靠专项执法运动很难根治酒驾问题；最后补充说明我们在引导人们正确对待喝酒与驾车的理念方面所取得的初步成绩。由此可见，作者主要论述的是转变生活理念对根治酒驾问题的重要性。所以，正确选项是C。

【5-12】材料：

冯友兰先生有一个提法："照着讲"和"接着讲"。冯先生说，哲学史家是"照着讲"，例如康德是怎样讲的，朱熹是怎样讲的，你就照着讲，把康德、朱熹介绍给大家。但是哲学家不同。哲学家不能仅限于"照着讲"，它要反映新的时代精神，要有所创新，冯先生叫作"接着讲"。例如，康德讲到哪里，后面的人要接下去讲；朱熹讲到哪里，后面的人要接下去讲。

人文学科的新的创造必须尊重古今中外思想文化的经典创造和学术积累，必须从经典思想家"接着讲"。

"接着讲"，从最近的继承关系来说，就是要站在21世纪文化发展的高度，吸取20世纪中国学术积累的成果，吸收蔡元培、朱光潜、宗白华、冯友兰、熊十力等前辈学者的学术成果。对中国美学来说，尤其要从朱光潜接着讲。之所以特别强调朱先生，主要是因为他更加重视基础性的理论工作，重视美学与人生的联系。朱先生突出了对"意象"的研究。这些对把握未来中国美学的宏观方向都很有意义。宗白华先生同样重视"意象"的研究，重视心灵的创造作用。他从文化比较的高度阐释中国传统美学的精髓，帮助我们捕捉到中国美学思想的核心和亮点。他的许多深刻的思想可以源源不断地启发今后的美学史、美学理论的研究。

学术研究的目的不能仅仅限于搜集和考证资料，而是要从中提炼出具有强大包容性的核心概念、命题，思考最基本、最前沿的理论问题。从朱光潜"接着讲"也不是专注于研究朱光潜本人的思想，而是沿着他们开创的学术道路，在新的时代条件、时代课题面前做出新的探索。每一个时代都有自己的学术焦点，这形成了每一个时代在学术研究当中的烙印。"接着讲"的目的是要回应我们时代的要求,反映新的时代精神。这必然推动我们对前辈学者的超越。(摘编自《意象照亮人生》)

问题:
(1) 请简述文中"照着讲"的意思。
(2) 简要分析当代中国的人文学科应该怎样"接着讲"。

【参考答案】
(1) 哲学史家尊重史实,将前人的思想介绍给大家。前人怎么讲就怎么讲。
(2) 当代中国的人文学科"接着讲"表示:
① 要站在时代文化发展的高度,吸取前人学术积累的成果,在新的时代条件、时代课题面前做出新的探索;
② 从中提炼出具有强大包容性的核心概念、命题,思考最基本、最前沿的理论问题;
③ 回应我们时代的要求,反映新的时代精神,在前辈学者的工作上有所超越。

【5-13】材料:

每年夏天,被冰层覆盖的格陵兰岛大部分地区几乎整日被太阳照射,在很多冰盖上,特别是那些低海拔地区,融冰沿着冰盖表面流动,并聚集成深蓝色的池塘或湖泊。不同于我们能够畅游其中的湖泊,这些水体能够在眨眼之间就消失不见。例如,一个比全球最大室内体育场——新奥尔良超级穹顶体育场大上十几倍的湖泊,能够仅仅在90分钟内就从冰缝中排干所有的水。

研究者们已经分散在格陵兰岛各地,从细节上调查这些湖泊会怎么影响冰盖和未来海面。伍兹霍尔海洋研究所的地球物理学家萨拉·达斯说,最近的实地考察研究表明,研究者已经知道,当湖泊突然排空时,融冰会被送往基岩,暂时性地对冰盖向海洋迁移起到润滑作用。科学家们担心,如果这个区域的气候持续变暖,那么湖泊突然排空的现象可能经常发生,并在更大范围的冰盖上出现,那么可能会加速冰盖的崩解,从而导致海平面上升。

纽约城市大学的冰川学家玛德·德斯科认为,冰盖上的湖泊也会加速冰盖融化,湖泊下的冰融化速度比湖泊周围暴露在地面的冰快两倍。今年夏天,德斯科使用一艘远程遥控船只,通过实际测量来解释湖泊的颜色深浅是否与它们的深度有关——这些数据可以帮助研究人员更好地估计卫星图像中地表湖泊的深度,以便更好地预测冰盖的融化速度。加利福尼亚大学洛杉矶分校的地理学家劳伦斯·C.史密斯正在将冰盖融化速度同由融水积聚而成的河流的流动速度进行比较,如果两者相差甚大,那就表示,一部分融水积聚在了冰盖下,这将提升冰流向大海的速度。

问题:
(1) 冰盖上的湖泊与普通湖泊的差别是什么?
(2) 请根据文段中的描述,简要分析冰盖上的湖泊会产生的影响。

【参考答案】
(1) 差别:① 冰盖上的湖泊的水体是由融冰形成的;
② 冰盖上的湖泊的水能快速消失。
(2) 影响:① 冰盖融冰会加速冰盖的融化;
② 湖泊的突然排空会加速冰盖向海洋迁移;
③ 气候持续变暖会使湖泊经常排空,并在更大范围的冰盖上出现;
④ 会导致海平面上升。

【5-14】材料：

书籍，可以是生活中的太阳，也可以是生活中的月亮。这样一想，我们就很容易分清两类读书人。

将书籍当作太阳的人，大都在白天读书。他们希望有了书的照耀，生活道路上的艰难可以像冰一样迅速融化，前进的障碍、陷阱可以一一跃过或者躲开。有了书的帮助，他们能看见自己想看的，得到自己想要的，明白自己还想看什么，还想要什么。他们歌颂太阳，只是因为太阳给他们光明；他们喜欢书籍，只是因为书籍帮他们走路。太阳不是闲来无事挂在天上玩的，白天读书的人也不大会读闲书或无用的书。他们只要阳光，只要书中有用的东西。不如此，就感到自己年华虚度，白了少年头，空悲切。

将书籍当作月亮的人，喜欢在晚上读书。日落西山，热气渐消；月上柳梢，银光乍泄；亮起一盏灯，与窗外月光辉映；随手从满架琳琅中抽出一本有趣的书，闲读。夜深人静，步出书房，庭中望月，心静如水。他们知道自己是无用之人，但不计较；他们清楚自己在读无用之书，但还是觉得有趣。他们为轻松而读书，借此摆脱生活的沉重。以书下酒，邀月同饮，个中乐趣不图与人分享，只求书不是盗版，酒不是伪劣，月不是假冒。至于白天的事，万事随缘，由它去吧！

白天读书的人，志在将梦想变为现实；晚上读书的人，意在将追梦变成守望。阳光下读书，梦在书外；月光下读书，梦在书中。（摘编自胡洪侠《书中日月长》）

问题：
(1) 请结合文本，谈谈"梦在书外"和"梦在书中"的含义。
(2) "将书籍当作太阳的人""将书籍当作月亮的人"这两类读书人，你更认同哪一类？简要说明理由。

【参考答案】
(1) ① 梦在书外："梦"指生活中的愿望。此句是指，读书有明确的实用的目的，读书是为了现实的需要而服务的。
② 梦在书中："梦"指精神上的需求。此句是指，读书没有明确的实用目的，人的意识和心理状态可以在书中得到满足。
(2) ① 我更认同"将书籍当作太阳（月亮）的人"。
② 两类人暗指不同的生活态度。
③ 将书籍当作太阳的人，生活态度更积极主动和乐观，时刻为生活目标而努力；将书籍当作月亮的人，更为闲适，能适时地停下来，感受生活的有趣与悠闲。

☆ **备考点睛** ☆

阅读理解能力是《综合素质》(幼儿园)考试的必考项目，分值一般为14分，多以材料题的形式出现，以议论文为主，有时会出现记叙文和说明文，而且篇幅有越来越长的趋势。阅读理解题的考点一般有五大类：**一是词语或关键概念的阐释。**如，"请简述文中'照着讲'的意思"，"谈谈'梦在书外'和'梦在书中'的含义"等。**二是指示性代词（这、那、此）所指代的内容。**如，"'我们的文学批评对此有警觉的。'文中的'此'指什么"等。**三是作者观点的概括，**如，"作者为什么说'这棵古松并不是一件固定的东西'？"等。**四是内容解读或概括。**这类题目一般出现在说明文中，如，"冰盖上的湖泊与普通湖泊的差别是什么？""分析冰盖上的湖泊会产生的影响"等。**五是阐述自己的理解。**如，"人们应该如何理性地看待人工智能的发展？"等。

> 阅读理解题的破解要注意下列几点:在思想上一定要有一个基本意识——答案就在材料中,直接运用材料中的文字作答更有可能获高分。考生在具体作答时,注意下列建议:第一步看题目,千万不能先看材料。先弄清题目要求回答什么,即理清问题的核心。第二步确定问题在材料中的位置。尽管材料很长,但能提供答案的只有一行或一小段。如,某年的考题中曾问:"郑振铎翻译的《新月集》'忠实'的特点体现在哪里?请简要概括。"题目要求回答的核心问题是"忠实",而"忠实"两字出现在第三段,所以可以直接看第三段,若无特殊需要,就不要在材料中的其他段落上浪费时间。第三步筛选整理信息形成答案。**注意**:到材料中筛选关键词,根据关键词整理出几个要点;整理答案时要做到条理化、结构化、流畅化、整齐化和简约化。
>
> **特别提醒**:哪怕是说明自己的观点,也一定要先说明材料中的观点,尽量用材料中的文字。

第二节 逻辑思维能力

天机不可泄露

从前,有三个秀才进京赶考,途中遇到一个人称"活神仙"的算命先生,便前去求教:"我们此番能考中几个?"算命先生闭上眼睛掐算了一会儿,然后竖起一根指头。三个秀才不明白是什么意思,请求说清楚一点。算命先生说:"天机不可泄露,以后你们自会明白。"后来三个秀才只考中了一个,那人特来酬谢,一见面就夸奖说:"先生料事如神,果然名不虚传。"还学着当初算命先生那样竖起一根指头说:"确实'只中一个'。"秀才走后,算命先生的老婆问他:"你怎么算得这么灵呢?"算命先生嘿嘿一笑说:"你不懂其中的奥妙,竖一根指头,可以做出多种解释:如果三人都考中,那就是'一律考中';要是都没有考中,那就是'一律落榜';要是考中一人,那就是'一个考中';要是考中两人,那就是'一人落榜'。不管事实上是哪种情况,都能证明我算的是对的。"

利用多义词、应用概念的灵活性,是一种狡猾的诡辩手法。诡辩论者在议论中常常故意把话说得模棱两可、含糊不清,以便见机行事,给自己留下解释的余地。上述案例中,这位算命先生正是利用在特殊情况下"一"的多义性进行诡辩,使自己永远立于不败之地。由此可见逻辑思维能力的重要性。

一、逻辑及逻辑基本规律

"逻辑"是英语"logic"的音译,在《现代汉语词典》(第7版)中,其主要含义有:思维的规律;客观的规律性;逻辑学。逻辑思维,也称抽象思维,是指人们运用概念进行判断、推理的思维活动。这种思维需要遵循逻辑规律,是人类特有的复杂而高级的思维形式。

一般而言,基本的逻辑知识包括概念、命题、推理以及逻辑思维方法、逻辑基本规律等方面。

(一)概念

概念就是反映事物(对象)本质属性的思维形式。它是思维形式最基本的组成单位,也是构成判断和推理的基本要素。

1. 概念的内涵和外延

概念既反映对象的本质属性，同时也反映具有这种本质属性的对象。这两个方面构成了概念的两个基本特征——内涵和外延。

概念的内涵是指概念所反映的对象的本质属性。例如，"商品"这个概念的内涵就是"为交换而生产的劳动产品"。内涵是概念的质的方面的规定性，它表明概念所反映的对象是什么。

概念的外延是指具有概念所反映的本质属性的对象。例如，"商品"这个概念的外延就是指市场上的衣、帽、鞋、车、家电等各种性质、各种用途、在人们之间进行交换的劳动产品。外延是概念的量的方面的规定性，它表明概念所反映的对象有哪些。

2. 概念的种类

（1）单独概念和普遍概念。

按照概念所指的事物是一个还是一个以上，概念可以分为单独概念和普遍概念。

单独概念是反映某一个别对象的概念，其外延只有一个分子，是在特定的时间与空间中存在的独一无二的事物，如中华人民共和国、地球、鲁迅、上海等。一般来说，用专有名词以及在语词上用时间、空间等数目序列限制的，或者用最高级形容词或副词修饰的，或者用"这个""那个"指示词来表达的词组都是单独概念。

普遍概念是反映一类对象的概念，其外延包含一个以上的事物。例如，"中国教育家"这个概念的外延，就包括了孔子、蔡元培、陶行知等，所以"中国教育家"是一个普遍概念。

普遍概念的外延既然包括至少两个事物，因此，在它的前面可以用"所有的"或"有些"这样的词来修饰，而单独概念不能也不需要做这样的修饰。例如，我们可以说所有的"中国教育家"或有些"中国教育家"，但不能说所有的"上海"或有些"上海"等，因为这是没有意义的。

（2）集合概念和非集合概念。

根据概念所反映对象是否为集合体，概念可以分为集合概念和非集合概念。

在弄清什么是集合概念和非集合概念之前，首先要区分客观现实中两类不同的关系：一是类与分子的关系，二是群体与个体的关系。事物的类是由分子组成的，属于这个类的每一个分子都具有该类的属性。事物的群体是由许多个体有机构成的，群体所具有的属性，构成该群体的个体不必具有；反之，构成群体的个体所具有的属性，其群体也不必具有。

集合概念就是以事物的群体为反映对象的概念。如中国工人阶级、昆仑山脉、列宁选集等，都是集合概念。集合概念只适用于它所反映的群体，而不适用于构成该群体的个体。

非集合概念就是不以事物的群体为反映对象的概念。如工人、干部、学生等，都是非集合概念。非集合概念既可以适用于它所反映的类，也适用于该类中的每一个分子。

（3）正概念和负概念。

根据概念所反映对象是否具有某种属性，概念可分为正概念和负概念。

正概念是反映对象具有某种属性的概念，也叫肯定概念。如团员、果断、大学生等，都是正概念。

负概念就是反映对象不具有某种属性的概念，也叫否定概念。如非团员、不果断、非大学生等，都是负概念。

从语言表达的特点来看，负概念都冠有"非""不""无"等字样。但是，冠有"非""不""无"等字样不一定都是负概念。如"非洲""不丹"等概念就不是负概念，因为这些概念中的"非""不"都不是否定词。

(4) 相对概念。

事物的特有属性,可以是某种性质,也可以是某种关系。相对概念所反映的事物的特有属性和关系是与其他事物相比较而存在的。如原因、结果、容易、困难、大、小、上、下等都是相对概念。当我们说一个东西大,总是与另一个小东西相比较而言的,脱离了相对的东西,就无所谓大小。

☆ 知识要点 ☆

> 概念一般分为单独概念和普遍概念、集合概念和非集合概念、正概念和负概念、相对概念。考生在学习时可以与同学或朋友相互辩论以理解各种概念的准确内涵与外延。

3. 概念间的关系

概念间的关系主要是指概念外延间的关系。设 A 和 B 分别表示两个概念的外延,那么 A 和 B 之间的关系主要可以有以下五种。[①]

(1) 全同关系。

如果两个概念的外延完全相同,那么这两个概念之间的关系就是全同关系,也称同一关系或重合关系。A 与 B 的全同关系可以定义为:所有 A 都是 B,并且所有 B 都是 A。例如:

北京——中华人民共和国首都

等边三角形——等角三角形

爱因斯坦——相对论的创立者

上述每组概念之间的关系都是全同关系,它们的外延完全相同。如果用圆圈表示概念的外延,那么概念间的全同关系可以用图 5-1 表示。

(2) 真包含关系。

如果两个概念,其中一个概念的部分外延与另一个概念的全部外延重合,那么这两个概念之间的关系是真包含关系。A 与 B 的真包含关系可以定义为:所有 B 都是 A,并且有 A 不是 B。例如:

文学作品——小说

学生——大学生

生物——动物

上述每组概念中前者对于后者的关系都是真包含关系。例如,"学生"这个概念的外延包含了"大学生"这个概念的全部外延。因此,"学生"这个概念对于"大学生"这个概念的关系就是真包含关系。概念间的真包含关系可以用图 5-2 表示。

(3) 真包含于关系。

如果两个概念,其中一个概念的全部外延与另一个概念的部分外延重合,那么这两个概念之间的关系就是真包含于关系。A 与 B 的真包含于关系可以定义为:所有 A 都是 B,并且有 B 不是 A。例如:

师范大学——高等学校

手机——高科技

[①] 本部分内容参考了蔡贤浩.形式逻辑[M].武汉:华中师范大学出版社,2007:22—26.

教师——脑力劳动者

上述每组概念中前者对于后者的关系都是真包含于关系。例如，"师范大学"这个概念的全部外延包含在"高等学校"这个概念的部分外延之中。因此，"师范大学"这个概念对于"高等学校"这个概念的关系就是真包含于关系。概念间的真包含于关系可以用图 5-3 表示。

图 5-1 全同关系

图 5-2 真包含关系

图 5-3 真包含于关系

【历年真题】

【5-15】下列选项中，与"王静和李跃是军人"的判断类型不同的是(　　)。
A. 舒婷和海子是诗人　　　　　　B. 张继科和王皓是冠军
C. 王山和李强是战友　　　　　　D. 腾格尔和韩红是歌手
【参考答案】C。解析：题干中"王静和李跃是军人"属于真包含于关系，选项 A、B、D 是真包含于关系。选项 C，只说明王山与李强的关系。所以，正确选项是 C。

(4) 交叉关系。

如果两个概念的外延有并且仅有部分重合，那么这两个概念之间的关系就是交叉关系。A 与 B 的交叉关系可以定义为：有的 A 是 B，有的 A 不是 B；并且有的 B 是 A，有的 B 不是 A。例如：

学生——团员

化学家——生物学家

党员——干部

上述每组概念之间的关系都是交叉关系，它们的外延只有部分重合。例如，有些"学生"是"团员"，有些"学生"不是"团员"；同样，有些"团员"是"学生"，有些"团员"不是"学生"，二者的外延只有一部分是重合的。所以，"学生"和"团员"这两个概念之间是交叉关系。概念间的交叉关系可以用图 5-4 表示。

(5) 全异关系。

概念间的全异关系是指两个概念的外延没有任何一部分是重合的。A 与 B 的全异关系可以定义为：所有 A 都不是 B，并且所有 B 都不是 A。例如：

颜色——声音

大学生——小学生

木头——石头

上述每组概念外延之间的关系都是全异关系。例如，"大学生"不是"小学生"，"小学生"也不是"大学生"，它们的外延没有任何一部分是重合的。概念间的全异关系可以用图 5-5 表示。

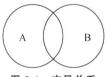

图 5-4 交叉关系

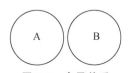

图 5-5 全异关系

概念间的关系主要有五种：全同关系、真包含关系、真包含于关系、交叉关系和全异关系。考生在学习时可以选择一些概念进行辨析，最好能与同学或朋友进行讨论，如果能进行偷换概念的游戏，那样效果会更好。

（二）命题

逻辑研究推理，但推理由命题组成，推理的前提和结论单独来看都是一个个命题。命题有两种基本分析方法：直言命题分析和复合命题分析。

1. 直言命题分析

直言命题的分析方法是：对一个命题进行主谓式分析，即把它拆分为不同的构成要素：主项、谓项、联项和量项。主项和谓项统称为"词项"，分别用大写英文字母 S 和 P 表示；如果主项表示单个对象，则用小写字母 a 表示。联项有"是"和"不是"，量项有"所有""有些"，由此得到如下形式的命题：

所有 S 都是 P；

所有 S 都不是 P；

有些 S 是 P；

有些 S 不是 P；

a(或某个 S)是 P；

a(或某个 S)不是 P。

这种形式的命题叫作"直言命题"，由于它们断定了某种对象(S)具有或不具有某种性质(P)，因此又叫作"性质命题"。例如，"所有的儿童都是美丽可爱的"就是一个直言命题，其中"儿童"是主项，"美丽可爱的"是谓项，"是"是联项，"所有……都"是量项。以直言命题作为前提和结论的推理都叫作"直言命题推理"，后者的形式结构取决于其中的直言命题的形式结构。

【历年真题】

【5-16】下列选项中，与"植物不可能都是多年生的"意思相同的是（　　）。

A. 植物可能都不是多年生的　　　　B. 有的植物有可能是多年生的

C. 有的植物必然是多年生的　　　　D. 有的植物必然不是多年生的

【参考答案】D。解析：本题考查直言命题及推理。首先找到量项和联项"不可能都是"，然后进行等值转换：不可能都是＝必然不都是＝必然有些不是。即题干中的命题"植物不可能都是多年生的"＝"植物必然不都是多年生的"＝"有些植物必然不是多年生的"。四个选项中，A、B、C 选项表述均不符合题意，所以，正确选项是 D。

2. 复合命题分析

复合命题的基本形式有联言命题、选言命题、假言命题(条件命题)和负命题。其分析方式为：把单个命题看作不再分析的整体，通过命题连接词把它们组合成为复合命题。在日常语言中，这类连接词有：

(1) 并且，然后，不但……而且……，虽然……但是……，既不……也不……；(联言命题)

(2) 或者，也许……也许……，要么……要么……；(选言命题)

(3) 如果……则……，只要……就……，一旦……就……，只有……才……，不……就不……，当且仅当……，……除非……；(假言/条件命题)

(4) 并非,并不是。(负命题)

为简单起见,此处用"并且"作为第一类连接词的代表,用"或者"作为第二类连接词的代表,用"如果……则……""当且仅当……"作为第三类连接词的代表,用"并非"作为第四类连接词的代表。通过这些连接词,就可以将一个个命题,如"李冰刻苦学习""李冰乐于助人""樱桃红了""芭蕉绿了"等,组成更复杂的命题。例如:

(1) 李冰刻苦学习并且乐于助人。

(2) 樱桃红了或者芭蕉绿了。

(3) 如果锲而不舍,则金石可镂。

(4) $X+5=0$,当且仅当 $X=-5$。

(5) 并非所有的话梅都是有香味的。

第一类连接词叫作"联言连接词",由它们形成的命题叫作"联言命题";第二类连接词叫作"选言连接词",由它们形成的命题叫作"选言命题";第三类和第四类连接词叫作"条件连接词",由它们组成的命题叫作"条件命题"(假言命题),其中表示条件的命题叫作"前件",表示结果的命题叫作"后件";第四类连接词叫作"否定词",由它们形成的命题叫作"负命题"。这些命题统称"复合命题"。

【5-17】下列选项中,对"只有内正其心外修其行,才能表里如一"的理解,不正确的一项是(   )。

A. 若能内正其心外修其行,则必能表里如一

B. 不能内正其心外修其行,则不能表里如一

C. 若能表里如一,则必能内正其心外修其行

D. 要想表里如一,就必须内正其心外修其行

【参考答案】A。解析:分析题干"只有内正其心外修其行,才能表里如一",可以得到"只有 A 才有 B",这是一个条件关系,A"内正其心外修其行"是 B"表里如一"的必要条件,也是唯一条件,找到这个关系就可以分析了。选项 A,"若能内正其心外修其行,则必能表里如一"是假设关系,与题干不符合,错误;选项 B,"不能内正其心外修其行,则不能表里如一"符合题意,正确;选项 C,"若能表里如一,则必能内正其心外修其行"符合题意,正确;选项 D,"要想表里如一,就必须内正其心外修其行"符合题意,正确。所以,正确选项是 A。

【5-18】下列句子中,对"不夸己能,不扬人恶,自然能化敌为友"理解正确的是(   )。

A. 想要化敌为友,就要不夸己能且不扬人恶

B. 不想化敌为友,就可以既夸己能又扬人恶

C. 没能化敌为友,则没能不夸己能或不扬人恶

D. 能够化敌为友,则能够不夸己能或不扬人恶

【参考答案】C。解析:这是一题通过逻辑推理来正确理解句子的题目。从题干可以推出:A 且 B,则可以推出 C,即 A(不夸己能)+B(不扬人恶),则可以 C(化敌为友)。反过来,逆命题也成立,即:不 C(化敌为友),则不 A 且 B(不夸己能且不扬人恶),可以得出:不能化敌为友,则夸己能且扬人恶。选项 C 符合题意,所以正确选项是 C。

(三) 推理

推理是从一个或者一些已知的命题得出新命题的思维过程或思维形式,其中已知的命题是前提,得出的新命题是结论。一般而言,可以根据一些语言标记去识别推理的前提和结

论。例如,跟在"因为""由于""假设""鉴于"等词语后面,或占据"由……可以推出""正如……所表明的"等省略号位置的句子是前提;而跟在"因此""所以""于是""由此可见""由此推出""这表明""这证明"等词语之后的是结论。

1．推理形式

任何一个推理都可以表示为一个"如果前提(成立),那么结论(成立)"的条件命题,只要用"并且"把它的前提(如果有多个前提的话)连接成为一个联言命题,作为该条件命题的前件,把它的结论作为该条件命题的后件。有一类推理以符合命题作为前提或结论,叫作"复合命题推理"。

推理的形式结构简称推理形式,是指在一个推理中抽掉各个命题的具体内容之后所保留下来的那个模式或框架,或者说,是多个推理中表达不同思维内容的各个命题之间所共同具有的联系方式,由逻辑常项和逻辑变项构成。其中,逻辑常项代表推理中大的结构要素,逻辑常项的不同决定了推理形式的不同;逻辑变项代表推理中的内容要素,逻辑变项由相应的逻辑常项替代,从推理形式得到了具体的推理。对同一个推理形式做不同的替代,可以得到不同的具体推理。

2．推理的省略形式

在自然语言中,推理是用来论证和交流思想的,而交流总是在具体的个人之间、具体的语言环境中进行的。交际双方的大脑并不是一块白板,而是承载了大量信息,其中许多信息是交际双方所共有的,或至少是其中一方以为另一方知道的,故在交际过程中没有明确说出,推理表现为省略形式。例如,本来是"A 和 C 一起推出 B",由于 C 属于(或以为属于)共同的背景知识,故被省略。省略后为"A 推出 B"。

【历年真题】

【5-19】下列选项中,与例图的四个图形有一致性规律的是( )。

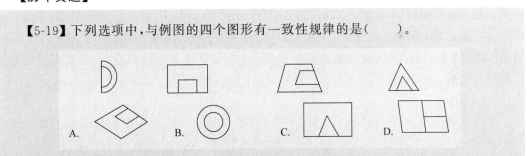

【参考答案】A。解析:题干中的四个例图内外图形形状相同,且有一边是共用的。选项 A,内外图形形状相同,且有一边共用,符合规律;选项 B,内外图形相同,但没有共用一边,不符合规律;选项 C,内外图形形状不同,不符合规律;选项 D,内外图形不一致,不符合规律。所以,正确选项是 A。

(四) 逻辑思维方法

1．分析与综合

分析是在思维中把对象分解为各个部分或因素,分别加以考察的逻辑方法。综合是在思维中把对象的各个部分或因素结合成为一个统一体,并加以考察的逻辑方法。

2．分类与比较

根据事物的共同性与差异性就可以把事物分类,具有相同属性的事物归入一类,具有不同属性的事物归入不同的类。比较就是考察两个或两类事物的共同点和差异点,通过比较能更好地认识事物的本质。

分类是比较的后继过程,重要的是分类标准的选择,标准选择得好才可能发现重要规律。

3. 归纳与演绎

归纳是从个别性的前提推出一般性的结论,前提与结论之间的联系是或然性的。演绎是从一般性的前提推出个别性的结论,前提与结论之间的联系是必然性的。

4. 抽象与概括

抽象就是运用思维的力量,从对象中抽取它本质的属性,抛开其他非本质的东西。概括是在思维中从单独对象的属性推广到这一类事物的全体的思维方法。抽象与概括和分析与综合一样,都是相互联系不可分割的。

（五）逻辑基本规津

逻辑思维基本规律是指从正确运用逻辑形式的思维活动中概括出来且又普遍适用于各类逻辑形式,并在整个逻辑思维活动中自始至终起决定作用的规律。逻辑基本规律主要包括同一律、矛盾律和排中律。

1. 同一律

同一律的基本内容：在同一思维过程中,每一思想的自身的同一性必须是同一的。所谓"同一思维过程",是指在同一时空状态下,就同一思维对象的同一方面的思维；"每一思想"是指思维过程中的每一个概念或判断；"自身的同一性"是指在同一思维过程中每一个概念的内涵和外延必须前后一致,每一个判断肯定什么或否定什么,前后也必须一致。

同一律的公式：A 是 A 或 A 等于 A。这个公式也可以用数理逻辑的符号表示,即 A→A。

公式中的"A"表示任一概念、判断"A 是 A"表示在同一思维过程中每一个概念或判断必须与其自身保持同一。也就是说,在同一思维过程中,所使用的每一个概念或判断的内容必须具有确定性,不得随意变换。例如,在同一思维过程中,如用"A"表示"纪律"这个概念,那么"A"这个概念就是"纪律",其内容是确定的,绝不会时而是这个内容,时而又是与此不同的其他内容。

2. 矛盾律

矛盾律的基本内容：在同一思维过程中,两个互相反对或互相矛盾的命题不能同时为真,其中至少有一个为假。如果违反了矛盾律的要求,就会出现思维上的前后不一,自相矛盾。

矛盾律的公式：A 不是非 A。这个公式也可以用数理逻辑的符号表示,即 A∧非 A。

在这个公式中,"A"表示任一思想（或任何一个判断）,"非 A"表示与"A"相矛盾的思想。这个公式表示"A"与"非 A"不能同真,其中必有一假。例如：

(1) "上海是中国最大城市"和"上海不是中国最大城市"。

(2) "某考生的成绩要么及格,要么不及格"和"某考生的成绩既不是及格,也不是不及格"。

句子(1) 和(2) 都是具有矛盾关系的一对判断,包含着相互否定的思想,不能同真。如果在同一思维过程中都加以肯定,那就违反了矛盾律。

矛盾律与同一律都是关于思维确定性的规律。同一律要求"A 是 A",矛盾律要求"A 不是非 A"。可见,同一律是用肯定的形式表达一个确定的思想,而矛盾律则是用否定的形式表达一个确定的思想；或者说,矛盾律以否定的形式表达了同一律用肯定形式所表达的同一个思想。因此,矛盾律是同一律进一步的展开与反证。

3. 排中律

排中律的基本内容：在同一思维过程中，两个相互矛盾的思想不能同时为假，必有一个为真。排中律的作用是排除模棱两可的思想。

排中律的公式：A 或者非 A。这个公式也可以用数理逻辑的符号表示，即 A∨非 A。

在这个公式中，"A"表示某个思想，"非 A"表示与"A"相矛盾的思想，"A 或者非 A"表示相互矛盾的两个思想不能都假，必有一真。例如：

（1）"某考生必然没有通过考试"和"某考生可能通过了考试"。

（2）"张教授或者懂英语，或者懂日语"和"张教授既不懂英语，也不懂日语"。

以上两对判断都是具有矛盾关系的判断。它们不可能都是假的，必有一真。矛盾律指出对于两个相互矛盾的思想不能同时都为真，其中必有一假。而排中律则更进一层，它指出对两个相互矛盾的思想不能都为假，其中必有一真。在这个意义上，可以说排中律是矛盾律的继续和扩展。

二、演绎推理、归纳推理、类比推理

根据前提与结论之间是否存在必然联系，推理可以分为演绎推理（必然性推理）和非演绎推理（或然性推理）两大类。凡是前提蕴含结论的推理，都叫作演绎推理，包括性质判断的直接推理、三段论推理、关系推理、模态命题推理、联言命题推理、选言命题推理、假言命题推理和综合命题推理等。凡是前提不蕴含结论的推理，都叫作非演绎推理，包括归纳推理和类比推理。

（一）演绎推理

演绎推理是从一般性原理出发，引申出特殊性结论的推理。这种推理的推导方向，是由一般到个别。演绎推理的前提是比结论更一般的判断，因此推出的结论并没有超出前提所判断的范围。换句话说，结论是可以由前提必然地推导出来的，所以它是一种必然性推理。演绎推理的分类见图 5-6。

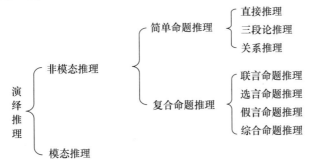

图 5-6　演绎推理的分类

1. 直接推理

直接推理是以一个已知命题为前提，推出另一个新命题为结论的演绎推理。例如：

所有的梧桐树都是阔叶植物；

所以，有些阔叶植物是梧桐树。

2. 三段论推理

三段论推理是由两个含有一个共同项的性质判断作为前提，得出一个新的性质判断为结论的演绎推理。例如：

所有优秀的教师都是热爱学生的教师；
李老师是一名优秀的教师；
所以,李老师是热爱学生的教师。

【历年真题】

【5-20】小明面对某饭店大楼惊叹："嗬,真高真漂亮啊!"爷爷说:"只有学习好,才能住进这样的高楼。你可要好好学习啊!"小明调皮地说:"那爷爷上学时一定没好好学习。"下列推导中,小明所使用的是(   )。
  A. 好好学习,就能住进漂亮的高楼；爷爷没好好学习,所以没住进漂亮的高楼
  B. 不好好学习,就住不进漂亮高楼；爷爷没好好学习,所以爷爷没住进漂亮高楼
  C. 只有好好学习,才能住进漂亮高楼；爷爷没住进漂亮高楼,所以他没好好学习
  D. 不好好学习,就住不进漂亮的高楼；爷爷住的是平房,所以他没有好好学习

【参考答案】B。解析：根据推理翻译,爷爷的话应该为：住高楼→学习好。根据逆否命题、等价命题可以推出：—学习→—高楼。所以小明的话应该为：爷爷上学的时候一定没好好学习,所以爷爷没住进这样的高楼。所以,正确选项是 B。

3. 关系推理

关系推理就是前提中至少有一个是关系判断的推理,它是根据关系的逻辑性质进行推演的。例如：
诗歌的出现早于散文；
散文的出现早于小说；
所以,诗歌的出现早于小说。

【历年真题】

【5-21】文化是活的生命。持久的生命力有赖于其影响力,而社会大众的喜爱是构成影响力的前提条件。由此可以推出(   )。
  A. 受到大众喜爱的文化就会有影响力和持久的生命力
  B. 不受大众喜爱的文化就没有持久的生命力
  C. 文化没有影响力就不会受到社会大众的喜爱
  D. 只有具备了持久的生命力,才可能会受到社会大众的喜爱

【参考答案】B。解析：本题考查必要条件的关系推理。由题干可推断："影响力"是"生命力"的必要条件,"大众的喜爱"是"影响力"的必要条件。A、C、D项将必要条件颠倒了,只有 B 符合要求。所以,正确选项是 B。

4. 联言命题推理

联言命题推理是指前提或结论为联言命题,并且根据联言命题联结项的逻辑性质进行推演的推理。联言命题推理分为组合式和分解式两种。

（1）联言命题推理的组合式：从两个或两个以上的已有判断得出一个联言判断的推理。例如：
语文是中学的重要学科；
数学是中学的重要学科；
所以,语文和数学都是中学的重要学科。

（2）联言命题推理的分解式：从已有的联言判断得出其中的联言支（联言命题中的支命题）为其结论的推理。例如：

我们的爱国主义既要强调民族自豪感、荣誉感，也要强调责任感、危机感；

所以，我们的爱国主义教育也要强调责任感、危机感。

5. 选言命题推理

选言命题推理就是通过选言前提的部分选言支（选言命题中的支命题）做出判定，从而得出结论的推理。选言命题推理分为相容选言推理和不相容选言推理。

（1）相容选言推理：就是前提中有一个是相容选言判断的选言推理。其规则在于：否定一部分选言支，就必然肯定另一部分选言支；肯定一部分选言支，却不能必然否定另一部分选言支。例如：

这份统计表格或者是计算有错误，或者是统计本身有错误；

计算没有错误；

所以，这份表格的错误在于统计本身。

（2）不相容选言推理：就是前提中有一个是不相容选言判断的选言推理。其规则在于，肯定一个选言支，就要否定其他选言支；否定除一个以外的其他选言支，就要肯定未被否定的那一个选言支。例如：

这次作文大赛，要么张三参加，要么李四参加；

张三没有参加；

所以，李四参加了。

【历年真题】

【5-22】某公司财务部共有包括主任在内的 8 名职员。有关这 8 名职员，以下三个断定中只有一个是真的。正确的选项是（　　）。

① 有人是上海人　② 有人不是上海人　③ 主任不是上海人

A. 8 名职员都是上海人　　　　　　B. 8 名职员都不是上海人

C. 只有一个是上海人　　　　　　　D. 无法确定该部上海人的人数

【参考答案】A。解析：题干中的"有人是上海人"和"有人不是上海人"为下反对关系（下反对关系又称"小反对关系"），即两者不能同为假，可以同为真；两个命题必有一真，可以同为真；由其中一个命题的假，必然推出另一个命题的真。根据题意，题干中三个断定只有一个是真的，于是唯一真的命题只能在①和②这两个命题之中（因为两者不能同假），所以"③主任不是上海人"必为假。既然"主任不是上海人"为假，所以"主任是上海人"为真。由"主任是上海人"为真，可以推出"有人是上海人"为真。再根据题意，题干中三个断定只有一个为真，既然"有人是上海人"是真的，所以，"有人不是上海人"就是假的（由其中一个命题的假，必然推出另一个命题的真）。再根据矛盾关系，由"有人不是上海人"为假，可以推出"所有人是上海人"为真。所以，正确选项是 A。

6. 假言命题推理

假言命题推理就是通过对假言前提的前件或后件做出断定，从而得出结论的推理。例如：

一个人只有多读书，才能明事理；

我要明事理；

所以，我要多读书。

假言命题推理规则如下：

(1) 充分条件假言推理规则。

肯定前件,就要肯定后件;否定前件,不能否定后件。否定后件,就要否定前件;肯定后件,不能肯定前件。

(2) 必要条件假言推理的规则。

否定前件,就要否定后件;肯定后件,就要肯定前件。肯定前件,不能肯定后件;否定后件,不能否定前件。

(3) 充分必要条件假言推理规则。

肯定前件,就要肯定后件;肯定后件,就要肯定前件。否定前件,就要否定后件;否定后件,就要否定前件。

【历年真题】

【5-23】"我要是谈了我朋友的隐私,他准会大发脾气;我朋友没有大发脾气"由此可以推出的结论是(　　)。

A. 我谈了我朋友的隐私
B. 我朋友是个温和的人
C. 我没有谈我朋友的隐私
D. 我朋友为人倒是挺不错

【参考答案】 C。解析:本题考查假言命题的推理。题目的假言命题是:谈朋友的隐私→大发脾气,且没有发脾气。根据假言命题的推论规则"否后推否前",可以推断:我没有谈我朋友的隐私。所以,正确选项是C。

7. 综合命题推理

综合命题推理包括假言选言推理和假言联言推理。

假言选言推理就是通过一个选言判断断定具有合取关系的两个或两个以上假言判断的前件或后件,从而得出结论的假言推理。例如:

如果一部作品是优秀的,那么它的思想内容好;

如果一部作品是优秀的,那么它的艺术性好;

这部作品或者思想内容不好,或者是艺术性不好;

所以,这部作品不是优秀作品。

【历年真题】

【5-24】下列选项中,能够由"李白是文人"和"李白不是商人"必然推出的(　　)。

A. 有的文人是商人
B. 有的文人不是商人
C. 有的商人是文人
D. 有的商人不是文人

【参考答案】 B。解析:由"李白是文人"和"李白不是商人"可以推出"李白是文人不是商人"。而李白仅是个体,不能代表所有人,所以可以推断"有的文人不是商人"。因此,正确选项是B。

假言联言推理是指通过一个联言判断断定具有合取关系的两个或两个以上假言判断的前件或后件,从而得出结论的假言推理。例如:

如果一个人真正认识了错误,那么他就会承认错误;

如果一个人真正认识了错误,那么他就会改正错误;

某人既不承认错误,也不改正错误;

所以,某人没有真正认识错误。

【历年真题】

【5-25】 某酒店相邻的1、3、5、7号房间内分别住着国籍为英、法、德、俄的4位专家。俄国专家说:"我的房间号比德国人的大,我只会说俄语,我的邻居不会俄语。"英国专家说:"除了英语,我还会俄语,但我只能跟一位邻居交流。"德国专家说:"我会英、法、德、俄4种语言。"下列关于专家房间号,由小到大的排序,正确的是( )。

A. 英德俄法　　B. 法英德俄　　C. 德英法俄　　D. 德英俄法

【参考答案】C。解析:此题用排除法是最简便的。因为俄国专家只会俄语,而他的邻居不会俄语,但英国、德国专家会俄语,所以A、B、D选项排除,剩下C为正确选项。所以,正确选项是C。

【5-26】 甲、乙、丙分别是北京、上海、重庆人,分别学习金融、法律、外语。已知:① 乙是重庆人;② 学外语的是北京人;③ 学金融的不是上海人;④ 甲不学金融,丙不学外语。下列推断完全正确的是( )。

A. 甲是上海人,学法律　　B. 甲是北京人,学外语
C. 丙是北京人,学外语　　D. 丙是上海人,学金融

【参考答案】B。解析:由①可知,乙是重庆人,那么甲要么是上海人,要么是北京人。而②"学外语的是北京人;③学金融的不是上海人",可知:北京人,学外语;上海人,学法律。自然可推出:乙是重庆人,学金融。由④"丙不学外语",而乙学金融,那么可知丙学法律。所以,丙是上海人,学法律。剩下的甲自然是北京人,学外语。结论:甲是北京人,学外语;乙是重庆人,学金融;丙是上海人,学法律。四个选项中,B符合题意。所以,正确选项是B。

8. 模态推理

模态推理是根据模态判断的逻辑性质进行的推理,它的前提和结论是模态判断。例如:

下大雨必然降温;

明天可能下大雨;

所以,明天可能降温。

（二）归纳推理

所谓归纳推理,是指一种以个别性或特殊性判断为前提,推出一个以普遍性判断为结论的推理。这种推理的推导方向是由个别到一般。作为一种特定的推理形式,归纳推理建立在现有的反映事实的语言材料或思维材料的基础上,从一些个别性判断推导出一般性判断的结论。它的任务在于从大量思维材料出发,抽象出能够反映人类某种思维过程的思维形式结构。

按照推理的前提中是否考察了一类事物的全部,归纳推理可以分为完全归纳推理和不完全归纳推理。

1. 完全归纳推理

完全归纳推理,就是根据某类中每一个对象都具有(或都不具有)某种属性,从而推出该类的全部对象都具有(或都不具有)某属性的结论的归纳推理。例如:

奴隶社会的法律是奴隶社会统治阶级意志的表现;

封建社会的法律是封建社会统治阶级意志的表现;

资本主义社会的法律是资本主义社会统治阶级意志的表现;

社会主义社会的法律是社会主义社会统治阶级意志的表现;

奴隶社会、封建社会、资本主义社会、社会主义社会都是阶级社会;

所以,在阶级社会里,法律都是统治阶级意志的表现。

这是一个完全归纳推理。前提是一些关于个别事实的判断,并且列举了阶级社会的全部对象。由于这些对象都具有某种属性而没有遇到相反的情况,因而得出一个一般性的判断。如果用 S 代表某类对象,以 $S_1, S_2, S_3, \cdots, S_n$ 代表 S 类的个别对象,用 P 代表对象的某种属性,那么完全归纳推理形式可以表示为:

S_1 是(或不是)P;

S_2 是(或不是)P;

S_3 是(或不是)P;

……

S_n 是(或不是)P;

$S_1, S_2, S_3, \cdots, S_n$ 是 S 类的全部对象;

所以,所有 S 是(或不是)P。

完全归纳推理的结论是根据某类中每一个对象都具有某种属性而得出的,结论所断定的范围并未超出前提所断定的范围。因此,完全归纳推理的结论是必然的。在进行完全归纳推理时,必须满足以下两个基本要求:第一,前提中所有考查的对象是某类的全部对象;第二,前提中对每一个别对象所做的断定必须是真实可靠的。满足了这两个基本要求,完全归纳推理的结论必然是真实的,否则,结论就是不必然的。违背上述两条基本要求,就会犯"前提不穷尽"或"前提不真实"的逻辑错误。

2. 不完全归纳推理

不完全归纳推理,就是指根据某类的部分对象具有(或不具有)某种属性,从而推出某类的全部对象具有(或不具有)某种属性的归纳推理。不完全归纳推理又分为简单枚举归纳推理和典型归纳推理。

(1) 简单枚举归纳推理。

简单枚举归纳推理就是以经验的认识为主要依据,根据某类中部分对象具有(或不具有)某种属性,而且多次重复并未发现反面的实例,于是推出该类的全部对象具有(或不具有)某种属性的不完全归纳推理。例如,著名数学家哥德巴赫在计算中发现:

$15 = 5 + 7 + 3$;

$337 = 313 + 7 + 17$;

$461 = 449 + 7 + 5$;

$561 = 537 + 19 + 5$。

每个算式的左边都是一个奇数,每个算式的右边则为三个质数相加。于是,他于 1742 年提出了"所有大于 5 的奇数都可以分解为三个质数之和"的猜想。哥德巴赫的这种思维方法就是简单枚举归纳推理。如果用 S 代表某类对象,以 $S_1, S_2, S_3, \cdots, S_n$ 代表 S 类的个别对象,用 P 代表对象的某种属性,那么简单枚举归纳推理形式可以表示为:

S_1 是(或不是)P;

S_2 是(或不是)P;

S_3 是(或不是)P;

……

S_n 是(或不是)P;

$S_1, S_2, S_3, \cdots, S_n$ 是 S 类的部分对象;

所以,所有 S 是(或不是)P。

由于简单枚举归纳推理是根据部分事例的不断重复而未遇到相反的情况来做出结论的,因此,推出的结论是不充分的。因为没有遇到相反的情况,并不等于相反的情况不存在。因此,简单枚举归纳推理的结论不具有必然性,不是完全可靠的。根据简单枚举归纳推理的

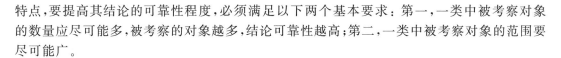

特点,要提高其结论的可靠性程度,必须满足以下两个基本要求:第一,一类中被考察对象的数量应尽可能多,被考察的对象越多,结论可靠性越高;第二,一类中被考察对象的范围要尽可能广。

【历年真题】

> **【5-27】**找规律填数字是一种很有趣的游戏,特别锻炼观察和思考能力,下列各组数字填入数列"1、6、5、9、12、(　　)",空缺处的数字,正确的是(　　)。
> 　　A. 13　　　　　　B. 15　　　　　　C. 17　　　　　　D. 19
> 【参考答案】D。解析:通过1、6、5、9、12这组数字,我们可以发现:第3位数是:1+6−2=5;第4位数是:6+5−2=9;第5位数是:5+9−2=12……即前两位数之和减去2等于后一位数。所以,括号中的数应该是:9+12−2=19。所以,正确选项是D。

(2)典型归纳推理。

典型归纳推理就是根据一类事物中的某一具有代表性的典型个体具有某种属性,然后将该属性外推到同类个体中去,进而推出该类的全部对象都具有该类属性的不完全归纳推理。

例如,科学家们采用解剖典型的方法,分析出蝙蝠是用超声波定位的。蝙蝠在喉内发出超声波,通过口鼻发射出去,由耳接受,这样来测定距离和目标。找到了蝙蝠能在黑暗中飞行而不碰撞的原因,即得出"所有的蝙蝠都是通过自己发出的超声波的反馈在黑暗中飞行而又不碰撞"的结论。这里运用的就是典型归纳推理。

由于典型归纳推理是由对单一的某个事物的认识直接上升为对某类事物的普遍性认识,带有明显的概括特征,因此,人们也常常把它称为"典型概括法"或"直觉概括法",亦称"解剖麻雀法"。典型归纳推理的形式为:

S_1 是 P;
S_1 是 S 类的代表性个体;
所以,所有 S 都是 P。

由于典型归纳推理以实验为基础,以事物个别与一般、特殊与普遍的辩证统一为指导,以考察某类事物的代表性个体为前提,并辅之以比较、分析、演绎等思维方法,因此由该推理得出的结论具有一定的可靠性,且具有实用性和灵活性。在进行典型归纳推理时,需要注意以下两点:第一,选择作为类的代表性个体越典型,结论越可靠;第二,典型归纳所依据的理论或思维方法(如演绎法、比较法等)越先进,结论越可靠。

【历年真题】

> **【5-28】**某单位要评出一名优秀员工,群众评议推出候选人赵、钱、孙、李。赵说:小李业绩突出,当之无愧。钱说:我个人意见,老孙是不二人选。孙说:选小钱和老赵我都赞成。李说:各位做得更好,不能选我。如果赵、钱、孙、李只有一个人的话与结果相符,则优秀员工是(　　)。
> 　　A. 赵　　　　　　B. 钱　　　　　　C. 孙　　　　　　D. 李
> 【参考答案】D。解析:从"赵、钱、孙、李只有一个人的话与结果相符"可以推断四个人的话中只有一个人是真的,其余均为假。赵和李的话相互矛盾,那么,这两人中必然是一个人的话是真的,而钱与孙的话必然是假的。从钱的话可以得出:老孙不能是优秀员工。从孙说的话中可以得出:钱和赵不能是优秀员工。所以,唯一的可能就是李是优秀员工。因此,正确选项是D。

(三) 类比推理

类比推理是根据两类对象在一系列属性上是相同的,而且已知其中一类对象还具有其他的属性,由此推出另一类对象也具有同样的其他属性的推理。类比推理的基本类型主要有以下几种。

1. 肯定类比

肯定类比是根据两个对象存在某些相似的属性,推出它们在另一个属性上也是相似的。其推理模式如下:

A 对象具有属性 a、b、c、d;

B 对象具有属性 a、b、c;

所以,B 对象也具有属性 d。

2. 否定类比

否定类比是根据两个对象存在某些属性的相异,而推出它们在另一属性上也是相异的。其推理模式如下:

A 对象无 a、b、c 属性,亦无 d 属性;

B 对象无 a、b、c 属性;

所以,B 对象也无 d 属性。

或者,另外一种否定类比模式为:

A 对象有 a、b、c 属性,同时有 d 属性;

B 对象无 a、b、c 属性;

所以,B 对象亦无 d 属性。

3. 中性类比

中性类比是根据两个对象在某些方面的相同和另一些方面的差异,在平衡两者之间的相同点和差异点的基础上,从而得出两个对象在其他方面的相同或相异的结论。其推理模式如下:

A 对象具有属性 a、b、c、p、q、r,还有 x;

B 对象具有 a、b、c,不具有属性 p、q、r;

所以,B 对象具有(或不具有)属性 x。

由于中性类比从正反两个方面考察了认识对象可能具有或不具有的属性,因此,一般来说其结论的可靠性程度比肯定类比或否定类比都高。

4. 性质类比

性质类比是根据两个或两类对象都具有某些相同或相似性质,并且已知其中一个(或一类)对象还具有另外的某种性质,从而推出另一个(或另一类)对象也具有这种性质的结论的推理。其推理模式如下:

A 与 B 都有性质 a、b、c;

A 还有性质 d;

所以,B 也有性质 d。

5. 关系类比

关系类比是根据两组对象有某种类似关系,并且其中的一组对象还具有另外的关系,从而推出另一组对象也有类似的关系的推理。其推理模式如下:

A 与 B 和 X 与 Y 之间具有类似关系 R_1;

A 与 B 之间还具有关系 R_2;

所以,X 与 Y 之间也具有关系 R_2。

类比推理的结果是或然的,要正确运用类比推理,必须注意提高它的结论的可靠性程度,而这种可靠性程度取决于相同属性与推出属性的相关程度,相同属性与推出属性的相关程度越高,它的结论就越可靠。提高类比推理结论的可靠性,要满足以下条件:第一,类比对象间的相同属性应尽可能多;第二,类比对象间的相同属性应是本质的;第三,要注意类比对象间的差异性。

【历年真题】

【5-29】"数学家希尔伯特、华罗庚都是教育家。"由此可以推出的结论是(　　)。
A. 数学家都是教育家
B. 有的数学家是教育家
C. 教育家都是数学家
D. 教育家都不是数学家

【参考答案】B。解析:"数学家希尔伯特、华罗庚都是教育家"只说明有两个数学家是教育家,并不能推断数学家都是教育家,所以选项 A 错误;题干列举数学家希尔伯特、华罗庚是教育家,所以选项 B 正确;题干没有说教育家都是数学家,所以选项 C 错误;题干说明希尔伯特、华罗庚既是教育家又是数学家,所以选项 D 错误。因此,正确选项是 B。

三、论证

论证就是用一个或一些已知为真的判断确定另一个判断的真实性或虚假性的思维过程。论证包括证明和反驳。证明是用一个或一些已知为真的命题确定另一个命题真实性的思维过程;反驳是用一个或一些已知为真的命题确定另一个命题虚假或某一个论证不能成立的思维过程。

（一）论证的组成

论证都是由论题、论据和论证方式组成的。论题是论证中需要证明或需要反驳的命题,它回答"论证什么"的问题。论据是论证中据以做出证明或反驳的那些真实命题,它解决"用什么论证"的问题。论证方式是论证所用的推理形式,它是将论据与论题、基本论据与非基本论据联系起来的逻辑手段。

（二）论证的方法

1. 证明的方法

以是否从论据直接地确立论题的真实性为标准,可将证明分为直接证明和间接证明。

直接证明就是根据论据的真实性,通过逻辑推理直接确定论题真实性的论证。间接证明就是用论据来证明与论题相矛盾的或具有反对关系的反论题的虚假,从而确定论题真实性的论证。间接证明的主要特点是:需要通过确立与原论题相矛盾的反论题的虚假这一逻辑中介,才能确定原论题的真实性。

间接证明通常采用以下两种方法。

（1）反证法。

这是通过确定与论题相矛盾的命题的虚假从而确定论题真实性的间接论证方法。它一般有三个步骤:① 设立反论题,② 证明反论题的虚假,③ 根据排中律确定论题的真实性。其论证过程是:

论题:p;

反论题:非 p;

如果非 p,那么 q;

非 q；

所以，非"非 p"（即 p）。

（2）选言证法。

选言证法是通过确定除论题所指情况以外其余可能情况都为虚假，从而推出论题为真的一种间接证明方法。其论证过程是：

论题：p；

反论题：或者 q，或者 r（q、r 等于非 p 的所有可能情况）；

或者 p，或者 q，或者 r；

非 q 并且非 r；

所以，p。

2. 反驳的方法

（1）直接反驳。

直接反驳是用论据直接确立被反驳论题的虚假。直接反驳可以有两种不同方法：一种是列举出与对方论题或论据相矛盾的事实命题，以论证对方的论题或论据是虚假的。另一种方法是归谬法，从被反驳论题引出相互矛盾的命题，进而证明被反驳论题是假的。其形式是：

被反驳论题：p；

归谬反驳：如果 p，则 q；

如果 p，则非 q；

所以，非 p。

例如，在反驳"上帝是万能的"时，有人进行了如下论证：

如果上帝是万能的，那么他就能创造一块他自己也举不起来的石头；

如果上帝是万能的，那么他能举起来任何石头；

所以，上帝不是万能的。

（2）间接反驳。

间接反驳是建立一个与被反驳论题具有矛盾关系或反对关系的反论题，通过证明反论题的真实，并根据矛盾律的要求（两否定命题不可同时为真），从而确定被反驳论题的虚假。其步骤为：

① 设立反论题，此反论题与被反驳论题具有矛盾关系或反对关系；

② 独立证明反论题的真实性；

③ 根据矛盾律，由反论题的真确定被反驳论题必假。

资料卡片

逻辑学习小窍门

1. 要充分重视公式的作用，学会从形式上分析问题。

普通逻辑中有许多诸如"所有 S 是 P""p 或者 q"之类的公式，有的公式中还包含一些专门的符号，如∧、∨、→等，这是逻辑学的一个重要特点。

2. 要在理解基本原理上下功夫，不能满足于死记硬背。

学习逻辑要重在理解，对一些基本概念的定义、主要推理的规则等要多问几个"为什么"，不仅要知其然，而且要知其所以然，要把握这些逻辑原理的实质。

3. 要认真完成一定数量的练习，注意理论联系实际。

第三节　信息处理能力

一、Word 基本操作

（一）新建、打开和保存

有多种新建 Word 文档的方式，例如，使用文件菜单中的"新建"命令，使用快捷键 Ctrl＋N 新建文档，在资源管理器中使用新建命令等。

打开 Word 文档也有多种操作方式，例如，直接双击某个 Word 文档；选择文件菜单中的"打开"命令；在 Word 文档上右击，在弹出的快捷菜单中选择"打开"；在 Word 中使用快捷键 Ctrl＋O 打开。

保存 Word 文档也有多种操作方式，例如，单击文件菜单中的"保存"命令，单击常用工具栏下的"保存"按钮，使用快捷键 Ctrl＋S 保存。

（二）输入文字

在 Word 文档中，英文和数字可以直接输入。如果输入汉字，应选择一种输入法。用键盘输入，可以使用快捷键切换各种输入法、中英文标点符号以及全角和半角字符。

(1) 使用快捷键 Ctrl＋Space 可以在英文和当前中文输入法之间进行切换；

(2) 使用快捷键 Ctrl＋Shift 可以在英文和中文各种输入法之间进行切换。

(3) 使用快捷键 shift＋Space 可以在全角和半角之间切换。

(4) 使用快捷键 Ctrl＋. 可以在中英文标点符号之间切换。

（三）输入符号

在 Word 编辑过程中，需要使用一些键盘上没有的符号，可利用 Word 中的符号和特殊符号输入。操作方式为：选择"插入/符号/其他符号"命令，出现"符号"对话框。"符号"对话框有两个选项卡，"符号"选项卡可以插入各种符号；"特殊字符"选项卡可以插入一些常用的印刷符号，如商标符、注册符、小节符等。

（四）插入

Word 的默认状态是插入方式，没有改变这种状态时，输入的字符插入到插入点所在的位置，原位置的字符向后移动。如果要在插入方式和改写方式之间切换，可以单击状态栏的"改写"图标，或按 Insert 键。"改写"变成黑色，进入改写状态，即新输入的字符覆盖插入点后边的字符。

（五）删除和撤销

当需要删除一两个字符时，可以直接用 Delete 或 Backspace 键。当删除的文字很多时，就需要先选定删除的文本，然后再按 Delete 键删除，或者用鼠标单击常用工具栏中的"剪切"按钮，或在编辑菜单中选择"剪切"命令。

需要说明的是，按 Delete 键后，选定的内容被删除并且不送入剪贴板中；而用鼠标单击常用工具栏中的"剪切"按钮后，选定的内容被删除，但同时送入剪贴板中。如果删除文本出现了误操作，或者希望恢复最近刚被删除的文字，可以用鼠标单击常用工具栏中的"撤销"按钮，或在编辑菜单中选择"撤销键入"命令，再或者使用快捷键 Ctrl＋Z。通过不断执行该命令，可以撤销最近若干次的键入操作。

（六）剪切、复制和粘贴

剪切文本需要先选定文本，接着使用"编辑/剪切"命令，或单击常用工具栏上的"剪切"按钮图标，或使用快捷键 Ctrl+X，将文本存放在剪贴板。

复制文本的操作与剪切类似，只是将"剪切"命令换成"复制"，或使用快捷键 Ctrl+C。

粘贴文本应使用"编辑"菜单中的"粘贴"命令，或单击常用工具栏上的"粘贴"按钮，或使用快捷键 Ctrl+V，则剪切板中的内容将被粘贴到指定位置。

（七）查找与替换

Word 提供了自动查找和替换功能，能够方便地解决在文档中查找某个字符或用新的字符替换已有的字符的问题。

查找字符：选择"编辑/查找"命令，在弹出的"查找和替换"对话框中选择"查找"选项卡，在"查找内容"框输入要查找的文本。查找内容最多为 255 个字符。查找功能的快捷键是 Ctrl+F。

替换文本：在"查找和替换"对话框选择"替换"选项卡，在"查找内容"框中输入要被替换的目标文本，在"替换为"框中输入用来替换的新文本。替换功能的快捷键是 Ctrl+H。

（八）分隔符

Word 的"分隔符"用来在插入点位置插入换行符、分页符、分栏符或分节符。操作方式为：单击"插入/分隔符"命令，弹出"分隔符"对话框。

（九）页眉、页脚

用户可以在页面视图下对该文档任意页面执行"插入"选项卡中的"页眉"或"页脚"操作，插入页眉、页脚后会自动进入页眉、页脚"设计"工具栏。页眉、页脚中可插入日期和时间、图片、剪贴画等内容，还可以设置首页不同、奇偶页不同等多种样式。

【历年真题】

【5-30】在 Word 中，下列操作不能实现的是（　　）。
A. 在页眉中插入日期　　　　　　B. 建议奇偶页内容不同的页眉
C. 在页眉中插入分页符　　　　　D. 在页眉中插入剪贴画

【参考答案】C。解析：分页符是分页的一种符号，在一页结束以及下一页开始的位置。Word 可插入一个"自动"分页符（或软分页符），或者通过插入"手动"分页符（或硬分页符）在指定位置强制分页，但在页眉中无法插入分页符。所以，正确选项是 C。

（十）文档的保存

保存文档有三种操作方式：① 选择"文件/保存"命令；② 选择"文件/另存为"命令，在出现的"另存为"对话框中，可以设置文档名、存储类型和存储路径；③ 单击"常用"工具栏上的"保存"按钮。按钮。

（十一）选中文本

（1）用鼠标选定文本。

① 选中一行字符：单击一行文字左侧。

② 选中连续字符：在字符开始处单击，然后按住 Shift 键单击结束位置。
③ 选中一行：选定栏，单击鼠标左键。
④ 选中连续多行：左侧选择区拖动鼠标。
⑤ 选中一个段落：双击段落左侧或三击段落中任意位置。
⑥ 选中不相邻的多段文字：按住 Ctrl 键，同时拖动鼠标依次选中不同位置的待选文字。
⑦ 选中整个文档：将鼠标指针移到文本选定栏上，三击鼠标左键。

（2）用键盘选定文本。
① 向左（右）选中一个字符：Shift ＋←（→）。
② 向上（下）选中一行：Shift＋↑（↓）。
③ 选中到行首（行尾）：Shift＋Home（End）。
④ 选中到段落开始（结尾）：Ctrl＋Shift＋↑（↓）。
⑤ 选中到文档开始（结尾）：Ctrl＋Shift＋Home（End）。
⑥ 选中整个文档：Ctrl＋A。

（十二）字体设置和段落设置

字体设置，包括对字体、字形、颜色、字号、字符间距、动态效果等字体格式的设置。可以在"开始"选项卡中的字体功能区进行设置，也可以选中该文字，在右键快捷菜单中选择"字体"，在弹出的"字体"对话框中设置。字体设置对话框的详细介绍如图 5-7 所示。

段落设置，包括对段落的对齐方式、缩进方式、行间距与段间距等段落格式的设置。可以在"开始"选项卡中的段落功能区进行设置，也可以选中该文字，在右键快捷菜单中选择"段落"，在弹出的"段落"对话框中设置。段落设置对话框如图 5-8 所示。

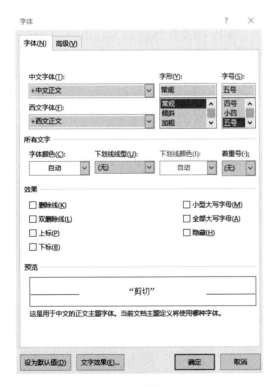

图 5-7　字体设置对话框

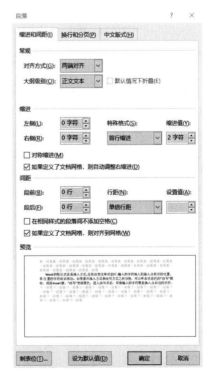

图 5-8　段落设置对话框

二、Excel 基本操作

（一）常用术语

1. 工作簿

工作簿是指用来保存并处理表格数据的 Excel 文件，Excel 工作簿文件的扩展名为 ".xlsx"或".xls"。

2. 工作表

工作表是一个由行和列构成的二维表格，是工作簿中一个相对独立的数据编辑区域。每个工作簿可以包含若干个工作表。用户可以在工作表标签处通过右键快捷菜单添加或者删除工作表。

3. 行和列

默认情况下，行号用数字表示，列号用字母表示。

4. 单元格

行和列的交叉部分是一个单元格，可以输入文本、数值、公式等内容。每个单元格都有一个唯一的名称，由所在列的列号和所在行的行号组成，如 A1（列号为 A，行号为 1）。用户当前正在编辑的单元格称为当前单元格，也称为活动单元格。

5. 单元格区域

区域是指连续的单元格，一般用"左上角单元格名：右下角单元格名"标记，如 A1：D5，包含从 A1 至 D6 区域内的 6 行、4 列，共 24 个单元格。

（二）函数的使用

1. 求和函数 SUM

求和函数"SUM(number1,number2,…)"：计算所有参数数值的和。其中，"number1,number2,…"代表需要计算的值，可以是具体的数值、引用的单元格（区域）、逻辑值等。

2. 平均值函数 AVERAGE

平均值函数"AVERAGE(number1,number2,…)"：求出所有参数的算术平均值。

3. 最小值函数 MIN

最小值函数"MIN(number1,number2,…)"：求出一组数中的最小值。其中，"number1,number2,…"代表需要求最小值的数值或引用单元格（区域），参数不超过 30 个。

4. 最大值函数 MAX

最大值函数"MAX(number1,number2,…)"：求出一组数中的最大值。其中，"number1,number2,…"代表需要求最大值的数值或引用单元格（区域），参数不超过 30 个。

5. 计数函数 COUNT

计数函数"COUNT（value1,value2,…）"：计算参数列表中的数字项的个数。其中，"value1,value2,…"是包含或引用各种类型数据的参数（1～30 个）。

6. 绝对值函数 ABS

绝对值函数"ABS(number)"：求出相应数字的绝对值。其中，"number"代表需要求绝对值的数值或引用的单元格。

7. 取整函数 INT

取整函数"INT(number)"：将数值向下取整为最接近的整数。其中，"number"表示需要取整的数值或包含数值的引用单元格。

8. IF 函数

IF 函数"IF(logical_test,value_if_true,value_if_false)":根据对指定条件的逻辑判断的真假结果,返回相对应的内容。其中,"logical_test"代表逻辑判断表达式;"value_if_true"表示当判断条件为逻辑"真(TRUE)"时的显示内容,如果忽略返回"TRUE";"value_if_false"表示当判断条件为逻辑"假(FALSE)"时的显示内容,如果忽略返回"FALSE"。

(三) 数据排序

对数据进行排序是在数据分析过程中不可缺少的操作步骤,排序就是按一定规则对表格进行升序或降序的整理和排列,为数据的进一步处理做好准备。

1. 简单排序

简单排序是指对单一字段按升序或降序排列,可利用工具栏的"升序排序"或"降序排序"按钮,或单击"数据"菜单,选择"排序"命令,进行排序。

2. 复杂排序

当排序的字段(主要关键字)有多个相同的值时,可根据另外一个字段(次要关键字)的内容再排序。以此类推,可使用最多 3 个字段进行复杂排序。利用"数据"菜单中的"排序"命令可实现复杂排序。其中,主要关键字不能为空。

(四) 数据筛选

数据筛选只显示数据清单中满足条件的数据,不满足条件的数据暂时隐藏起来,但没有被删除。当筛选条件被删除时,隐藏的数据便恢复显示。

1. 自动筛选

"自动筛选"一般用于简单的条件筛选,筛选时将不满足条件的数据暂时隐藏起来,只显示符合条件的数据。操作步骤为:"数据"—"筛选"—"自动筛选",或在工具栏选项中设置。

2. 高级筛选

"自动筛选"对各字段的筛选是逻辑"与"的关系,若要实现逻辑"或"的关系,必须借助高级筛选。使用"高级筛选"除了有数据清单区域外,还可以在数据清单以外的任何位置建立条件区域,条件区域至少两行,且首行为与数据清单相应字段精确匹配的字段。同一行上的条件关系为逻辑"与",不同行之间的条件关系为逻辑"或"。

"高级筛选"一般用于条件较复杂的筛选操作,其筛选的结果可显示在原数据表格中,不符合条件的记录被隐藏起来;也可以在新的位置显示筛选结果,不符合条件的记录同时保留在数据表中而不会被隐藏起来。操作步骤为:"数据"—"筛选"—"高级筛选"。

【历年真题】

【5-31】Excel 中利用条件"数学>70"与"总分>350"对考生成绩数据表进行筛选后,显示的结果是(   )。

A. 所有数学>70 的记录
B. 所有总分>350 的记录
C. 所有数学>70 并且总分>350 的记录
D. 有数学>70 或者总分>350 的记录

【参考答案】C。解析：Excel 中，筛选条件之间是"和"的关系，筛选结果同时满足所有条件。因此，利用条件"数学＞70"与"总分＞350"对考生成绩数据表进行筛选后，显示的结果是所有数学＞70 并且总分＞350 的记录。所以，正确选项是 C。

（五）分类汇总

分类汇总就是对数据清单按某字段进行分类，将字段值相同的连续记录作为一类，进行求和、平均、计数等汇总运算。针对同一个分类字段，可进行多种汇总。使用分类汇总之前，要对分类汇总的列进行排序，并且要保证数据格式是清单格式，数据清单中不能有空列或空行。

（六）图表的建立

图表可以用来表现数据间的某种相对关系，我们一般运用柱形图比较数据间的多少关系，用折线图反映数据间的趋势关系，用饼图表现数据间的比例分配关系等。运用 Excel 的图表制作可以生成多种类型的图表，生成图表的数据源发生变化时，图标会自动更新。

【历年真题】

【5-32】在 Excel 中，当数据源发生变化时，所对应图标的变化情况是（　　）。
A. 手动跟随变化　　　　　　B. 自动跟随变化
C. 不会跟随变化　　　　　　D. 部分图标丢失
【参考答案】B。解析：运用 Excel 的图表制作可以生成多种类型的图表，生成图表的数据源发生变化时，图标会自动更新。

（七）工作表进行插入、删除、移动、复制与重命名操作

插入工作表方法：单击工作表标签→"插入"菜单→"工作表"命令。
删除工作表方法：单击要删除的工作表标签→"编辑"菜单→"删除工作表"命令→"确定"。
移动工作表方法：单击要复制的工作表标签→拖动。
复制工作表方法：单击要复制的工作表标签→拖动的同时按下 Ctrl 键。
重命名工作表方法：双击要重命名的工作表标签→输入新名字→按回车键。

三、PowerPoint 基本操作

（一）PowerPoint 常用功能

1. PowerPoint 常用术语

演示文稿：由一张或多张幻灯片组成，一般除了包括幻灯片外，还可以包括讲义、备注、大纲、格式信息，扩展名是".ppt"或".pptx"。

幻灯片：演示文稿的基本构成单位，每张幻灯片不仅包括文字和图片，还可以有声音、视频、图像和动画效果。

模板：是一种特殊的文件，包含一套预先定义好的颜色和文字特征的信息，可以支持用户快速制作幻灯片。

幻灯片版式：是一些对象标识符的集合，在不同的标识符中可以插入不同的内容，比如文字、图表、剪贴画等。每种版式有不同的对象标识和排列位置。

2. 应用版式

PowerPoint 提供了数十种幻灯片版式。每种版式用于在幻灯片上安排标题、正文、图标、表格或剪贴画等的相对位置。在使用设计模板改变演示文稿的整体布局后，可以应用版式来设计某张幻灯片的结果。

应用版式的方法是：单击所选的版式后面的向下箭头，在弹出的快捷菜单中包括了"应用于选定幻灯片""重新应用样式"和"插入新幻灯片"命令。

（二）演示型课件的制作

演示型课件主要应用于课堂教学中，在多媒体教室或多媒体网络环境下，由教师向全体学生播放多媒体教学软件，演示教学过程，创建教学情境或进行标准示范等，将抽象的教学内容用形象具体的形式表现出来。

1. 创建一个新的演示文稿

启动了 PowerPoint 之后会自动创建一个名为"演示文稿 1"的空白演示文稿，也可使用"新建"命令或快捷键 Ctrl+N 新建一个空白的演示文稿。空白演示文稿的第一张默认为标题幻灯片。在空白演示文稿中可以输入文本，插入幻灯片、图片、剪贴画、表格、声音和视频等各种对象，从而创建一份图文并茂的演示文稿。

2. 编辑演示文稿

(1) 输入文本。

① 占位符中输入文本。在占位符中添加文本，可直接单击占位符中的示意文字，示意文字消失，再输入所需文字即可，单击占位符外的区域便退出编辑状态。

② 使用文本框输入文本。选择"插入"菜单中的"文本框"命令，根据文本要求，选择"横排文本框"或"竖排文本框"，然后再输入文字。

(2) 设置文本格式。

选定需要设置的文本，单击"格式"工具栏上的相应按钮，或者选择"格式/字体"命令，打开"字体"对话框，设置字体、字形、字号、效果、颜色等。

(3) 插入剪贴画或图片。

选择"插入/图片/剪贴画"命令，打开"插入剪贴画"对话框，在所需的"文件类型"下选择需要的剪贴画，单击"插入"按钮即可；或者选择"插入/图片/来自文件"命令，找到图片所在的文件夹，选择需要插入的图片，单击"插入"按钮，图片插入到幻灯片中，调整其大小和位置。

(4) 插入艺术字。

使用文本框输入的文字在颜色和形状上都缺乏变化，而艺术字就可以用于制作丰富多彩的文字。选择"插入/图片/艺术字"命令，打开对话框后选择一种艺术样式，并进行相应的字体格式设置。

(5) 插入图表。

选择"插入/图表"命令，将插入一个图表，并打开一个数据表。在数据表中直接修改图表横轴或纵轴的坐标文字以及相应的数据内容，图表会随着发生变化。还可以从文本文件中导入数据，或插入 Excel 工作表或图表。

(6) 插入媒体文件。

① 插入影片或声音，选择"插入/影片和声音"命令，选择"剪辑管理器中的影片（或剪辑管理器中的声音）"选项，在剪贴画任务栏中选择所需的影片（或声音）的类别，然后单击要插入的影片（或声音），从弹出的菜单中选择插入即可。

②播放乐曲文件。如果希望在播放幻灯片时,能有一些高质量的音源,可以插入音乐。具体操作步骤同上,只要选择"插入/影片和声音/播放乐曲"命令,在对话框中进行相应的设置就可以了。

【历年真题】

【5-33】下列选项中,有关 PowerPoint 演示文稿的表述,正确的一项是(　　)。
A. 演示文稿中幻灯片版式必须一致　　B. 模板可以为幻灯片设置统一外观
C. 只能在窗口中打开一个演示文稿　　D. 用"新建"菜单可添加新幻灯片
【参考答案】B。解析:每张幻灯片可以使用不同的版式,选项 A 错误;模板可以为幻灯片设置统一外观,选项 B 正确;一个窗口可以同时打开多个演示文稿,编辑时可以相互切换,选项 C 错误;"新建"菜单可以新建一个演示文稿,不可以添加新幻灯片,选项 D 错误。所以,正确选项是 B。

3. 演示文稿的浏览

进行演示文稿浏览时,一般有以下几种视图方式(不同版本的 PowerPoint 有细微的差别)。

(1)普通视图。普通视图可以用于输入、编辑和排版演示文稿。

(2)大纲视图。大纲视图主要是用于输入和修改大纲文字,当课件的文字输入量较大时,使用这种方法进行编辑较为方便。

(3)幻灯片视图。幻灯片视图不仅可以清晰地显示文稿的效果,而且可以从细节方面对演示文稿的单个幻灯片进行进一步的设置和修饰。

(4)幻灯片浏览视图。幻灯片浏览视图是以缩略图形式显示幻灯片的所有视图,结束创建或编辑演示文稿时,幻灯片浏览视图将给出演示文稿的所有幻灯片。

(5)幻灯片放映视图。幻灯片放映视图占据整个显示器屏幕,就像是一个实际的幻灯片放映演示文稿。在该视图中,用户可以看到图形、影片、动画元素以及将在实际放映中看到的切换效果。

4. 设置演示文稿的放映效果

(1)添加动画效果。

添加动画效果的具体操作步骤如下:①打开想要添加动画的幻灯片;②执行"幻灯片放映/自定义动画"命令;③选中要添加自定义动画的对象;④在"自定义动画"任务窗格中单击"添加效果"按钮。

(2)设置幻灯片间的切换效果。

所谓幻灯片切换效果,就是幻灯片的放映过程中前后两张幻灯片之间换片的效果,即当前页以何种方式消失,下一页以何种方式出现。

设置幻灯片切换效果的具体操作步骤如下:①选择要设置切换效果的连续的或不连续的多张幻灯片(也可以只选一张)。②单击"幻灯片放映/幻灯片切换"命令,将弹出幻灯片切换任务窗格。③在应用于所选幻灯片列表框中选择一种切换方式,然后在修改切换效果选项区中设置切换的速度和声音。④在换片方式选项区中选择换片方式。⑤如果要将切换效果应用到演示文稿中的所有幻灯片,可单击"应用于所有幻灯片"按钮,否则只应用于选中的幻灯片。⑥设置完毕后,单击"播放"或"幻灯片放映"按钮,即可看到已设置好的切换效果。

(3) 自定义放映幻灯片。

自定义放映幻灯片就是根据已经做好的演示文稿自定义放映制定的幻灯片,并设置放映的顺序。

自定义放映幻灯片的具体操作步骤如下:① 单击"幻灯片放映"菜单下的"自定义放映"命令,弹出自定义放映对话框。② 在该对话框中单击"新建"按钮,弹出"定义自定义放映"对话框,在演示文稿中的幻灯片列表框中列出了当前演示文稿中的幻灯片,从中选择要自定义放映的幻灯片。③ 单击"添加"按钮,在自定义放映中的幻灯片列表中会显示被选中的幻灯片,单击"确定"按钮,刚才定义的放映设置就被添加到自定义放映对话框中。单击"放映"按钮即可预览放映的幻灯片。

【历年真题】

【5-34】下列设置中,能使幻灯片中的标题、图片、文字等按顺序呈现的是( )。
A. 设定放映方式　　　　　　　　B. 切换幻灯片
C. 链接幻灯片　　　　　　　　　D. 自定义动画
【参考答案】D。解析:自定义动画能使幻灯片上的文本、形状、声音、图像、图表和其他对象具有动画效果,这样就可以突出重点、控制信息的流程,并提高演示文稿的趣味性。所以,正确选项是 D。

5. 添加超链接

PowerPoint 提供了功能强大的超链接功能,使用它可以在幻灯片与幻灯片之间、幻灯片与其他外界文件或程序之间以及幻灯片与网络之间自由地转换。在 PowerPoint 中我们可以使用以下三种方法来创建超链接:利用"动作设置"创建超链接,利用超链接按钮创建超链接,利用动作按钮来创建超链接。

第四节　写 作 能 力

写作:成功的阶梯

今天,在校报的第四版,一些字眼儿让我的目光久久停驻……"写作能力也是做好工作的必备素质,实习期间,应用写作的机会很多,领导和同志多次问我文笔如何,会不会写材料。一位毕业的校友说:'我们工作中要经常写材料,与上级沟通要写请示、报告,有重要的事情要写通知,还要定期写工作总结、汇报等。没有一定的写作能力,就不能很好地完成工作。那些写作能力很强的人往往在事业上发展得更加顺利,我现在就后悔自己没有勤练笔。'"

所以我的朋友们,不论你是什么专业,不论你未来从事什么工作,都离不开写作,较强的写作能力一定会让你的事业蓬勃向上。[①]

确实,写作是每个人生活中不可或缺的,对个人发展来说非常重要。那么,写作是什么?又该如何写作?下面将介绍写作的基本知识以及各种文体的基本写作策略,特别是材料作文的应对策略。

---

① 作者根据公开资料改编。

一、基本的文体知识

现代文体大致可以分为实用文体与文学文体两大类。实用文体又可分为记叙文（消息、通讯、回忆录、传记、家史等）、议论文（政论、评论、序跋、杂文、学术论文等），说明文（科普说明文、辞书、教科书、说明书等），应用文（条据、规约、书信、公文、各类文书等）等四大类。文学文体又可分为散文（议论散文、叙事散文、抒情散文），小说（长篇小说、中篇小说、短篇小说、微型小说），诗歌（抒情诗、叙事诗、散文诗），戏剧文学（话剧、歌剧、歌舞剧、戏曲）等。下面主要介绍记叙文、说明文和议论文的文体常识。

（一）记叙文

记叙文是以记人、叙事、写景、状物为主要内容，以记叙、描写为主要表达方式的文体。记叙文按内容分为记人、叙事、写景和状物四类。

记叙文包括六大要素：时间、地点、人物，事情的起因、经过、结果，但并非缺一不可。记叙的顺序主要有顺叙、倒叙、插叙。顺叙是按事情发展的先后顺序写。倒叙是把事情的结果或某个最突出的片段安排在文章的开头，再写事情的经过。插叙是在顺叙过程中插入另一些与所记叙的事情有关的情节。记叙的线索是指贯穿文章的主线。

记叙文的表述中心是作品所反映的生活和作者对生活的看法。与表达中心有直接关系的主要材料要详写，对表达中心起辅助作用的次要材料要略写，与表述中心无关的材料要舍弃不写。记叙文中的描写包括景物描写和人物描写。景物描写包括社会环境描写和自然环境描写。人物描写包括外貌（肖像、神态）描写、语言描写（对话）、行动（动作）描写和心理描写。

（二）说明文

说明文是以说明为主要表达方式来解说事物、阐明事理的一种文体。

说明文按说明对象分为事物说明文和事理说明文，按说明方式分为平实性说明文和文艺性说明文（又称科学小品或知识小品）。

说明的顺序有时间顺序、空间顺序和事物内部联系（逻辑）顺序三种。事物内部联系有：从现象到本质、从原因到结果、先总说后分说、先主要后次要、由性能到功用、从整体到局部等。

说明方法有下定义、分类别、举例子、作比较、列数字、打比方、作引用、用图表等。说明文的语言要准确。说明文中的描写是为了把说明对象的特征说明得具体形象。

（三）议论文

议论文是以议论为主要表达方式的文体。

议论文三要素是论点、论据、论证方法。论点是作者对议论的事物或问题所持的见解和主张，分为中心论点和分论点。论点要求正确、鲜明。论据是用来证明论点的事实和道理。论据分为事实论据（包括事例、史实、数据）和理论论据（包括科学原理、定律、公式、名人名言、谚语）。论据必须真实、充分。观点统率材料，材料为观点服务。论点和论据的关系是被证明与证明的关系。论证是运用论据证明论点的过程和方法。论点解决"需要证明什么"的问题，论据解决"用什么来证明"的问题，论证解决"怎样证明"的问题。基本的论证方法有摆事实、讲道理、既摆事实又讲道理三种。常见的论证方法还有举例论证（例证法）、比喻论证（喻证法）、引用论证（引证法）和正反对比论证（对比法）。

议论文一般由引论（提出问题）、本论（分析问题）、结论（解决问题）三部分组成。分析问题的结构有两种：一是层层递进，二是并列展开。

议论文按表达方式分为理论性较强的议论文和文艺性较强的议论文两种。按论证方式分为立论与驳论。立论是就一定的事件和问题正面阐明自己的见解和主张。驳论是就一定的事件和问题发表议论,批驳片面的、错误的,甚至反动的见解和主张,从而树立自己的正确论点。批驳的方法有三种:驳论点、驳论据、驳论证方法。议论文中的记叙是为议论文提供论据,要求简洁概括,不做过细的记叙和描写。议论文的语言特点是准确、严密。

二、组织、剪裁、提炼材料

文章的中心思想是文章的核心,是通过具体材料表现的。人们在实际生活中,接触到各式各样的人和事,接触到大量的实际材料,获得多方面的切身体验。对于这些材料和体验,运用正确的立场、观点和方法,仔细进行分析和研究,就逐步形成了正确的中心思想。写文章必须从实际出发,要从具体材料中提炼出中心思想来。

文章的中心思想确定后,还要根据表达中心思想的需要来选择材料和组织材料,要学会剪裁,讲究详略,分清主次,选取那些最能体现中心思想的材料作为重点来写。有的材料适合正面使用,有的材料适合侧面使用,凡是跟中心思想无关的材料,一概不用。只有这样,才能把文章的中心思想表达得鲜明、突出,给人留下深刻的印象。

在文章写作过程中,处理中心思想和材料的关系时,容易犯以下错误:

(1)缺乏具体材料,空洞地讲一些话,不能反映要议论的或要说明的情况,不能感动人或不能说明问题;

(2)没有明确的中心思想,光把材料一一罗列出来,或者是从头到尾记一本流水账,说了半天还不知道究竟说个什么意思;

(3)有了材料,也确定了中心思想,却不善于围绕中心思想进行选材和组材,有的是材料和观点不相适应,有的是使用材料详略不当,以致影响了中心思想的表达。

三、文章结构层次谋篇布局

写好一篇文章,除了要有正确、鲜明的论点,要有充实可靠的论据和恰当的论证方法外,还必须合理地安排文章结构。

动笔之前要认真研究在文章所阐述的观点和材料之间、材料和材料之间的联系,从而形成对客观事物的正确认识,这样思路才会清晰,文章的结构安排才会合理。采取什么方式组织材料、安排文章结构,要根据具体情况而定。以议论文为例,常见的结构形式有以下六种。

(一)先总后分式

这是演绎推理居于主导地位的一种结构形式,又称为"演绎式"。这种形式的特点是先概括地总提,然后具体地分述,即先合后开,在文章的开头提出中心论点,然后从不同方面,分若干层次进行论述。

(二)先分后总式

这是归纳推理居于主导地位的一种结构形式,可称作"归纳式"。这种结构形式的特点是先具体地分层论述,然后概括地归纳论点,即先开后合,先从不同方面一层层进行论述,到文末得出结论。

(三) 总分总式

这是演绎法和归纳法结合使用的结构形式,又称为"演归式"。这种结构形式的特点是先概括地总提,再具体地分述,最后总结,即在文章的开头提出中心论点,中间分层展开论证,文末得出结论。整篇文章按照"合开合"的次序进行。

(四) 分总分式

这是归纳法和演绎法结合使用的结构形式,又称为"归演式"。这种结构形式的特点是从叙述、分析事实写起,从事实中概括出论点,然后又展开论述。整篇文章是顺着"开合开"的次序进行,开头分述,中部总括,最后又分述。

(五) 递进式

递进式结构是指文章各层次之间是层层深入、步步推进的关系。文章各层次间的前后顺序有严格的要求,不能随意变动。

(六) 并列式

文章的层次、段落之间的关系是平行的,就是并列式结构。此种"并列",可以用在分论点和分论点之间的并列,也可用在几个论据之间的并列。并列关系的层次顺序可以灵活安排,一般把最重要的放在前面,或把并列的几个方面按高低、大小、前后的顺序排列起来。

以上六种结构形式,有时单独使用,有时可以在同一篇文章中并用。结构安排好了,文章的条理自然清楚。

☆知识要点☆

现代文体大致可分为实用文体和文学文体。**考生特别要注意的是议论文,要根据立意选择材料、布局谋篇。**在具体论证时,可以用递进、并列、总分总、分总分、先分后总、先总后分等多种方式进行。

四、语言的运用

写作时必须用到语言,在运用语言时要做到准确、鲜明、生动。

(一) 准确

所谓准确,是指写作时遣词造句要能恰当地表达事物的特征和作者的思想感情。要注意辨析同义词,掌握词语的内涵和外延,做到用词妥帖、轻重合宜。其中,特别要注意选词与组词准确。

1. 选词准确

我们先来看两个句子。

(1) 同学们的试验,即使失败了,也还是有收获的。

(2) 同学们的试验,虽然失败了,也还是有收获的。

这两个句子,前者用"即使"说明试验还没进行,作者在鼓励学生大胆去试;而后者用的词是"虽然",那就是说试验已经结束,而且失败了。一词之差,意思完全不一样。

再如,唐代诗人贾岛《题李凝幽居》中的"鸟宿池边树,僧敲月下门",原来是"鸟宿池边树,僧推月下门"。"敲"与"推"一字之差,表达的意境却完全不同,一个"敲"字把月夜的幽静与柔美表达得淋漓尽致。

2．组词准确

每个词都有自身的独特含义，与别的词组合恰当与否，会产生完全不同的效果。如下面两个句子：

（1）这个问题很简单，同学们只要稍微沉思一下便可以回答。

（2）我们认为美国这些侵略行为应该被制止，亚洲的和平应该得到保证，亚洲各国的独立和主权应该得到尊重，亚洲人民的权利应得到保障，对亚洲各国的干涉应该停止，在亚洲的外国军事基地应该撤除，日本军国主义的复活应该防止，一切经济封锁与限制应该取消。

句子（1）显然是组词不当，既然"很简单"，那就不需要"沉思"了；另外，"稍微"作为"沉思"的修饰词也不妥当。句子（2）则是组词得当的典范，如"侵略行为"配"制止"，"和平"配"保证"，"独立和主权"配"尊重"，"权利"配"保障"，"干涉"配"停止"，"军事基地"配"撤除"等，词语组合得恰到好处。

总体说来，要做到语言表达准确需要注意下列几点。

（1）符合特定的情境。

（2）符合事理及对象。符合对象是指用词要符合特定的身份地位，正确地运用谦尊称呼。

（3）正确使用口语、书面语。口语通俗易懂，书面语则庄重典雅。它们并无优劣之分，只是使用的场合不同而已。

（4）准确表达范围、程度及心理活动。

此外，还要注意用词的规范、语序的顺畅、句子的完整等语法规范。

（二）鲜明

语言表达"鲜明"，就是要情感鲜明、观点鲜明、个性鲜明、见解独到。我们来看下面这个例子。

朝鲜民主主义人民共和国无视国际社会的普遍反对，悍然实施核试验，中国政府对此表示坚决反对。实现半岛无核化，反对核扩散是中国政府坚定不移的一贯立场。中方强烈要求朝方信守无核化的承诺，停止一切可能导致局势进一步恶化的行动，重新回到六方会谈的轨道上来。

这是一段我国外交部新闻发言人对朝鲜核试验表达的态度。文中"坚决反对""强烈要求"等词语清楚表达了我国所持的鲜明的态度。

要做到语言表达鲜明，应注意以下几点。

1．精确选用词语

在选用词语方面，尤其要注意对动词、形容词、副词的选用，不要使用诸如"可能""大概""也许""左右"等不确定的词来表明态度与观点，多使用"坚决反对""完全错误""绝不能"等词语来表明自己所持的鲜明态度。

2．运用感情色彩词语

在表达不同的态度与感情时，可以通过选择词义的褒贬来实现。感情色彩鲜明的褒贬义词语可以增强语言表达的效果，那些感情色彩不鲜明的中性词，只要结合好语境，同样也可以具有强烈的效果，增加语言表达的鲜明特点。表达时如果能做到感情色彩鲜明，则可以突出所要表达的事物特征。

3. 恰当选用句式

在语言表达中,要注意句式的变换,一定的句式表露一定的感情,句式变了,句意也会产生变化。如用肯定的语气来表明观点,可以选用双重否定、反问句式来加强语气,使自己观点的表达更加鲜明而强烈。还要注意整句与散句的使用。整句形式整齐,声音和谐,气势贯通,意义鲜明,适合于表达丰富的感情,能给人以深刻而鲜明的印象。另外,如能恰当地使用反问、排比、对偶,也能增强语言的鲜明感。

4. 句子简洁明快

要注意语言通俗明白,不生造词语,不用冷僻词语,不随便使用文言词和文言句式;要注意尽量用简洁明快的短句,不随便使用结构复杂、晦涩难懂的长句。

（三）生动

描写事物,状形则形象毕现,绘色则色彩鲜明,摹声则声声真切,抒情则慷慨激昂、深沉柔婉。说理则举例引用,比喻则形象生动。总之,生动的语言应该达到如见其人、如闻其声、如历其境、如感其情的生动活泼的效果。请看下面两种表达,并比较哪句更生动。

（1）荷塘上面,铺满了大大小小的荷叶,风吹来的时候,会闻到荷花的香气。

（2）曲曲折折的荷塘上面,弥望的是田田的叶子。叶子出水很高,像亭亭的舞女的裙。微风过处,送来缕缕清香,仿佛远处高楼上渺茫的歌声似的。

很显然,句子（2）要比句子（1）生动得多,因为它运用了比喻、通感的修辞方法,生动地再现了荷叶的形态和荷花的香气。

写作时注意下列几项可以增加语言的生动性。

（1）利用修辞增加语言的生动性。

（2）幽默风趣的话语会增加语言的生动性。

（3）使用形象、新颖的语言。

☆ **知识要点** ☆

语言的运用要做到准确（选词准确、组词准确）、鲜明（精确选词、多用色彩词、恰当选用句式、句子简洁明快）和生动（修辞、幽默、形象、新颖）。

五、材料作文的写作

（一）材料作文的特点

材料作文是目前国内考试比较常见的命题方式,也是国家教师资格考试的基本题型。材料作文是指只给出一些文字或图画材料,要求考生根据所给文字或图画的内容自己命题（有时也会规定题目）进行写作。材料作文的特点是要求考生依据材料来立意、构思,材料所反映的中心就是文章中心的来源,不能脱离材料所揭示的中心来写作,故材料作文又叫"命意作文",即出题者已经把作文的"基本中心"提供给考生了。

一般而言,材料作文由材料和要求两部分组成。材料按形式分,有记叙性材料（故事、寓言等）、引语式材料和图画式材料。如下例:

一次佛陀在旅途中,碰到一个不喜欢他的人。连续好几天,好长一段路,那人用尽各种方法污蔑佛陀。最后,佛陀转身问那人:"若有人送你一份礼物,但你拒绝接受,那么这份礼物属于谁呢?"那人回答:"属于原本送礼的那个人。"佛陀笑着说:"没错。那如果我不接受你的谩骂呢?"那人哑口无言,羞愧地走了。

根据上述材料用白话文写一篇不少于800字的论说文,题目自拟。

材料作文具有下列特点。

(1) 要求考生依材料作文,或改写材料,或续写材料,或扩写材料,或根据材料写读后感,或针对材料中的"现象"写短评,考查的角度多种多样。

(2) 题型变化多样,可以是固定命题,也可以是自由命题;可以是半命题,也可以是无命题(如要求给材料中的人写信)。其中,以给一段材料、一个命题的情况居多。

(3) 文体比较单一,或记叙,或议论,或说明,不限文体的写作要求很少出现。

材料作文考查读写结合能力,考生要阅读、分析、提炼、联想、表达,才能完成写作任务。从考试角度看,由于它能极好地避开师生的猜题、押题,又能让所有考生有据而述、有感而发,所以是一种优秀的题型。

(二) 材料作文的写作要领

1. 读懂材料

材料作文的第一步是读懂材料,具体地说要进行两个"读":读题目、读材料。

(1) 读题目。

首先要读题目,理清题目的具体要求,特别是对文体和字数的要求;其次要注意是否自拟题目,如题目已作规定,那么必须根据规定的题目写作。

(2) 读材料。

读懂材料是材料作文写作的重要前提,没有读懂材料必然会模糊作文的立意,以致出现偏题或者离题的现象。读材料必须全面把握,切不可断章取义,执其一端,而要抓住重点,明白内容,理清关系,理解中心,为立意奠定一个较好的审题基础。全面把握材料和理解材料,不可从某一局部入手,只抓住只言片语不放,否则容易跑题;要抓住材料中的关键词语或语句,深刻理解其本质意义,这对于把握材料的中心思想很有帮助。

2. 分析材料

读懂材料后,必须对材料进行分析,这个过程需要认真地咀嚼、品味、联想、提炼。分析材料可以运用下列方法。

(1) 发现法:主要用于意义显豁、中心明确的材料。发现的目标,一是材料的中心句,二是材料中关于中心的提示。发现了这些内容,就找到了据以立意的突破口。

(2) 归纳法:主要用于意义明晰,但既无中心句,也无提示句的一则或多则材料。归纳出材料的中心意思,立意便有了立足之处。

(3) 提炼法:主要用于含义对立的对照型材料,从正反对比中、矛盾对立中、正误相对中提炼出材料所要表达的意图,以作立意的依据。

(4) 撷取法:主要用于多段式的材料,从一系列彼此并存的材料中撷取文题所需要的部分内容,并据此理清写作的线索。

(5) 揣摩法:主要用于喻义型、寓意型、象征型的材料,在反复体味、比较之中品评出材料的喻义、哲理、观点等,然后据此形成自己的观点。

通过上述种种方法明确材料的中心思想,为下一步的立意奠定基础。请阅读下面这份材料,看看你有什么想法。

一位雕塑家完成了一座非常美丽的雕像,有人问他:"你是怎样雕出这座完美的雕像的?"雕塑家回答:"这座雕像原来就在那里,我只是将它多余的边边角角去掉而已。"其实,在人生中,你就是那座雕像,只要去掉外面的边边角角,就能获得完美的自我!而那位出色的雕塑家,就是你自己。①

这份材料通过"雕像"与"个人成长"之间的类比,说明个人成长的道理。其核心是如何使自己成长。这里的关键词是"边边角角",核心理念是要注意联想到在自己成长过程当中多余的可以去除的一些东西,如不良的行为、习惯、语言、穿着等。但如果把重点放在如何"获得完美的自我",则没有抓住材料的中心,就有可能跑题。

3. 立意拟题

对材料进行阅读分析后,此时我们心中往往已经产生了一个主题,只要明确其中心思想,就能形成一个具体的题目。请阅读下面的文字,并确定你的立意或观点。

有一座直冲云霄的擎天峰。众多猴子受到了登山勇士的鼓舞,每年都要举行一次攀登擎天峰的体育竞赛,却从来没有任何一只猴子登上顶峰。

猴群中一位极有威望的长者说:"人,是宇宙之精华,是万物之主宰。尽管人有时比我们猴子爬得还低,但我们猴子永远爬不到人那样高。"众多猴子越来越相信,任何猴子都不可能登上擎天峰:"登上擎天峰肯定不行!""我们不能再做力所不能及的蠢事了!"

在这种舆论氛围的压力下,除了一只猴子还在坚持之外,其他的猴子开始泄气了,承认了自己的失败。最后,正是那只屡败屡战的猴子创造了奇迹,登上了擎天峰!

其他猴子都很想知道它究竟是怎么成功的,结果它们意外地发现:这只猴子原来是个聋子!

这则材料中的故事围绕"一件事"和"三个对象"来展开。"一件事"是指攀登擎天峰,"三个对象"是指猴群中的长者、其他猴子和聋猴。其他猴子没有登上擎天峰,而聋猴登上了,原因何在?初看似乎是信心、毅力和恒心的问题,因为材料中提到其他猴子泄气了,承认了自己的失败,而聋猴则屡败屡战。但我们再往深层一想,其他猴子为什么会泄气?聋猴为什么能做到屡败屡战?细读材料,不难发现,关键在于长者的话,其他猴子听到并相信了这些丧气话,而聋猴没有听到。可见,审题时要抓住这一关键,才最切合题意。根据以上分析,可确定如下立意:(1)不可轻信权威或长者;(2)不可妄自菲薄;(3)消极舆论的消极影响;(4)气可鼓而不可泄;(5)永不言弃。②

4. 谋篇布局

立意与题目确定后就可以开始写作了,下面是写作的基本策略。

(1)引:恰当地引用材料,既要在开头引述材料,还要在论证时回应材料,或摘要或概述,三言两语即可。

(2)议:是对材料中提供的信息进行分析议论,如对人物关系的分析,对结果的预测,对原因的追问等,目的是为提出观点做铺垫。这部分不能太长,百字左右即可。

(3)提:是指提出论点(或观点),文字简练,一两句话就可以,论点要明确。

(4)联:这是文章的关键,可由材料推开去,可联系历史人物、历史故事,可联系现实生活、今人今事;可以正面举例,也可以反面证明;可以摆事实,也可以讲道理。建议最少要举两个例子,一古一今或一正一反,多角度、多侧面地把中心论点阐述得深刻有力。

(5)深:是指深入分析。分析原因,说明好处(或危害),找出症结。

---

① 一个雕刻家的故事[EB/OL]. (2013-03-08)[2015-06-15]. http://zhidao.baidu.com/question/527584757.html.
② 方毅. 材料作文题库[EB/OL]. (2010-08-06)[2015-06-15]. http://www.pep.com.cn/gzyw/jszx/gkzl/gkfx/201008/t20100826_765458.htm.

(6) 结：是指收敛全篇，总结全文，宜对论述的问题有所深化，不要故作惊人之语。结尾应精炼有力，不要画蛇添足。

5. 注意事项

写材料作文时要注意以下几点。

(1) 选择某一角度，从材料中概括出写作的论题或论点。

(2) 作文中最好出现材料。

(3) 提供的材料可以作为写作中的论据。

(4) 对材料要进行概述；不能照抄材料。

☆ 知识要点 ☆

材料作文是国家教师资格考试的基本题型，写作时要注意先读懂材料，然后分析材料，进而立意拟题，最后谋篇布局。**考生应特别注意一定要结合材料进行，结构要完整。** 平时一定要注意多练习，特别要根据材料的主题思想提出论点，然后结合自身的体会写作。

本章知识结构

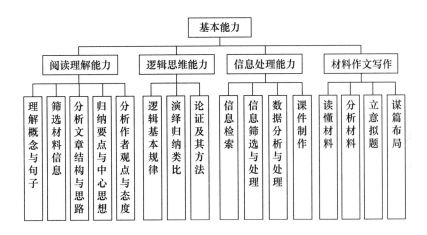

本章备考小结

（一）本章主要内容

1. 字词、概念、句子的理解；

2. 概括中心思想与分析作者观点；

3. 分析、综合、概括的方法；

4. 比较、演绎、归纳的方法；

5. Word、Excel、PowerPoint 的使用；

6. 常见的文体知识与写作要求；

7. 根据材料进行写作。

（二）本章的重点、难点

本章的重点有两个：一是阅读理解能力，特别是概念、句子的理解能力和归纳要点与概括中心思想的能力；二是写作能力，尤其是根据材料进行写作的能力。难点是句子的理解与材料作文。

（三）学习时注意的问题

1. 熟记 Word、Excel、PowerPoint 的一些基本操作。
2. 熟记逻辑推理的一些基本公式，并能够在日常生活中经常运用。
3. 培养阅读习惯，而且能够迅速利用上下文理解中心句。
4. 平时多写作文，最好能够根据特定的主题每天写一篇议论文。

备考指南

基本能力不是一时半刻能拥有的，而是需要平时的积累。考生在学习时要把重点放在阅读理解能力和写作能力的养成上。考生培养阅读理解能力，可以多看一些名作名篇，并对其中的一些字词试着进行解释，然后对其结构和作者的观点进行概括，这样可以提高自己的阅读分析能力。写作，首先要做到不离题，接着要写得通顺，进而要写得有文采、有思想。至于其他能力，考生可以在平时多使用 Word、Excel、PowerPoint 等软件，多上网查阅资料，这样可以掌握这些软件的基本操作和培养信息检索与处理能力；平时对问题多一点思考，推断事情的来龙去脉，这样逻辑能力就会慢慢形成。这一部分一般会有四个选择题、一个材料题和一个作文题，所以考生要充分重视。

考前自测训练

一、单项选择题

1. 网络检索的基本原则是（   ）。
   A. 全、准、快、异、灵
   B. 全、准、快、灵、新
   C. 准、新、灵、稳、异
   D. 全、准、快、变、新

2. 使用 PowerPoint 正确的是（   ）。
   A. 演示稿中的幻灯片版式必须一致
   B. 模板可以为幻灯片设置统一外观
   C. 只能在一个窗口中打开一个演示文稿
   D. 用"新建"菜单可添加新幻灯片

3. 不可以作为课件制作工具的是（   ）。
   A. WPS   B. Flash   C. Dreamweaver   D. PowerPoint

4. Blog 是（   ）。
   A. 电子公告牌
   B. 信息分享系统
   C. 邮件系统
   D. 网络日志

5. 下列不是工具书的一项是（   ）。
   A. 百科全书   B. 词典   C. 年鉴   D. 索引

6. 描述一组数据的集中趋势的统计量数是(   )。
   A. 平均差　　　　B. 标准差　　　　C. 全距　　　　D. 算术平均数

7. 描述集中趋势的统计量数是(   )。
   A. 集中量数　　　B. 差异量数　　　C. 地位量数　　　D. 相关系数

8. 下列属于差异量数的是(   )。
   A. 标准差　　　　B. 平均数　　　　C. 众数　　　　　D. 中数

9. 一般而言,反映对象具有某种属性的概念是(   )。
   A. 正概念　　　　B. 负概念　　　　C. 关系概念　　　D. 属性概念

10. "智力因素"与"非智力因素"(   )。
    A. 都是正概念　　　　　　　　　B. 都是负概念
    C. 前者是负概念,后者是正概念　 D. 前者是正概念,后者是负概念

11. 根据教育概念的分类方法,"课程"属于(   )。
    A. 集合概念　　　　　　　　　　B. 非集合概念
    C. 关系概念　　　　　　　　　　D. 属性概念

12. "同中求异"或"异中求同"的思维方法是(   )。
    A. 比较　　　　　B. 分析　　　　　C. 分类　　　　　D. 综合

13. 从已知的一般性或普遍性的原理或结论出发,推论出个别的或特殊的结论的思维方法是(   )。
    A. 归纳　　　　　B. 分析　　　　　C. 演绎　　　　　D. 综合

14. "若陈老师和刘老师参加培训,则张老师也参加培训",由此推出"陈老师没有参加培训",需要增加的一项是(   )。
    A. 张老师没参加培训　　　　　　　B. 张老师参加了培训
    C. 刘老师参加了培训,张老师没参加　D. 刘老师和张老师都没参加培训

15. 今天通过人工途径也能把一个常人变成天才。米勒就曾表示,他能借助手术刀和一两件神经外科器材彻底改变一个人的思维方式及个性和信仰。确实,"测错仪"或人们称为"天才区段"的这个区域可以有意识地被激活,从而"定做"一些天才的数学家、物理学家和艺术家。
    下列关于"定做"的解释,能体现本质特征的一项是(   )。
    A. 是一种根据要求通过人工途径把常人变成天才的方式
    B. 一个人的思维方式等可以借助手术刀和医疗器械等彻底改变
    C. 有意激活"天才区段"让常人成为数学家、物理学家、艺术家
    D. "天才区段"就是人体的"测错仪",主管人的智能

二、材料分析题

1. 根据材料,回答问题。

材料:

比如园里那一棵古松,无论是你、是我或是任何人一看到它,都说它是古松。但是你从正面看,我从侧面看,你以幼年人的心境去看,我以中年人的心境去看,这些情境和性格的差异都能影响到所看到古松的面目。古松虽只是一件事物,你所看到和我所看到的古松却是

两件事。假如你和我各把所得的古松的印象画成一幅画或是写成一首诗,我们俩艺术水平尽管不分上下,你的诗和画与我的诗和画比较,却有许多重要的异点。这是什么缘故呢?这是由于知觉不完全是客观的,各人所见到的物的形象都带有几分主观的色彩。

假如你是一位木商,我是一位植物学家,另外一位朋友是画家,三人同时来看这一棵古松,我们三人可以同时都"知觉"到这一棵树,可是三人所"知觉"到的却是三种不同的东西,你心里盘算它是宜于架屋或是制器,思量怎样去买它,砍它,运它。我把它归到某类某科里去,注意它和其他松树的异点,思量它何以活得这样长久。我们的朋友却不这样东想西想,他只在聚精会神地欣赏它的苍翠颜色,它的盘屈如龙蛇的线纹以及它的那股昂然高举、不屈不挠的气概。

从此可知道这棵古松并不是一件固定的东西,它的形象随观者的性格和情趣而变化,各人所见到的古松的形象都是各人自己性格和情趣的返照。古松的形象一半是天生的,一半也是人为的。极平常的知觉都带有几分创造性;<u>极客观的东西之中都有几分主观的成分</u>。

(摘编自朱光潜《谈美》)

问题:

(1) 作者为什么说"这棵古松并不是一件固定的东西"?

(2) 请另举一例,谈谈你对文中画线句"极客观的东西之中都有几分主观的成分"的理解。

2. 根据材料,回答问题。

材料:

生活给予我挫折的同时,也赐予了我坚强,我也就有了另一种阅历。对于热爱生活的人,它从来不吝啬。要看你有没有一颗包容的心,来接纳生活的恩赐。酸甜苦辣不是生活的追求,但一定是生活的全部。试着用一颗感恩的心来体会,你会发现不一样的人生。不要因为冬天的寒冷而失去对春天的希望。我们感谢上苍,是因为有了四季的轮回。拥有了一颗感恩的心,你就没有了埋怨,没有了嫉妒,没有了愤愤不平,你也就有了一颗从容淡然的心!

我常常带着一颗虔诚的心感谢上苍的赋予,我感谢天,感谢地,感谢生命的存在,感谢阳光的照耀,感谢丰富多彩的生活。

清晨,当欢快的小鸟把我从睡中唤醒,我推开窗户,放眼蓝蓝的天,绿绿的草,晶莹的露珠,清清爽爽的早晨,我感恩上天又给予我美好的一天。

入夜,夜幕中的天空繁星点点,我打开日记,用笨拙的笔描画着一天的生活感受,月光展露着温柔的笑容,四周笼罩着夜的温馨,我充满了感恩,感谢大地赋予的安宁。

朋友相聚,酒甜歌美,情浓意深,我感恩上苍,给了我这么多的好朋友,我享受着朋友的温暖,生活的香醇,如歌的友情。

走出家门,我走向自然。放眼花红草绿,我感恩大自然的无尽美好,感恩上天的无私给予,感恩大地的宽容浩博。生活的每一天,我都充满着感恩情怀,我学会了宽容,学会了承接,学会了付出,学会了感动,懂得了回报。用微笑去对待每一天,用微笑去对待世界,对待人生,对待朋友,对待困难。所以,每天,我都有一个好心情,我幸福地生活着每一天。

我感恩,感恩生活,感恩网络,感恩朋友,感恩大自然,每天,我都以一颗感动的心去承接生活中的一切。

问题:

(1) 作者为什么说"生活给予我挫折的同时,也赐予了我坚强,我也就有了另一种阅历"?

(2) "试着用一颗感恩的心来体会,你会发现不一样的人生。"作者是如何进行论证的。

三、写作题

1. 根据下面材料写一篇议论文,题目自拟。要求观点明确,论述具体,条理清楚,语言流畅,不少于800字。

一个人的处境是苦是乐常是主观的。

有人安于某种生活,有人不能。因此能安于自己目前处境的不妨就如此生活下去,不能的只好努力另找出路。你无法断言哪里才是成功的,也无法肯定当自己到达了某一点之后,会不会快乐。有些人永远不会感到满足,他的快乐只建立在不断地追求与争取的过程之中,因此,他的目标不断地向远处推移。这种人的快乐可能少,但成就可能大。

苦乐全凭自己判断,这和客观环境并不一定有直接关系,正如一个不爱珠宝的女人,即使置身在极其重视虚荣的环境,也无伤她的自尊。

拥有万卷书的穷书生,并不想去和百万富翁交换钻石或股票。满足于田园生活的人也并不艳羡任何学者的荣誉头衔,或高官厚禄。

你的爱好就是你的方向,你的兴趣就是你的资本,你的性情就是你的命运。各人有各人理想的乐园,有自己所乐于安享的花花世界。

2. 根据下面材料写一篇议论文,题目自拟。要求观点明确,论述具体,条理清楚,语言流畅,不少于800字。

在剑桥大学,大哲学家穆尔最得意的门生是维特根斯坦。

维特根斯坦名气越来越大,青出于蓝而胜于蓝,已经是国内赫赫有名的大哲学家。带着好奇心,大哲学家罗素前来问穆尔:"谁是你最好的学生?"穆尔听后,微笑着回答:"是问题。"